25- 1 81/3

BILDER DER HOFFNUNG   BAND 2
HERAUSGEGEBEN VON PAUL NEUENZEIT

D1670697

Kaufm. Schulen I
Wirtschaftsgymnasium
Wirtschaftsschule
Kaufm. Berufsschule
Herdstraße 7/2   Postfach 1460
773 Villingen-Schwenningen

Im Bücherverzeichnis OZ. 3868 b eingetragen

BILDER DER HOFFNUNG

24 HOLZSCHNITTE ZUR BIBEL VON WALTER HABDANK

Band 2: Didaktische Modelle
herausgegeben von
Paul Neuenzeit

Kösel-Verlag

LEKTORAT: EMIL MARTIN · BOGDAN SNELA

CIP-Kurztitelaufnahme der Deutschen Bibliothek

Bilder der Hoffnung: 24 Holzschnitte zur Bibel/
von Walter Habdank. Hrsg. von Paul Neuenzeit. –
München: Kösel.
    ISBN 3-466-36015-3
NE: Neuenzeit, Paul [Hrsg.]

Bd. 2. Didaktische Modelle für Religionsunterricht
und Katechese. – 1980.
    ISBN 3-466-36014-5

ISBN 3-466-36014-5
© 1980 by Kösel-Verlag GmbH & Co., München.
Printed in Germany. Alle Rechte vorbehalten.
Gesamtherstellung: Kösel, Kempten.
Umschlag: Günther Oberhauser, München.

Dieses Sammelwerk möchte

- niemanden dazu auffordern, beide Bände fortlaufend zu lesen;
- im 1. Band anregen zum Durchblättern und Verweilen bei dem einen oder anderen Holzschnitt;
- dazu anleiten, sich dann von den Interpretationstexten führen zu lassen, wenn sich ein Bild verweigert;
- den Skeptikern gegenüber Habdanks Holzschnitten die folgende Einführung in dessen künstlerische Handschrift empfehlen;
- die allzu vehementen Pragmatiker mit den Elementen christlicher Hoffnung und ihren bildhaften Gesten vertraut machen (Bilder christlicher Hoffnung);
- alle Benutzer ermuntern, in den ›Kontexten‹, zu denen auch der 2. Band noch weiteres Material anbietet, zu stöbern;
- dazu reizen, sich von der Spannung zwischen dem abgebildeten Schriftwort und den Texten aus der Literatur anrühren zu lassen;
- im 2. Band keinesfalls als Rezeptbuch für garantiert gelingende biblische Unterrichtsstunden oder Katechesen verstanden werden;
- sich aber auch eingestehen dürfen, daß mancher Praktiker nur der Unterrichtsmodelle wegen zu diesem 2. Band greifen wird;
- diesen Benutzer bitten, zumindest die Bildinterpretationen aus dem 1. Band anzulesen, die Schrifttexte nachzuschlagen und auch die Kontexte nicht zu verachten;
- zur Arbeit mit diesen Bibelholzschnitten als Wandbilder, Dias oder Handbilder, die im Kösel-Verlag erschienen sind,* in den verschiedenen Handlungsfeldern anregen;
- gleich zu Beginn dem Mißverständnis wehren, als ob ein bestimmtes Blatt nur bei dem exemplarisch angesprochenen Adressatenkreis verwendet und didaktisch eingesetzt werden könnte;
- vielmehr dazu anregen, die verschiedenen methodischen Ansätze wie ein Puzzle-Spiel hin und her zu schieben und zum Beispiel eine Predigtmeditation in der Kollegstufe umzusetzen oder ein Modell für eine Altenkatechese in einer Jugendfreizeit verändert zu verwenden;
- alle auf die Suche schicken, aus den verschiedenen didaktischen Ansätzen und Durchführungen jene herauszufinden, die den Fähigkeiten und den Interessen der Adressaten am meisten entgegenkommen;
- dazu Ihnen Hoffnung machen und ein wenig mithelfen, Hoffnung weiterzutragen.

---

* Walter Habdank, 24 Holzschnitte zur Bibel. *Wandbilder* 63×92 cm (ohne und mit Mappe) 1977; *Diaserie* 1978. *Handbilder* 16,5×24 cm, 1980; jeweils 25 Exemplare eines Motivs sind zu einem Block gelumbeckt und in Folie eingeschweißt – zu beziehen über jede Buchhandlung.
Originaldrucke vom Holzstock ca. 40×55 cm, vom Künstler numeriert und handsigniert, sind unmittelbar zu erwerben bei Walter Habdank, Maxhöhe 34, 8131 Berg 2.

Inhalt

---

* Die Reihenfolge der Bilder in diesem Buch enthält keinerlei inhaltlich-kompositionelle Absichten, sondern erfolgt aus rein technischen Gründen – wegen der notwendigen Zusammenfassung der Farbbilder. Die Numerierung in Klammern entspricht der Reihenfolge, welche die Habdank-Bilder in den bisherigen Kösel-Publikationen in Form von Wandbildern, Diaserie und Handbildern bereits haben.

Zur biblischen Bild-Didaktik

PAUL NEUENZEIT

I. Die kontroverse Ausgangslage

Der heutige pädagogische Zeigefinger hat seine Aufgabe darin gefunden, die *Reizüberflutung* in unserer Gesellschaft zu beklagen. In Sekundenschnelle huschen am Fernsehschirm die aktuellen Ereignisse vorbei. Im Wartezimmer des Arztes rascheln die Illustriertenseiten, und die Zeitvertreiber lesen kaum noch die Bildunterschriften. Poster und Fototapeten schmücken die Wohnungswände, und von den Werbetafeln der Straßen springen uns glitzernde Autos und lachende Urlaubsgestalten vom Sand der Sonnenküsten entgegen. Die Größenordnungen überschlagen sich: was noch die Großmütter als Fleißbildchen im Gebetbuch sammelten, künden heute die Reisebüros mit Sonnenuntergangsgloriolen überlebensgroß von allen Wänden: Herrlichkeit und überschäumendes Urlaubsglück. Was die Barockprediger in glühenden Farben mit der Sprachgewalt ihrer Worte den frommen Christgläubigen ausmalten, das produziert und vernichtet unsere Wegwerfgesellschaft in nach Tonnen bemessenem Prospektmaterial. Wir haben mit dieser Bilderflut zu leben und zu überleben gelernt, schwimmen auf ihren Schaumkronen, bis sie sich auf Müllplätzen zerläuft. Daß uns ihre salzige Gischt die Augen verbrennen könnte, steht zu befürchten. Vielleicht kann man dieser Gefahr mit einer »Sehschule« *(Günter Lange)* begegnen, vielleicht vermöchte auch eine Bild-Konsum-Askese wieder das Sehen lehren.

Die Bilderflut zu verteufeln wäre eine neue Variante der Hexenjagd. *Jörg Zink,* auf den noch verschiedentlich Bezug zu nehmen ist, hat als kundiger Kenner der Bibel und ihrer Bilder nicht nur beeindruckende Bildbände

vorgelegt. Er setzt sich auch nachhaltig mit Wort und Bild des Offenbarungsgeschehens auseinander, um diese mit der heutigen technischen Welt zu konfrontieren: Nicht die industrielle Revolution durch die Dampfmaschine habe die heutige Gesellschaft hervorgebracht. »Vielmehr schlug die Geburtsstunde dessen, was wir heute das ›technische Zeitalter‹ nennen, eigentlich erst mit den großen Erfindungen der Fernmeldetechnik. Die eigentlichen sozialen Umschichtungen, die uns heute, gegen Ende des 20. Jahrhunderts, beschäftigen, begannen nicht mit der Bildung des Industrieproletariats in der Gründerzeit, sie hängen vielmehr mit der Entstehung eines informierten Massenpublikums zusammen« (Das biblische Gespräch, 1978, 236). Das gilt es zunächst einmal wahrzunehmen, vielleicht gar zu akzeptieren.

Eine derart beschriebene und begründete Bilderumwelt der westlichen Zivilisation mußte zwangsläufig von einer *didaktischen Revolution* in jeder Form von Unterweisung flankiert werden: keine Schule ohne Overhead-Projektor, Filmapparat, Diaprojektor, Tonbilder und Medienzentralen. In wenigen Jahren entwickelte sich die DIDAKTA zu einer grandiosen Heerschau des Medienbetriebs der Unterrichtstechnologien. Der Einsatz von Bild und Ton ist zum quantifizierenden Kriterium der Qualifikation einer Lehrprobe geworden. Im kirchlichen Bereich der Gemeinden gehören die ermüdenden Lichtbildervorträge zur lähmenden Alltagsroutine, die Erfolg garantieren soll. Wann jedoch ertrinkt christliche Verkündigung in solcher Flut?

II. Der Umgang mit technischen Medien

Jörg Zink überschreibt das Kapitel über den Einsatz von Medien in der christlichen Verkündigung mit dem Postulat: »Technische Mittel als Hilfen« (230–241). Er stellt für

den, der mit ihnen umgehen und durch sie sein Wort bekräftigen möchte, einen Katalog von Kriterien auf, um zu verhindern, daß technische Geräte die Botschaft beherrschen. Diese sind uns als Werkzeug in die Hand gegeben, wie zu Luthers Zeiten die neue Buchdruckerkunst als Motor der Reformation dienen konnte.

● Lehrer und Katechet können als Multiplikatoren *nicht* in einer ›splended isolation‹ *an den Massenmedien vorbeileben,* sondern haben sich selber und ihren Adressaten einzugestehen, daß sie alle in derselben Bilder- und Lärmwelt leben. Jesu bildhafte Gleichnisrede ist die deutlichste Verpflichtung dazu. Längst vor Luther hatte er »dem Volk aufs Maul geschaut«.

● Wer situativ unterweisen will, wird die Umwelt von Jugendlichen und Erwachsenen wahrnehmen, wird Parallelen und *Berührungspunkte zwischen dem Wort der Bibel und der Eindruckswelt heutiger Menschen* ausmachen, wird sich um hermeneutische Gleichzeitigkeit und sachliche Analogie bemühen.

● Wer die christliche Botschaft aktualisieren will, darf sich auch nicht zu schade sein, *das Heute aufzunehmen,* wie Jesus es tat, den das große Unheil der Welt genauso bekümmerte wie die verlorene Drachme oder die Rangeleien seiner Jünger. Die narrative Theologie greift solche Elemente des Alltäglichen wieder stärker auf, als die Evangelienschriften aus ihrer christologischen Orientierung heraus sie zulassen konnten und wollten. Das alltägliche Leben Jesu zusammen mit den Seinen wird uns fast nur im gemeinsamen Essen, im Wandern durchs Land überliefert – hier als Zeichen für das sakramentale Mahl und dort als Jüngerschaft zwischen Rabbi und Schülern überliefert. Die Wirklichkeit des gemeinsamen Lebens muß voller gewesen sein.

● Vor allem aber: »*Die Medien sind tot ohne den gegenwärtigen Menschen*« (J. Zink, 240). Alle Medien, redlich gemacht, sind ›gut‹, aber ihr ›Alleinvertretungsanspruch‹ ist vom Teufel: Jesus wollte den Menschen als Künder seiner Botschaft, nicht den toten Buchstaben. Diaserien hingegen können erschlagen, wenn sie nicht dem Raum geben und schaffen, der sich eigentlich in menschlicher Erfahrung vermitteln sollte und sich dabei verstärkend des Bildes bediente. Wer sich aber vom Bild vertreten oder verdrängen läßt, gibt sich selber als Mensch auf und verrät damit zugleich das Wort Gottes, das auch in ihm Mensch geworden ist. Im Zweifelsfalle also immer für den Menschen und gegen das Medium! Wie das Wort sagt, ist das Bild ein ›Medium‹, Mittler und Weg vom verkündigenden Menschen zu seinem Gegenüber. Wenn eine Überfülle an Medien sich wie eine Mauer um den Lehrer oder Katecheten erhebt, muß Kommunikation erlöschen. Hier geht es um Fingerspitzengefühl und die *Kunst des Maß-Haltens,* die man nachlesen und erlernen kann (zum Beispiel bei Zink, 237–241).

● Der heutige Adressat bildhafter Bibel-Botschaft bedarf der *optischen ›Fastenkur‹:* Sein Tageslauf ist gepflastert mit Bildern, mit schnell wechselnden Bildern, die kein Verweilen erlauben. Damit ein einzelnes Bild beeindrucken kann, bedarf es vorher der Distanz, der Leere und Ruhe, des Sammelns und Entspannens, der tragenden Konzentration. Nahezu alle der in diesem Buch folgenden konkreten Anregungen zum Umgang mit Bibelbildern versuchen zuvor einen solchen *Freiraum zu schaffen,* um an die Stelle der ›schnellen Bilder‹ das eine eindrucksvolle Bild zu stellen.

● Unaufdringliche *schweigende Bilder* sind heute selten. Die Werbung weiß Bild und aggressiven Ton geschickt zu mischen, mit Lärm und Hektik, als Vitalität getarnt, ihre Absicht zu unterstreichen, schreiende Farben und aufdringliche Nahaufnahmen einzusetzen. Habdanks Holzschnitte strahlen trotz ihrer expressiven Dynamik Ruhe aus. Und wenn in den Modellen begleitende *meditative Musik* empfohlen wird, soll diese den Betrachter auf dem Weg in das Bild und seine Sache behutsam begleiten, ihn nicht hingegen massiv zur Aktivität drängen. Zweifellos gibt es zurückgenommenere, ›impressionistischere‹ Bilder zur Bibel als die Habdanks. Vielleicht läßt jedoch die zufassende und anschauende Gestik seiner Gestalten eine andere Form des Ansprechens sichtbar werden, als es die heutige Werbung versucht. Anfanghaftes Erschrecken bei erwachsenen und älteren Menschen vor Habdanks Bildern läßt sich möglicherweise als Impuls nutzen für den Weg nach Innen, nicht jedoch zum schnellen Vorbeihuschen. Hier liegt zweifellos eine Parallele zwischen den Holzschnitten und moderner Werbefotografie vor, aber eben eine Parallelität: Ähnlichkeit in der

Dynamik des Zugreifens, aber Führung zur Ruhe hier und aufdringliche Konsumreizung dort.

• Ähnliches gilt für die *Zeit- und Ortlosigkeit* bei den illustrierten Medien und Habdanks Bildern: Beiden mangelt die Verankerung in einem bestimmten Kulturraum, in beschreibbarer Landschaftskulisse oder in zeitgenössischen Kleidertrachten, wie sie die spätmittelalterlichen Tafelbilder und Kirchenfenster kennzeichnen. Das bedeutet Chance und Problem zugleich, denn der Betrachter braucht sich zeitlose Bilder nicht ›anzuziehen‹, wozu beispielsweise Dürers Holzschnitte seine Zeitgenossen anregten. ›Christus mit Gasmaske‹ von *George Grosz* hat sich schon nach dem Zweiten Weltkrieg kaum noch reaktivieren lassen, und eine ›Maria Magdalena als Fixerbraut‹ ist heute ikonographisch schwer vorstellbar. Die Chance von Habdanks zeit- und ortlosen Gestalten liegt in der Reduktion auf elementare Gesten und Typologien — wenn auch leider unter Verzicht auf das bergend Weibliche. (Vgl. J. Zink, a. a. O.: Das Bild und sein Verhältnis zum Wort, 242–250.)

III. Bibel-Wort und Habdank-Bild

Die Existenz dieses wortreichen Sammelbandes mit Interpretationen und Kontexten, mit umfangreichen Unterrichts- und Katechese-Modellen führt wieder zurück zu der eingangs erörterten Grundthese, daß das *offenbarende Wort Gottes des Bildes nicht bedarf*. Den Vater »von Angesicht zu Angesicht« zu sehen, ist nicht Verheißung dieses Erdendaseins, sondern Erwartung endzeitlicher Herrlichkeit, wie sie das letzte Buch der Bibel, die Offenbarung des Johannes beschreibt. *Bibelbilder* hingegen sind *nie die Sache selbst, sondern hilfreiche Begleiter* des Glaubenden, der unter dem Wort Gottes steht. »Das Bild ist darum unter Christen nicht eine eigene Art der Gottesoffenbarung neben dem Wort und unabhängig vom Wort, sondern es ist Magd des Wortes und durchgehend nichts anderes als diese Magd. Was nicht Magd des Wortes ist, ist kein christliches Bild. Das Bild soll also zeigen, was das Wort sagt, es soll auslegen, was das Wort meint, es soll deuten, was das Wort aussprechen will, damit durch Auge und Ohr im gleichen Sinn die Wahrheit Gottes eingeht und den ganzen Menschen anfaßt« (J. Zink, 244). In diesem Sinne sind Habdanks Bibel-Holzschnitte »Gebrauchsgrafik, sie stehen in Beziehung zum Bibelwort und zur Menschenwirklichkeit; sie vermitteln zwischen den Verheißungen und Ansprüchen der Heiligen Schrift einerseits und den Erfahrungen und Empfindungen eines heutigen Menschen andererseits« (*G. Lange,* Ausstellungseröffnung, 3. 5. 78).

Sicher haben Habdanks Holzschnitte auch ihren *Selbststand,* wie Helmut Bieber (Band 1, Einführung) entwickelt hat. Wie alle Kunst sind sie Ausdruck menschlicher Wirklichkeit und Spiegel von Erfahrungen, wie sie derart unverwechselbar nur künstlerische Gestaltung in Wort, Musik und Bild in jeweils subjektiver Einmaligkeit und trotzdem exemplarisch für das Ganze der Welt vermitteln kann. Das weiß Habdank, und das ist der Stolz seiner geschundenen Menschen. Und doch: als Bilder der Bibel sind diese Holzschnitte in den *Dienst des Wortes gestellt,* freiwillig ihren Stolz begrenzend und lebend von der Würde des Dienens.

Dieses Buch lebt von dem »Dreiecksverhältnis« Wort–Bild–Mensch und dient ihm. Es möchte in Wort und Bild die Beziehung von uns Menschen zum heilbringenden Gott fördern.

IV. Konkretionen im Modellteil

Die hier aufgereihten Hinweise möchten nicht als Regieanweisung verstanden werden, sondern dem, der sich mit dem Umsprechen vorgegebener Modellstrukturen schwer tut, Übertragungshilfen anbieten.

● Die den Holzschnitten zugeordneten *biblischen Texte* sind nur selten abgedruckt. Anhand einer Bibelübersetzung oder einer Schulbibel lassen sie sich jedoch aufgrund der Stellenangaben leicht auffinden.

● Die Unterrichts- und Katechesen-Modelle sind zwar meistens auf die Habdank-Bilder bezogen, aber häufig ließe sich das *Bildmaterial auch austauschen* durch Farbholzschnitte von Thomas Zacharias und andere neue oder alte Bilder zur Bibel. Auf diese Möglichkeit sei besonders nachdrücklich verwiesen, denn es wäre bibeldidaktisch keineswegs erstrebenswert, wenn die religiöse Bildprägung Habdanks heute einen ähnlichen Monopolcharakter bekäme, wie ihn in den dreißiger Jahren die *Fugel-* und *Schumacher*-Bilder besaßen. Wie die Bibel selber die eine Heilsbotschaft Jesu Christi in verschiedenen Ausprägungen der Evangelien überliefert, so darf auch die Bildgestalt dieser Botschaft sich *nicht monomanisch an eine einzige Ausdrucksform binden.* Das heißt aber nicht, man solle auf einen pluralitischen Lichtbildervortrag hintendieren, um beispielsweise das Gleichnis des Barmherzigen Samariters an zwanzig kunstgeschichtlichen Dias zu erläutern. Wohl aber kann es nützlich sein, als Kontrast oder Ergänzung zwei oder drei weitere Darstellungen des gleichen Gleichnisses dem Habdank-Holzschnitt an die Seite zu stellen.

● Die Modelle zu den Bildern Habdanks sind jeweils *so verschieden wie ihre Verfasser.* Das ist bewußt und Absicht. Den Mitarbeitern wurden nur relativ formale Strukturlinien für ihre Arbeiten vorgegeben, um eine *möglichst große Vielfalt* an kreativen Ansätzen, Ideen, Versuchen, Anregungen, Durchführungen etc. in diesem Sammelband einzufangen. Ob das gelungen ist, möge beurteilen, wer mit diesem Buch arbeitet. Die Spannweite der Modelle reicht von vagen Anregungen bis zu genauestens ausgearbeiteten Katechese-Protokollen, von durchstrukturierten Gottesdiensten bis zu Meditationsimpulsen, vom Religionsunterricht in der Sonderschule bis hin zur Altenkatechese.

● Auch bei den ausgewählten *Adressatenkreisen* wurde den Autoren nur ein grobes Raster vorgegeben. Das Ergebnis ist auffallend: Mit großem Engagement wurden Alten-katechesen erprobt, jenseits jeder vordergründigen Beschäftigungstherapie, und gleichermaßen frappierend ist, wie gleiche Themenbereiche bei Jugendlichen und älteren Menschen mit nur geringen Modifikationen erarbeitet werden können. Das erscheint als ein bedenkenswertes Erfahrungsergebnis für die kirchliche Katechese.

● Recht rezeptbuchhaft mag diese Anregung klingen: Die Benutzer dieses Arbeitsbuches sollten sich beim Einsatz eines bestimmten Modells nicht davon abhalten lassen, dieses *auf einen anderen Adressatenkreis hin umzubauen.* Dazu könnte sich folgendes Vorgehen als dienlich erweisen: Zunächst schaue man sich im I. Band das ausgewählte Thema mit Bild, Bibeltext, Bildinterpretation und Kontexten an. Sodann kann man die dazugehörigen Modelle zur Hand nehmen, ohne allzusehr auf den möglicherweise anderen Adressatenkreis zu achten. (Bewußt werden zu jeder Bibelperikope und zu jedem Bild mindestens zwei verschiedene Adressatenkreise in den Modellen in den Blick genommen!) Schließlich besteht die Möglichkeit, sich aus einem anderen Modell einen anderen methodischen Ansatz herauszugreifen, der dem jeweiligen Adressatenkreis und der Neigung des jeweiligen Interessierten entspricht. So werden nahezu alle Themen für alle möglichen Adressaten einsetzbar, und aus der reichhaltigen Zahl der vorgestellten Durchführungen wird sich auch eine passende methodische Struktur übernehmen lassen.

● Obschon Habdanks Bibel-Holzschnitte der gegenständlichen und stark auf die menschliche Gestalt orientierten Kunst verpflichtet sind, respektieren sie die *grundsätzliche Offenheit für verschiedene Themen.* Gleiches gilt für viele der in den Kontexten abgedruckten Literaturbeispiele. Didaktisch heißt das: Biblische Themen, Bilder und Texte sind oft austauschbar, für verschiedene Anlässe zu gebrauchen und dabei auch in unterschiedlichen Kombinationen zu variieren. Von dieser Möglichkeit sollte man reichlich Gebrauch machen. Sie setzt allerdings voraus, daß man sich dieses Buch, unabhängig von einem konkreten Einsatzzweck, zu eigen gemacht hat und ungefähr weiß, wozu welches Bild, welches Gedicht, welcher didaktische Ansatz brauchbar sein könnte.

● Auffallend sind die häufigen und vielgestaltigen *meditativen Ansätze* bei den einzelnen Modellen. Sicher weisen die verschiedenen Formen der Meditation einen Weg, den Streß und die Hektik der Gegenwart zu bestehen. Daß sich anhand der Bilder und Texte Meditationen planen, strukturieren, ja in größeren Gemeinschaften, selbst in Schulklassen, kommunikativ realisieren lassen, dürfte manchen verblüffen. Die Modelle zeigen, wie sehr Meditation als eine Hochform christlicher Religiosität die engen Wände des stillen Kämmerleins individualistischer Frömmigkeit zu durchbrechen und eine neue Lebens- und Gemeinschaftserfahrung anzubahnen vermag.

● Der *Schock der Verfremdung* und das sogenannte Aha-Erlebnis haben bei diesem Prozeß einen festen Stellenwert: Habdanks Bilder verfremden ohnehin schon gewohnte christlich-religiöse Sehgewohnheiten; Texte aus der profanen Literatur – das didaktisch grundlegende Prinzip von Kontexten – lassen in ähnlicher Weise aufhorchen. Mit solchen, manchem sicher ungewohnten, methodischen Ansätzen zu experimentieren, kann durchaus Innovationen auslösen. Man sollte sich vor solchen Verfremdungen nicht ängstigen, denn nahezu alle Modelle wurden in der Praxis erprobt und als tragfähig erfahren. Zunächst bedeutet Verfremdung auch immer Verunsicherung, aber sie ermöglicht auch neues Verstehen und lebendiges Fortschreiten.

● All das ist aber nur möglich vor dem *entscheidenden religions-didaktischen Grundkonsens.* Habdanks Holzschnitte, die christlich-theologische Tradition, die Lebens- und Glaubenskonzeptionen aller Mitarbeiter an diesem Buch stimmen darin überein: Der heutige Mensch ist trotz seiner Begrenztheit und Angst, seiner verstärkt erfahrenen Verunsicherung, das würdevolle Geschöpf Gottes, das seinen Hochmut ablegen, sich vom Heilsangebot Jesu Christi berühren lassen und auf den Weg der Hoffnung begeben kann. In diesem Aufbruch hat der zum Glauben bereite Mensch jetzt schon Anteil an dem »neuen Himmel und der neuen Erde« (Offb 21,1), der christliches Leben in dieser Welt lebenswert macht.

Ausgewählte Literaturhinweise: Jörg Zink, Das biblische Gespräch. Eine Anleitung zum Auslegen biblischer Texte. Burckhardthaus, Gelnhausen/ Christophorus, Freiburg 1978; Biblische Bildmeditation, in: Praktische Bibelarbeit heute. Katholisches Bibelwerk (Hrsg.), Stuttgart 1973; Werkstatt Bibelauslegung. Bilder–Interpretationen– Texte. Katholisches Bibelwerk (Hrsg.), Stuttgart 1976; Bilder des Glaubens. *Günter Lange* (Hrsg.), Kösel, München 1978; *Knut Wenzel Backe,* Der Anfang ist nicht von gestern. Meditationen in Wort und Bild. Nashorn, München 1973; *Hannelore Sachs/Ernst Badstürmer/Helga Neumann,* Christliche Ikonographie in Stichworten. Kösel, München 1975; *Paul Neuenzeit,* Bilder des Heils: KatBl 91 (1966) 481–490; vgl. auch die inzwischen zahlreichen Bildbände zur Bibel und biblischen Meditationen.

Ijob

EWALD BERNING

→Theodor Eggers, Band 1, S. 20

I. »Anhalten, sich vergewissern«
Zielgruppe: Zeitkritische Christen; Gesprächshilfen

II.»Ijob fragt nach seinem Leben«
Zielgruppe: allgemeine Bildmeditation
– Predigt

I. Anhalten, sich vergewissern

Gesprächshilfe mit zeitkritischen Christen

1. Zielgruppe: Kritische Christen (Situationsbeschreibung)

Sowohl in den Gottesdienstgemeinden der großen christlichen Konfessionen in der Bundesrepublik als auch in der Parteienlandschaft sind bestimmte *typische Einstellungs- und Verhaltensbündel* zu beobachten:

▷ einerseits: mittleres bis gehobenes Bürgertum; kirchenfreundlich bis schwach engagiert; CDU-CSU-Wähler; gegen jede Form von Abweichung; gegen Gesellschafts- und Kapitalismuskritik; industrie- und geschäftsfreundlich;

▷ anderseits: von eigener Biographie und beruflicher Position teilweise emanzipierte Bürger; Mitglieder oder Sympathisanten von Bürgerinitiativen; mißtrauisch gegen Großparteien, eher für kleinere Gruppierungen interessiert; kirchen- und gesellschaftskritisch; umweltbewußt; oft hilflos, ohne präzise Zielvorstellungen; diffuse Unsicherheit bis Angst vor Gegenwart und Zukunft.

Die katholische Kirche kümmert sich um die zweite Gruppe kaum. Sie sucht ihre Interessen (Gottesdienst, Katechese, Einzelseelsorge) vornehmlich in der ersten Zielgruppe zu erreichen.

Vermutung: Die Zahl derer, die der zweiten Gruppe zuzurechnen wären, wächst stetig. Das fast völlige Defizit politischer Diakonie in den christlichen Gemeinden droht zu einem säkularen Versäumnis zu werden. – Man muß 70% der Katholiken in der Bundesrepublik nach gängiger praktisch-theologischer Terminologie als Fernstehende bezeichnen. Das heißt aber nicht, daß nicht ein beträchtlicher Teil gerade dieser Gruppe für die christliche Verantwortung in brisanten Fragen unseres Jahrzehnts besonders aufgeschlossen wäre: Kapitalisierung, Großindustrie, Umweltschutz, Energiefragen, Nord-Süd-Konflikt, Entwicklungshilfe...

An in dieser Richtung Sensibilisierte richtet sich der vorliegende *Vorschlag »Anhalten, sich vergewissern«.*

2. Didaktische Situationen

Wo trifft man solche Leute? Wohl kaum in Kirchen- oder Gemeindeveranstaltungen traditionellen Zuschnitts; das gängige Verkündigungs-, Gottesdienst- und Bildungsangebot der Gemeinden läßt solche Akzente in nur ganz geringem Umfang zu. Wenn überhaupt, kommen nur Vertreter der ohnehin akzeptierten Positionen zu Wort.

Am ehesten ist die abgezielte Situation mit der des Politischen Nachtgebetes in Köln zu vergleichen: In klar ereignis- und entwicklungsbezogenen Veranstaltungen werden wirtschaftliche, politische, menschliche Probleme unserer Gegenwart zumeist gegen den Strich des eingefahrenen Parteienverhaltens diskutiert. In solchen Kreisen, wenn sie nicht gerade polemisch linksorientiert sind, haben auch engagierte Christen eine gute Chance, ihre Einstellungen, Befürchtungen, Hoffnungen zu artikulieren.

3. Typ der Veranstaltung

In solchen Veranstaltungen wird es am wenigsten um Kundgabe offizieller Positionen gehen. Die Inhalte, Fragen, Probleme, Aussichten müssen in den Gesprächsgruppen zuerst erarbeitet werden. Es geht also um kritische Selbstvergewisserung in bestehenden Alternativgruppen. Am leichtesten wird man sich diese in der Jugendarbeit, der Hochschularbeit, in Spontangruppen am Rande der traditionellen Verbände vorstellen können. Das normale Verkündigungs- und Bildungsangebot wird sie kaum erreichen.

4. Globale Lernziele

– Deutlich machen, daß der Glaube der Christen die aktuelle gesellschaftskritische und politische Verantwortung einschließt.
– Gruppen mit solch hoher Sensibilität in ihrem Zusammenhalt stützen und sie der Solidarität auf der Basis des Evangeliums versichern.
– Die christliche Grundhaltung des Umdenkens (Metanoia) aus dem individuellen Bereich lösen und als aktuelle Forderung heute kennzeichnen.

– Die biblische Gestalt Ijobs als Anstoß zur persönlichen und gesellschaftlichen Gewissenserforschung verstehen.

5. Eingrenzung

Üblicherweise wird die Gestalt des Ijob als Prototyp des zu Unrecht von Gott Gestraften und Gequälten verstanden. »Das Buch erscheint daher als ein Lehrstück über das Problem ›Warum muß der Gerechte leiden?‹ Es ist die Theodizeefrage schlechthin« *(Theodor Eggers)*. Ohne diese Grundaussage umzulenken, läßt sich aus den Texten auch die Frage nach dem eigenen Standort, nach der näheren Zukunft als Einzelfaden herausziehen (etwa mit dem Kapitel 7, 1–7). Text und Habdankbild zeigen einen Menschen, der anhält; es hat ihn hingeschlagen, und so steht er vor der Notwendigkeit der Selbstprüfung: »Warum und wohin das alles?«
– Ausgehend von den oberflächlichen Krisenphänomenen unserer Tage bis hinein in tiefsitzende menschliche Verunsicherung tritt uns gerade in unseren Zielgruppen ein vergleichbarer Menschentyp entgegen: Jemand, der merkt, daß es auf dem bisherigen Weg nicht mehr weitergeht; jemand, dem Wachstumsidiotie, globale Atomgefahr, weltbedrohende soziale Spannungen, zertretene Menschlichkeit in allen Ländern zum unübersehbaren Warnsignal geworden sind.
– Bild und Text sollen so Hinführung und Anstoß zur gemeinsamen Prüfung, zum Ernstnehmen der Ängste, zum Unterstreichen der christlichen Verantwortung sein.

6. Elemente einer Auseinandersetzung mit Bild und Text; möglicher Ablauf eines Gespräches

a) Einstieg
Es muß klarwerden, daß heute Christen in der Gruppe auf dem Hintergrund eines biblischen Textes und eines christlich gemeinten Bildes das *Empfinden der Gruppe selbst zum Thema* machen wollen. Es wird gut sein, vorweg eine Klärung des aktuellen Klimas in der Gruppe zu versuchen: Angesichts unseres globalen gemeinsamen Interesses fühle ich mich heute … (Stimmungen artikulieren, eventuell festhalten, Widerstände und Unsicherheiten aussprechen).

▷ *Angabe des Themas:* Zu Protest und politischer Aktion gehört immer wieder die Vergewisserung des eigenen Standes. – Einstimmen und Ruhigwerden über eine Körpermeditation. Sich an die eigene Sinnenhaftigkeit erinnern. Sich im Augenblick leiblich erfahren.

b) Betrachtung des Bildes
Zeitgeben zum Schauen, *Äußern von Eindrücken* durch die Teilnehmer: Mich spricht an, ich sehe; mich stößt ab, ich ärgere mich; das Bild macht mich leichter, ängstlicher.
▷ Vorsichtige *Hinweise des Gesprächsleiters* auf einzelne Elemente des Bildes: die zusammengekauerte Gestalt; die langen, dürren Hände, der gequälte, fragende, hilflose Blick; die übergroßen Füße, die den Körper nicht mehr tragen; . . .

c) Deutungsangebot durch den Gesprächsleiter
Auf dem Hintergrund der Interpretation von Theodor Eggers (Band 1) wird Ijob als der deutlich, der sein Leben befragt, weil der erfolgreiche Gang seiner Geschäfte angehalten wurde. Er läßt sich auf sein Elend ein. Er ist mehr als der fromme Dulder, der auch im Leid zum Herrn hält. Schmerz, Verlust, Betroffenheit öffnen ihm die Augen für eine neue Sicht des Lebens. –
▷ Der *Text* Ijob 7,1–7, langsam *vorgelesen,* könnte als hermeneutischer Schlüssel für das weitere Gespräch hilfreich sein.

d) Aktualisierung der Thematik
Überstieg von Bildaussage/Bilddeutung auf die aktuellen Interessen der Gruppe. Das Bild ist nur soweit aussagekräftig, auch unter ästhetischer Rücksicht, als es Zugänge eröffnen hilft zur Artikulation und Bewältigung aktueller Sorgen, Ängste, Hoffnungen.

Was hat das Besinnen Ijobs mit unserer eigenen politischen Verantwortung zu tun? Wie kann Ijob als Vorbild christlicher Bewußtheit akzeptiert werden? Gibt es überhaupt eine christliche Verantwortung bezüglich der aktuellen Weltnöte; wenn ja, wo, von wem gelebt? Wie verbinde ich die Ebene der Meditation, der Selbstvergewisserung mit der des politischen Handelns, der öffentlichen Artikulation?
Christen sollen Menschen sein, die aus verantwortlichem Innehalten und Nachdenken Kraft gewinnen für öffentlichen Protest gegen jede Art von Unrecht, Unsinn, Interessenkungelei.

e) Rückkehr zum Bild
Die Mitglieder versetzen sich mit ihren Aktualisierungen ins Bild zurück. Sie gesellen sich zu Ijob; sie befragen ihre Ersteindrücke vom Bild; hat es geholfen, ist es stark, bringt es uns weiter? Ist es eher schwach, verstellt es uns den Blick für das, was wir wollen?

f) Beendigung des Gruppengesprächs ist hier bewußt offen gehalten. Es bieten sich je nach der Zusammensetzung der Gruppe verschiedene Möglichkeiten an:
– nochmaliges Lesen von Ijob 7,1–7
– Kontrastierung des Habdank-Bildes durch ein Dia von (Flüchtlings-)Elend, Bürgerkriegszerstörung o. ä.
– Meditative Musik, die das Thema ausschleichen läßt
– frei- oder vorformuliertes Abschlußgebet
– gemeinsames situatives Lied
(wichtig ist, *daß* ein gemeinsamer Schluß gesetzt wird!)

II. Ijob fragt nach seinem Leben
Bildmeditation und Predigt zu Ijob 7,1–7

1. Homiletische Vorüberlegung

Jede Schriftpredigt ist eingespannt in das didaktische Gesamtfeld von Text (Bild), Situation, Person des Predigers und Gemeinde. Jedes dieser Elemente muß in gleichem Maße ernstgenommen werden und in der Predigt zur Sprache kommen. Die Meditation kann der atmosphärische Raum sein, das Klima der Ruhe und Entspannung, in dem Sensibilität für den Text (das Bild) und seine Bedeutung heute wächst.

2. Schrittfolge der Vorbereitung

Text: Welches Wort, welcher Gedanke, welche Bildaussage sprechen mich besonders an? Dazu frei assoziieren; aus der Kette der Einfälle auswählen. Spielerisch und neugierig arbeiten, noch ohne Blick auf eine zu erstellende Predigt.

Situation: Was bedeutet meine Hauptentdeckung heute? Wen geht sie an, wo im Alltagsleben kommt sie vor? Wie mögen meine Freunde darauf reagieren, vor allem Nichttheologen? Gibt es das noch, was ich in Bild und Text als für mich besonders wichtig entdecke? Welche Einwände wird man dagegen vorbringen? (Eine gewissenhafte exegetische Kontrolle soll den Prediger davor bewahren, etwas in den Text hineinzupredigen, was er nicht enthält.)

Person des Predigers: Hier hat der meditative Umgang mit Text und Bild seine besondere Bedeutung. (Die Übersetzung des Wortes Meditation mit Wiederkäuen, *ruminatio,* hat in der Geschichte des geistlichen Lebens eine lange Tradition.)

▷ Mit den Gedankenanstößen *schwanger gehen;* den Text hin- und herwenden; in welchem Teil des Bildes, in welcher Szene, in welcher Person und Passage des Textes fühle ich mich am ehesten zu Hause; was ist mir besonders fremd; bestätigen Bild und Text meine Lieblingsidee, widersprechen sie ihnen?

▷ Erst jetzt kann unter den möglichen Auslegungsdimensionen eine ausgewählt und *als Zielsatz formuliert* werden. Auf dem Hintergrund von Text und Bild möchte ich meinen Hörern sagen: »Haltet einmal an und bedenkt, wohin euer Leben läuft, und was euch eigentlich wichtig ist.«

▷ *Gemeinde:* Damit die meditativ vorbereitete Predigt nicht nur Aussage des Predigers bleibt, muß er versuchen, in Gruppen, katechetischen Gesprächen Texte und Bilder mit den Mitgliedern seiner Gemeinde zu erarbeiten. Nur so kann die Predigt lebendiger Bestandteil einer Gesamtpastoral bleiben.

3. Meditationsanstöße (Konkretionen)

▷ *Nach der Eröffnung* eines Gottesdienstes können folgende *Gedanken* zum projizierten Dia *verlesen* werden.

– Da sitzt der Mensch Ijob,
am Boden sitzt er,
nackt, kahlköpfig, nur noch Haut und Knochen,
tiefe Hoffnungslosigkeit im Gesicht,
tiefe Spuren von Leid.
– Zusammengekauert sitzt er herum,
eine Hand geht zum Kopf, er möchte seine Wunden tasten,
sich kratzen;
oder – er versteht nicht, was mit ihm geschah,
da faßt man sich an den Kopf;
keine Aussicht auf Heilung.
– Ein Auge ist geschlossen,
es dringt kein Licht mehr in seine Seele,
es bleibt dunkel.
– Ijob war ein guter Mann, in ganz Israel gab es keinen wie ihn,
er tat viel Gutes, war immer hilfsbereit,
er hat seinen Reichtum mit anderen geteilt,
für Arme und Unterdrückte hat er sich eingesetzt.
– Über Nacht hat sich alles geändert:
Verbrecher haben ihm den ganzen Besitz geraubt;
seine Kinder kamen bei einem Unfall ums Leben;
er selbst ist krank, hat Krebs;
seine Freunde wollen ihn mit gutgemeinten Worten trösten;
es hilft nichts mehr.
– Da klagt Ijob Gott an;
ein Ausschnitt aus seiner Klage: »Ist nicht Kriegsdienst des Menschen Leben auf der Erde? Sind nicht seine Tage die eines Tagelöhners? Wie ein Knecht ist er, der nach Schatten lechzt, wie ein Tagelöhner, der auf Lohn wartet. So wurden Monde voll Enttäuschung mein Erbe, und Nächte voller Mühsal teilte man mir zu. Leg ich mich nieder, sage ich, wann darf ich aufstehen? Wird es Abend, bin ich gesättigt mit Unrast, bis es dämmert. Schneller als das Weberschiffchen eilen meine Tage, ohne Hoffnung schwinden sie dahin. Gedenke, daß mein Leben nur Hauch ist, nie mehr schaut mein Auge Glück.« (7,1–4.6–7)
– *Wird es Abend, bin ich gesättigt mit Unrast!*
Wie oft wollen auch wir das sagen! Vor uns liegt eine Woche mit Hektik, Arbeit, Aufregung und Unruhe. Samstag und Sonntag – zwei Tage Ruhe, Ausspannen.

– Vielleicht aber auch einsam sein, grübeln, fragen: Was hat mein Leben für einen Sinn?
– Am Montag geht alles von neuem los.
– Tage voll Enttäuschung sind mein Erbe – mein Leben ist nur ein Hauch – nie mehr schaue ich Glück in meinem Leben. Ist es denn so? Trage ich nur Leid, stecke ich nur Niederlagen ein?
– Ich frage doch auch: Was kann ich denn tun?
– Was ist denn mein Anteil? Warum mache ich dieses Gerenne denn mit?
– Schaue ich mich um, finde ich viele, denen es ebenso geht.
– Soll man sich da nicht zusammentun? Nach dem suchen, was das Leben zum Leben macht?
– Glücklich ist, wer jemanden hat, der mit ihm geht, auch nur ein Stück des Weges.
– Geteiltes Leid ist oft halbes Leid.
– Ijob vertraut, daß Gott sein Unglück sieht und ernstnimmt, daß Gott sein Klagen hört.
– Ijob vertraut, daß es anders werden wird. Er gibt die Hoffnung nicht auf.
– Warum nur warten, daß andere uns helfen?
– Viele warten auf uns, auf mich, auf dich.
– Steh auf und schau, wie viele so sitzen wie Ijob.
– Hilf ihnen auf die Füße; geht zusammen weiter; laßt es nicht beim Klagen; lauft.
– Gott geht mit euch, gerade da, wo ihr eure Grenzen erfahrt.

4. Predigt: »Wie das Weberschiffchen eilt meine Zeit«

Die folgende Predigt sieht Ijob als einen Mann, der anhält, dessen Leben brutal angehalten wird. Er sitzt da, denkt nach, fragt und gibt sich Rechenschaft.
▷ Liebe Gemeinde!
Ich weiß nicht, ob Sie schon einmal einen Webstuhl gesehen haben. Vor einiger Zeit wurde ich von einem Freund in eine Webstube mitgenommen, und ich war erstaunt, mit welcher Schnelligkeit das Weberschiffchen hin- und hersauste, das Weberschiffchen, das den Querfaden durch die Längsfäden zog. Es schoß hin und her, zack zack zack, es war kaum mit den Augen zu verfolgen.
An diesen Webstuhl mußte ich denken, als ich zum ersten Mal den Satz der Lesung las:

Schneller als das Weberschiffchen eilen meine Tage, ohne Hoffnung schwinden sie dahin. Dies könnte ein Ausspruch von uns sein. Wie oft stöhnen wir, daß die Zeit uns davonläuft, daß uns Tage und Jahre so dahinfliehen. ›Man müßte nochmal 20 sein‹ singen die Älteren, und unsereins, der gerade die 20 hinter sich hat, bangt um jedes Jahr, das er älter wird. Gerade hat das neue Jahr 1979 begonnen, und schon ist der Januar wieder weg.
Schneller als das Weberschiffchen eilen meine Tage, ohne Hoffnung schwinden sie dahin. Schwinden sie wirklich ohne Hoffnung, das wäre ja hoffnungs-los? Ja, die Zeit flitzt; wie schnell ist ein Tag um; was haben wir nicht alles zu tun; was kommt nicht alles an Aufgaben und Pflichten auf uns zu! Unrast und Unruhe bestimmt unser tägliches Leben – heute sagen wir gerne ›Streß‹ dazu. Aber wie gehen wir damit um? Oft sagen wir einfach Ja und Amen dazu und lassen uns treiben. Manche versuchen es mit Schlaftabletten am Abend und Aktivkapseln am Morgen, um dem Streß standhalten zu können. Aber löst das unsere Frage nach dem Wozu, nach dem Sinn unseres täglichen Hin und Her?
Schneller als das Weberschiffchen eilen meine Tage. Ijob spricht einfach einmal aus, wie er sich vorkommt – eine Antwort ist jedoch nicht in Sicht. Aber er spricht seine Situation einmal aus, er bleibt stehen und fragt: Wozu? Welchen Sinn hat mein Hin und Her? Wie ein Weber stoppt er das Weberschiffchen seiner dahinfliehenden Tage und schaut nach dem Muster, das er webt. Ein Weber muß schon einmal anhalten, wenn sein Gewebe ein Muster bekommen soll. Er schaut zurück auf das, was er schon gewebt hat, und er denkt schon weiter, wie er nun weben könnte, wie sein Gewebe noch schöner werden könnte.
Es lohnt sich auch einmal für uns anzuhalten, nach dem Muster unseres Gewebes zu schauen, nach dem Sinn unseres täglichen Hin und Her zu fragen; zu fragen: Wozu ist das wirklich alles, was bringt Muster, was bringt Farbe in mein Leben? Sind wir nicht für mehr da, als uns hin- und herwerfen zu lassen zwischen Morgen und Abend, zwischen Arbeit und Zuhause?
Das Vorbereiten auf diese Predigt war für

mich so ein Anhalten. Ich habe mich persönlich gefragt: Mensch, was steht eigentlich bei dir hinter dem Gewirr an Fäden, hinter dem, was die Woche über so auf dich zukommt? Und ich fand für mich heraus, daß es die Menschen sind, denen ich begegne; sie bringen Muster in mein Leben. Für mich sind das hauptsächlich Studenten. Für Sie könnten das Ihre Familie, Ihr Partner, Ihre Kinder, Ihre Eltern, Ihre Kollegen, Nachbarn oder Skatbrüder sein. Vor kurzem bekam ich eine Hochzeitsanzeige, auf der ein Satz von W. v. Humboldt stand; dieser lautete: »Im Grunde sind es doch die Verbindungen mit Menschen, welche unserem Leben seinen Wert geben...«

Ijob hält sein Weberschiffchen einmal an, bzw. es wird angehalten und dies auf ganz brutale Weise. Er verliert Haus und Hof, seine Frau und seine Kinder, seine Gesundheit. Wie vielen geht das heute genauso: erst nach dem Herzinfarkt und nach der kaputt-

gegangenen Ehe bleiben sie stehen und fragen sich: ›War das wirklich alles so richtig, wie das gelaufen ist?‹ Ist es für uns nicht heilsamer, schon heute anzuhalten und nachdenklich zu werden? Ich kann Ihnen nicht sagen, wie dieses Anhalten gerade bei Ihnen aussehen könnte – das könnte vielleicht schon hier sein oder auf dem Heimweg nachher...

Der Mensch lebt nicht vom Brot allein, nicht vom Essen, Schlafen und Arbeiten allein, sondern gerade von den Beziehungen mit Menschen. Welche Bedeutung haben für Sie die Menschen um Sie herum, Ihre Familie, Ihre Nachbarn, Ihre Kollegen? Wie wichtig sind Ihnen diese Menschen, wie wertvoll? Haben Sie Zeit für sie, nehmen Sie sich Zeit für diese Menschen? Es lohnt sich, einmal anzuhalten.

(Meditation und Predigt wurden 1978/79 von Theologiestudenten in Würzburg erarbeitet.)

Kontexte

Du lebst, weil ER lebt...

Ich bin Jude. Mit vierundzwanzig Jahren trat ich zum katholischen Glauben über, weil ich im Neuen Testament den Gott der Liebe entdeckt zu haben glaubte, den Gott der Menschen, den Menschensohn. Dann kam das Dritte Reich, der Krieg – und der Gott der Liebe hat sie alle erschlagen. Meine Eltern, zwei Brüder...

Holländische Freunde halfen mir, in die USA zu entkommen. Nach dem Krieg sah ich sie wieder im zerstörten Rotterdam. »Ich bin Jude«, sagte ich, »jetzt kann ich nur noch Jude sein!« Sie sahen mich an mit großer Güte; ihr Sohn war vermißt, ihre Existenz zerstört; gemeinsam mit einer anderen Familie bewohnten sie einen einzigen Raum in der Nähe des Hafens. Sie klagten nicht, teilten ihre schäbige Brotration mit dem, der wohlgenährt in amerikanischer Uniform zu ihnen kam.

Spät am Abend – ich fühlte mich unbehaglich und fremd bei den Freunden von einst, denen ich mein Leben verdanke – sagte ich aufsässig: »Und ihr glaubt also immer noch...?« Sie lächelten wie Verschworene, die beiden Alten, deren Sohn verschollen war. »Warum nicht?«

»Nach allem, was passiert ist...?«

Der Mann schob den Whisky beiseite, den ich mitgebracht hatte und den er nicht kannte, legte die Hand auf meinen Arm – »Du lebst!«

»Das verdanke ich euch...«

Jetzt sah die Frau mir mitten ins Gesicht: »Du lebst, weil ER lebt...!«

Auf einmal, so als hätte man mir eine lange Geschichte erzählt, begriff ich, der bis dahin zornig und rachsüchtig dahingelebt hatte, daß ich mein Dasein zwei Menschen verdankte, deren Glauben so lebendig war, daß sie alle Gefahren auf sich genommen hatten, um mich zu retten.

R. K., Architekt (Österreich)

22

Im Nebel

Seltsam, im Nebel zu wandern!
Einsam ist jeder Busch und Stein,
Kein Baum sieht den andern,
Jeder ist allein.

Voll von Freunden war mir die Welt,
Als noch mein Leben licht war;
Nun, da der Nebel fällt,
Ist keiner mehr sichtbar.

Wahrlich, keiner ist weise,
Der nicht das Dunkel kennt,
Das unentrinnbar und leise
Von allen ihn trennt.

Seltsam, im Nebel zu wandern!
Leben ist Einsamkeit.
Kein Mensch kennt den andern,
Jeder ist allein.

Hermann Hesse

Sonett

Ich geh' beweinend meine vorigen Tage,
In denen ich nur Sterblichkeit liebte,
Und hob nie aufwärts mich auf meinen
   Schwingen,
Daß ich der Welt kein schlechtes Vorbild
   würde.

Du, der mich Kranken, mich Unwerten
   kennet,
Unsichtbar-Ewiger, des Himmels König,
O hilf der schwachen, der verirrten Seele,
Füll ihren Mangel aus mit deiner Gnade!

So daß, da ich in Streit und Stürmen lebte,
Im Frieden ich, und in dem Hafen sterbe,
Und aus der eitlen Wohnung ehrlich scheide.

Die wenigen Schritte hin, die mir bevor-
   stehn,
Und dann im Tode, reiche deine Hand mir;
Du weißt, dies ist noch meine einzige
   Hoffnung.

Francesco Petrarca

Mann und Frau gehn durch die Krebsbaracke

Der Mann:
Hier diese Reihe sind zerfallene Schöße
und diese Reihe ist zerfallene Brust.
Bett stinkt bei Bett. Die Schwestern wechseln stündlich.

Komm, hebe ruhig diese Decke auf.
Sieh, dieser Klumpen Fett und faule Säfte,
das war einst irgendeinem Mann groß
und hieß auch Rausch und Heimat.

Komm, sieh auf diese Narbe an der Brust.
Fühlst du den Rosenkranz von weichen Knoten?
Fühl ruhig hin. Das Fleisch ist weich und schmerzt nicht.

Hier diese blutet wie aus dreißig Leibern.
Kein Mensch hat so viel Blut.
Hier dieser schnitt man
erst noch ein Kind aus dem verkrebsten Schoß.

Man läßt sie schlafen. Tag und Nacht. – Den Neuen
sagt man: hier schläft man sich gesund. – Nur sonntags
für den Besuch läßt man sie etwas wacher.

Nahrung wird wenig noch verzehrt. Die Rücken
sind wund. Du siehst die Fliegen. Manchmal
wäscht sie die Schwester. Wie man Bänke wäscht.

Hier schwillt der Acker schon um jedes Bett.
Fleisch ebnet sich zu Land. Glut gibt sich fort.
Saft schickt sich an zu rinnen. Erde ruft.

Gottfried Benn

Mose

GABRIELE MILLER

→Paul Neuenzeit, Bd. 1, S. 24

Zielgruppen

  I. Erwachsenen-Katechese (als deutlich strukturierte Meditation)

  II. Narrative Bild-Text-Meditation: »Wer hält mich?«

Einführung zum biblischen Text Ex 17,8–16

Die biblische Erzählung von den ausgestreckten Armen des Mose und dem Sieg über die Amalekiter zeigt auf den ersten Blick *stark magische Züge*. Ist dies eine ähnliche Situation wie bei Bileam (Num 23,13–30), der von einem Hügel aus das Heer Israels verfluchen soll? Steht hier Mose auf einem Hügel, um auf eine ebenso geheimnisvolle Weise Israel zu befähigen, über den Feind zu siegen? Selbstverständlich neigten auch die Israeliten, wie die meisten alten Völker dazu, dem Wort, bzw. der Gebärde des Fluchens oder Segnens eine gewisse unmittelbare Wirkkraft zuzuschreiben. Einem solchen Verständnis treten wir üblicherweise entgegen, indem wir die erhobenen Hände des Mose als Gebärde bittenden Gebets interpretieren. Doch im Text selber deutet nichts darauf hin. Es geht hier weder um Magie, noch zunächst um Gebet. Es scheint sich eher um ein *prophetisches Zeichen* zu handeln, ein Zeichen, das den Willen Jahwes ausdrückt und zu Vertrauen und Glauben mahnt.

In einem *Midrasch zum Buch Exodus* (die Mekhilta des Rabbi Ishmael, 1.–2. Jh. n.

Chr.) heißt es: »Könnten die Hände des Mose denn Israel zum Sieg verhelfen? Könnten seine Hände Amalek zerschmettern? Solange Mose seine Hände zum Himmel erhob, sah Israel auf ihn, und sie glaubten an den, der dem Mose befohlen hatte, so zu handeln. Und Gott tat an ihnen Wunder und erwies seine Macht.« Und gleich darauf heißt es von Num 21,8: »Hat etwa die Schlange getötet oder lebendig gemacht? Vielmehr: solange Mose so handelte, sah Israel zu ihm auf und sie glaubten an den, der Mose befohlen hatte, so zu handeln, und Gott sandte ihnen Heilung« (vgl. *R. Bloch,* Die Gestalt des Mose in der rabbinischen Tradition. In: Moses in Schrift und Überlieferung. Düsseldorf 1963, 121–122).

Man könnte vielleicht einwenden, die gedankliche Verbindung zwischen der ehernen Schlange und den Armen des Mose sei nur eine nachträgliche Angleichung, denn in Ex 17,8–10 wird nicht ausdrücklich erwähnt, die Israeliten hätten auf Mose geschaut. Beiden Texten ist jedoch eines gemeinsam: Mose auf dem Berg und die eherne Schlange sind für Israel »Banner«, »Feldzeichen«. Auch den

Altar, der nach der Amalekiter-Schlacht aufgestellt wird, nannte Israel »Jahwe ist mein Feldzeichen«.

Hier wird deutlich, nur wenn Jahwe mit seinem Volk ist, verlieren Wüste und Feind ihre tödliche Gefährdung. *Mit Jahwe wird der Wüstenzug zur Erfahrung des Geführt- und Gerettetwerdens.* Wie entschieden dies die Bibel vertritt, zeigt ein Vergleich der beiden Begegnungen mit den Amalekitern. Während in Ex 17 das Jahwevolk gerettet wird, wird es in Num 14 von den Amalekitern geschlagen, »weil (so führt die Moserede aus) ihr euch von Jahwe abgewandt habt und Jahwe nicht mit Euch ist« (Num 14,43). Diese Numeristelle wirft noch einmal Licht auf die Passage in Exodus. Diese Kriegsgeschichten sind nur auf den ersten Blick Kriegsgeschichten. Im Gegenteil, gerade unsere Stelle Ex 17,8–16 hat stark antikriegerische Züge. Die Schlacht wird nicht durch Josua und seine Mitstreiter entschieden, sondern durch Mose auf dem Berg. Und der ist nur Repräsentant, Zeichen des Gotteswillens bzw. der diesem Willen entsprechenden Haltung Israels. Gott ist die Hilfe seines Volkes (vgl. *E. Zenger,* Das Buch Exodus, Geistliche Schriftlesung AT 7, Düsseldorf 1977, 181–182). *Mose agiert nur in seinem Auftrag.* Es gibt zahlreiche Texte der Bibel, die auf dieses In-den-Hintergrund-Treten des Mose hinweisen. Er ist ganz das Instrument in den Händen Gottes, im Dienst des Wirkens Jahwes. Er ist Diener, Diener Gottes und Israels. Die Initiative liegt bei Gott, der Mose sagt: Tu das, tu jenes.

Im Talmud-Traktat Taanit (über das Fasten) ist von der *Solidarität des Mose mit dem Volk,* vom Einssein mit seinen Nöten und Leiden die Rede. Dabei wird Bezug genommen auf Ex 17,12. Es heißt dort: »Ein Mensch soll mitsamt der Gemeinde Bedrängnis leiden. Denn so finden wir es bei Mose, unserem Meister, daß er selber Bedrängnis litt mitsamt der Gemeinde, denn es heißt: ›Aber Moses Hände wurden schwer; da nahmen sie einen Stein und legten den unter ihn, und er setzte sich darauf.‹ Aber hatte denn Mose kein einziges Polster und kein einziges Kissen, um sich darauf zu setzen? Doch, aber Mose sagte so: Da Israel in Bedrängnis weilt, will auch ich mit ihnen in Bedrängnis sein. Und jeder, der selber bedrängt ist mitsamt der Gemeinde, ist gewürdigt, auch die Tröstung der Gemeinde zu schauen.« (Taanit 11a, aus: Der babylonische Talmud, ausgewählt von *R. Mayer,* Goldmann TB 1330–1332, 125.)

I. Wie ein Lebensbaum
Skizze zur Arbeit mit Erwachsenen

1. Phase: Bild wird aufgehängt. Bildinhalt ist teilweise bekannt.

▷ *Spontane Äußerungen* zum Holzschnitt *werden auf Band aufgenommen.* Z. B.: ärmlich – auffallend sind Hände und Füße – große Köpfe – Elend – zwei zum Teil verdeckte Gestalten stützen einen Mann;
– *Mose* ist die Hauptperson, er steht im Mittelpunkt – Mose kann nicht allein stehen, er muß gestützt werden – flehender, hilfesuchender Blick – abgezehrtes Gesicht – Mose wird vorausgeschickt, das soll die helle Kleidung aussagen – die beiden Hintermänner setzen ihre Hoffnung auf Mose – ist er zusammengebrochen und muß er deshalb gestützt werden?;
– das Bild wirkt *abschreckend* – Hände sind wichtig, Füße weniger – dieses Bild ist ausdrucksstärker als andere – Mose schreit um Hilfe – hilflosdürre Körper – verschleierter Blick – Knochengerüste – traurige Gestalten – trübsinnig – schwach – ein Hintergrund – Leere, Weite drumherum – dynamisch – zusammen sind sie stark, es steckt Kraft »dahinter« – Mose scheint vor einen Richter geführt zu werden – er wird gezwungen Hände und Arme zu erheben – letzte Kräfte – alter Mann – dennoch *hoffnungsvoll;* – die *drei Personen* bilden eine Linie nach oben – der Schwarz-Weiß-Kontrast stellt Licht und Dunkel dar – Hoffnung und Not, Elend – die Menschen sind hier klein und gedrückt dargestellt gegenOber der Weite und Leere des Hintergrundes – Körper klein im Gegensatz zu den groß gezeichneten Extremitäten.

2. Phase: Stille Betrachtung.

3. Phase: Tonband der 1. Phase wird abgespielt und gemeinsam gehört.

4. Phase: Arbeit im *Gruppengespräch.*
▷ *Schriftliche Fixierung* der Ergebnisse:
a) *Ein Mensch schreit um Hilfe.* Er kann nicht mehr aus eigener Kraft stehen. Die Augen sind erwartungsvoll auf etwas ausgerichtet. Der Ausdruck der Hände zeigt, daß die Not groß und bedrängend ist. Die beiden Hintermänner haben Angst und verstecken sich. Sie stützen den Mann und halten sich zugleich an ihm.
b) *Das Bild stellt die Juden dar.* Die mittlere Gestalt ist wie in Kreuzigungshaltung dargestellt. Diese Haltung wird gestützt und unterstützt von den beiden anderen Personen. Uns kommt der Bibelvers in den Sinn: »Einer trage des andern Last«. Christliche Nächstenliebe oder allgemeinmenschliche Solidarität im Leiden. Das Bild hat auffordernden Charakter. Die Blicke aller drei Personen sind in eine Richtung gerichtet. Von dort her kommt ihnen wohl die Kraft zum Leiden und Mit-Leiden.
c) *Ein alter Mann,* er wird gestützt. Der Kopf ist im Verhältnis zum Körper zu groß. Die Hände hält der alte Mann, der gestützt wird nach oben ausgestreckt, wie wenn er Hilfe bräuchte. *Er will etwas empfangen.* Durch die Rahmenlosigkeit des Bildes geht der Blick ins Unendliche. Das Entscheidende ist nicht im Bild, es liegt außerhalb. Die Gestalten im Hintergrund kommen nicht zur Geltung. Der Mann in der Mitte muß viel erlebt haben. Er hat die Augen weit aufgerissen und schaut nach oben. Vielleicht sieht er etwas, das er nicht erreichen kann. An seinem Gesichtsausdruck ist einerseits Interesse, vielleicht sogar Begehren nach etwas abzulesen, andererseits ist Trauer am abgewinkelten Mund erkennbar, weil er nicht weiß, ob er das Ersehnte erreicht. Je länger man das Bild anschaut, desto mehr Inhalt bekommt es. Das Bild ist beunruhigend. Es springt – will

weiter. *Angst* und *Sorge,* aber auch *Wollen* und *Vollbringen – Hoffnung, Erwartung* auf Hilfe von oben . . .
d) Zunächst sieht es so aus, als ob Mose *gehalten werden müsse,* als ob ihn die Erde zu sehr anziehe. Wenn man aber genauer schaut, sieht man, daß unten gar kein Schwerpunkt ist, die Füße stehen fast im Freien. *Der Schwerpunkt liegt in der Herzgegend und oben an den Händen.* Wie ein Kreuz, das von oben gehalten ist. Obwohl die Männer unter die Achseln greifen, liegt die Kraft in den Händen, oben. Die Person ist von oben gehalten, die Augen aller gehen nach oben.
Dann fällt auf, zuerst sieht es aus, als würden die Männer stützen, – »Gemeinsamkeit macht stark« – »Leben teilen« – »miteinander den Weg gehen«, aber dann kommt es uns so vor, als würden die Stützenden sich halten am Gestützten. *Sie alle hängen an der Kraft* »von oben«.
So gesehen, ist dieses Bild zuerst ein *Leidens-Kreuzigungsbild,* dann aber scheint es plötzlich, es müßte ein »*Auferstehungsbild*« sein, Leben – »mit ihm werden wir auferstehen«. »Du aber gehe hin und stärke deine Brüder.« »Da gingen ihnen die Augen auf.« Und dann geht uns plötzlich auf: *das ist ein Lebensbaum.* Die Hände sind die Wurzeln. Von oben hat der Baum seine Kraft. An solch einem Menschen kann man sich halten.

5. Phase: Gespräch über die Gruppenergebnisse. Vor allem Ergebnis d) wird ausführlich erwogen.

6. Phase: Lektüre und Auslegung des biblischen Textes Ex 17,8–16.
▷ Dazu Einführung, siehe oben.

7. Phase: Gemeinsame Bildanalyse und Bildinterpretation unter Verwendung des Textes→Band 1, S. 24 mit Elementen aus den Gruppenergebnissen und der Textauslegung (Phase 6).

8. Phase: Offenes Gespräch.

II. Wer hält mich?
Narrative Bild-Text-Meditation

▷ Überlegungen, ausgelöst durch ein Bild: Das also ist Mose – Freund und Knecht Gottes, wie ihn die Bibel nennt. Volksführer

und zugleich Sprecher Jahwes. Da steht er mit zum Himmel erhobenen Händen – von zweien gestützt, fast getragen – wo sucht er

Halt? Was bringt ihm solchen Ernst ins Gesicht?

Er schaut nicht hinunter ins Tal. Er kennt die Szenerie der kämpfenden Schlachtreihen. Dort unten tobt eine der kriegerischen Geschichten, von denen die Bibel uns viele überliefert. Einmal mehr sind es die Amalekiter – Dauerfeinde Israels. Diese Begegnung hier wird zugunsten der Israeliten enden. Auf merkwürdige Weise.

Josua und seine Männer haben zu den Waffen gegriffen gegen die Feinde Israels. Warum diese Freude am Kampf? Welch unsinnige Frage! Die Feinde Israels sind die Feinde Jahwes – so wenigstens sieht es die Bibel. Nicht die Streitsucht versprengter Nomadenstämme tobt sich hier aus – Israel zieht gegen die Feinde seines Gottes zu Feld. Deswegen steht mehr auf dem Spiel als nur der Sieg des schärferen Schwertes. Nicht umsonst redet die Bibel vom heiligen Krieg.

Und doch – sie kämpfen nicht bis zum letzten Mann. Drei haben sich abgesetzt, sind auf den Berg gestiegen: Aaron und Hur haben Mose begleitet. Sie sind es, die dort wie ein Mahnzeichen stehen: allein – hoch aufgerichtet – unter freiem Himmel – ganz auf sich selbst gestellt – fast zu einer Gestalt verschmolzen.

Auch die beiden Begleiter achten nicht auf das Schlachtgetümmel am Fuß des Berges; sie treten zurück hinter den, der sie führt; halten Ausschau wie er – Ausschau wonach? Mose steht auf der Höhe über dem Tal – über den kämpfenden Schlachtreihen Israels steht er mit zum Himmel erhobenen Armen. Weit ausgestreckt, die Hände offen. Von dort, wohin er sich ausstreckt, erwartet er die Hilfe für Israel. Er ist ganz an den Rand des Abgrunds getreten – noch einen und noch einen Schritt nach vorn – damit man ihn sieht, unten in der Ebene. Für Israels Kämpfer als Zeichen: Von dort kommt uns Rettung. – Jahwe ist's, der den Sieg gibt; nicht unsere Tapferkeit bringt den Erfolg. Deshalb schaut Mose zum Himmel – deshalb ist er bis an den Rand des Hügels getreten für alle sichtbar – deshalb hält er die Hände offen, nach oben offen. Fast scheint es, als strecke er sich aus, um Jahwes Arm zu erreichen, von ihm gehalten, getragen zu werden – und mit ihm das Volk.

Doch die Schlacht dauert an – auch ein Mose wird müde; seine Kraft erlahmt. Wer hält ihn fest? Wer steht ihm bei? Wer stützt seine ermattenden Glieder? Er, der zum sichtbaren Signal des Vertrauens geworden, er darf nicht fallen. Aber Mose schafft es nicht länger. Seine Arme werden ihm schwer. Die Schwere des ganzen Volkes – sichselbstvertrauend und jahwevertrauensarm hängt an ihm, wie Bleigewicht, zieht ihn zu Boden. »Sooft er aber die Hand sinken läßt, war Amalek stärker.« Wen wundert das? ...

Das ist ein unwahrscheinlich durchsichtiger Text. Er zeigt so klar, um was es geht. Mose verhilft nicht mit Beschwörungspraktiken zum Sieg; das Wort »Magie« ist hier nicht angemessen. Und nicht von einem Gott wird hier erzählt, der blutige Schlachten führt und seine Macht mit andern Mächten mißt. Der Mensch ist es vielmehr – der Mensch, der seinem Gott vertraut – der so Gottes Mächtig-Sein »zur Geltung bringt«. Denn: »Mit meinem Gott überspringe ich Mauern« (Ps 18,30).

Bei der Schlacht gegen Amalek wird offenbar, wie es um Israels Glauben steht – wem Israel vertraut – wem es vertrauen kann.

Und was geschieht, als die Arme des Mose sinken? Die beiden – Aaron und Hur – springen ihm bei. Der ermattete Mose wird von ihnen gestützt. Sie halten des Mose Arme hoch – sie halten ihn.

Und zugleich halten sie sich an ihm, von seinem Vertrauen werden sie gehalten – gemeinsam stehen sie ein – halten sie Stand – machen sie sich fest am Vertrauen auf Gott. Und indem sie den Mose halten, ihn fast emporhalten, damit er seine Arme noch höher recken kann, noch näher zu dem, der ihm Halt zu geben vermag – indem sie all ihr Vertrauen zusammennehmen, zusammenschmelzen, halten sie stand als Signal des Glaubens für Israel.

Des Mose Arme bleiben erhoben, »bis die Sonne untergeht«. Und Josua und die Seinen besiegen die Amalekiter mit dem Schwert – mit dem Schwert? Mit Jahwes Hilfe – im Vertrauen auf Jahwe. – Weil sie auf Jahwes Macht vertrauen, sind sie mächtig. An ihn können sie sich halten. – Von ihm ist gehalten, wer ihm vertraut und wer vertrauend seines Bruders Glauben stützt.

Kontexte

Das Vogelnest

Einst stand im Bethaus der Baalschem sehr lang im Gebet. Die Seinen alle hatten schon das Beten beendet, er aber verharrte noch darin, ohne ihrer zu achten. Sie warteten eine gute Weile auf ihn, dann gingen sie heim. Als sie nach Stunden ihre mannigfachen Geschäfte besorgt hatten und wieder ins Bethaus kamen, stand er noch im Gebet. Hernach sagte er zu ihnen: »Daß ihr fortgegangen seid und mich allein gelassen habt, dadurch habt ihr mir eine schlimme Trennung zugefügt. Ich will es auch im Gleichnis sagen. Ihr kennt die Zugvögel, die im Herbst nach den warmen Ländern fliegen. Nun wohl, die Bewohner solch eines Landes sahen einst in der Schar der Gäste in der Luft einen herrlich bunten Vogel, dessengleichen an Schönheit nie dem Menschenauge erschienen war. Der Vogel ließ sich im Wipfel des höchsten Baumes nieder und nistete darin. Als der König des Landes davon erfuhr, befahl er, den Vogel im Nest herunterzuholen, und hieß mehrere Männer sich am Baum als Leiter aufstellen, so daß immer einer auf die Schultern des andern trat, bis der zuoberst Stehende hoch genug langen konnte, um das Nest zu nehmen. Es dauerte lang, die lebende Leiter zu bilden. Die Untersten verloren die Geduld und schüttelten sich, und alles stürzte zusammen.«

Martin Buber

In der Fabrik

Er kam herein. Die großen Kessel dampften,
Die Säurewässer widrigen Gestanks.
Da war die Arbeitshalle breit vom Lärm
Der Riemen und Getriebe wie berußt,
Wie plattgedrückt, und schien sich selber schon,
Ein Riesenmühlstein, träg herumzuschwingen.
Und so wie Blumen, die vom Lärm betäubt
Verwelken, lechzten blasse Männer her
Und die gebrochenen, die jungen Frauen
Schwatzten wie aus dem Schlafe fistelstimmig.
Nur eines Mädchens helles Auge brach
Sich im Geträufel eines Himmelsfleckchens
Hoch oben, wie es zwischen morschen Latten
Des Dachstuhls blaute . . .

       Kam herein
Mose, der Gottesknecht, und an Gestalt
Glich einem reichen Kaufmann er und heischte,
Den Herrn zu sehen. Rasch ward es gewährt,
Durch Gang und Polstertüre ging der Weg
Und bald saß unser Lehrer schlichten Auges
Vor einem breiten, höchst beschäftigten
Und sorgenvollen Mann am Schreibtisch. Kühl
Und prächtig war das Zimmer, tausend Briefe
Erfüllten es vieltönend, manche lose,
Die andern sorglich von metallnen Krallen
Durchbohrt und abgeschichtet. Nicht an Kärtchen,
Bedeckt mit fleißigen geheimnisvollen
Aufschriften, in Schubladen hingelehnt,
An großen Blättern fehlt' es nicht mit Ziffern,
Auch nicht an Wein und köstlichen Zigarren.

So herrschte Ordnung hier und Fülle. – Und
Sie rauchten, lagerten auf Lederkissen,
Nippten den Wein und sprachen vom Geschäft;
Denn als Geschäftsfreund war er eingetreten.

»In meinem Lande«, fuhr der Hocherhabne,
Des andern Seele zu ergründen, fort,
»Gibt es ein Recht, nach sieben Jahren soll
Die Arbeit ruhn, und frei der Sklave sein.«

»Was für ein Land«, empörte jener sich,
»Von Unverschämten und Verrückten ist
Das Deinige? Bei uns ist nichts als Arbeit
Das ganze Leben lang, denn dazu ward
Der Mensch gezeugt, ja gäb es Möglichkeit,
Wir würden noch die Toten in den Särgen,
Die wirklich ein Faulenzerleben führen,
An irgendeine leichte Arbeit stellen,
An eine Kurbel, die man wie im Traum
Nur sacht zu drehn braucht. Arbeit macht gesund!
Ich selbst arbeite, hab's nicht nötig, doch
Bin früh der erste, nachts der letzte hier.
So muß es sein. Sonst bringt man es nicht vorwärts.
Reich will ich sein, noch reicher will ich sein,
Nein, reicher noch. Ach, das ist eine Mühe,
Glaub mir, der ärgste Sklave bin ich selbst,
Bedauernswerter noch als meine Sklaven.«

»Der Freigewordene, der Sklave bleibt
Aus freien Stücken, – diesen hefte man
Mit dem durchbohrten Ohr an einen Pfosten,
Als Schändlichsten. So will es mein Gesetz.«
Und Mose hob die Hand, die war aus Nacht,
Darin die scharfen Dornen eines Blitzes
Zitternd aufwuchsen. Auch erdonnerte
Die Erde, gierig sich zu öffnen und
Das blitzgeschlagene, das Haus der Qual
Samt aller Menschheit klaffend einzuschlingen –
Dieselbe Erde, die den Korah schlang,
Dieselbe Hand, die beide Tafeln brach,
Schon drohten sie. – Da bildet sich im Aug
Des Lehrers jenes Mädchens Auge ab,
Das sehnsuchtsvoll von seiner Arbeit weg
Zum klaren Himmel nach Erlösung sah
Und Schönes fühlte, Kindlich-Richtiges.
Und er hielt ein: »Da sie noch selber hoffen,
Die Menschen, sollt ich sie vernichten?« – Ach,
Ins eigne Herz, das liebeheißeste,
Ist Hoffnung unauslöschlich ihm gesenkt,
Dem Manne Mose, und zugleich ein Wüten
Und Schmerz um seine Kinder ... Und er geht,
Mit leichtem Nicken weg, dem eine Träne
Entfällt von solchem Glanz, daß der am Schreibtisch
Geblendet aufbrüllt und zusammenstürzt.
                                        Max Brod

David und Natan

WOLFGANG RIESS

→Günter Lange, Bd. 1, S. 28

Zielgruppen
I. Katechese mit Eltern von Erstkommunionkindern (Beichtvorbereitung)
II. Priesterfortbildung; Priesteramtskandidaten

I. Bußerziehung der Kinder läßt notwendig nach der eigenen Schuld fragen

Adressaten: Eltern von Kindern, die im Rahmen der Hinführung zur Eucharistie auch auf das Bußsakrament vorbereitet werden
Handlungsfeld: Katechese an einem der Elternabende

1. Vorüberlegungen

Grundproblem der Vorbereitung der Kinder auf das Bußsakrament im Rahmen der Hinführung zur Eucharistie ist die immer deutlicher werdende Differenz zwischen wesentlichen Inhalten der Bußerziehung und der *Bußpraxis der Eltern.* Wie können Eltern bei der Bußerziehung ihrer Kinder mithelfen oder sie sogar eigenverantwortlich in die Hand nehmen, wenn sie einerseits in die regelmäßige Bußpraxis einführen sollen und andererseits keine Vorbilder in dieser Praxis sein können oder wollen? Das skizzierte Problem besteht auch unabhängig von der umstrittenen Frage nach dem angemessenen Termin für die Erstbeichte. Die Entscheidung, ob die Erstbeichte vor oder nach der Erstkommunion erfolgen soll, ändert nichts Wesentliches an der Differenz zwischen Zielen der Beichtvorbereitung und der allgemeinen Beichtpraxis.

Ohne realistisch zu erwarten, durch das Einbeziehen der Eltern in die Sakramentenvorbereitung eine langfristige Änderung der bisherigen Praxis der Eltern erreichen zu können, so ist doch unbestritten, daß die Zeit der Hinführung der Kinder zur Eucharistie auch und gerade für deren Eltern eine *besonders bedeutsame Zeit* ist. Festgefahrene Einstellungen könnten aufgelockert, neue Perspektiven aufgezeigt, neue Praktiken angebahnt werden. An dieser besonderen Chance versucht die Katechese anzuknüpfen.

Ein Blick auf die *psychologische Situation* der Eltern-Kind-Beziehung in dieser Altersphase der Kinder (9 bis 10 Jahre) läßt allerdings vermuten, daß in dieser Zeit das Überlegenheitsgefühl der Eltern gegenüber ihren Kindern noch sehr ausgeprägt ist. Das Verhalten der Kinder stellt im allgemeinen das Verhalten der Eltern noch nicht so stark in Frage, wie das zu einem späteren Zeitpunkt der Fall sein wird. Deshalb dürfte es *nicht ganz einfach* sein, das Fehlverhalten der Kinder als Anfrage an das Verhalten der Eltern erfahrbar zu machen und didaktisch umzusetzen. Dennoch soll das in dieser Katechese versucht werden. Aus diesem Grunde wird in der Katechese selbst nicht streng zwischen Kindern und Jugendlichen unterschieden.

Dreh- und Angelpunkt des katechetischen Vorschlags ist der Habdank-Holzschnitt, der den *dramatischen Wendepunkt* der Geschichte von Davids schwerer Verfehlung darstellt und in einer analogen Funktion auch in der Katechese verwandt werden soll. *Ziel* der Katechese ist es nicht, die Eltern unmittelbar zu einer neuen Bußpraxis zu führen. Es soll vielmehr der grundlegende Zusammenhang von Hinführung der Kinder zur Erstbeichte und eigenem Verhalten aufgedeckt werden. Erst wenn dieser Zusammenhang existentiell erfahrbar geworden ist, kann katechetisch fruchtbar weitergearbeitet werden.

Die Grundstruktur der Katechese (– »Wissen« um die Schuld anderer in Form von Anklage, Vorurteil, Ressentiment oder »objektiver« Analyse – Konfrontation mit dem Habdank-Holzschnitt – Aufdeckung der eigenen Schuldverfallenheit –) ist nicht an die Adressatengruppe der Eltern von Erstkommunionkindern gebunden, sondern läßt sich leicht auf Katechesen und (Predigt-)Meditationen für andere Zielgruppen (z. B. Schüler der Hauptschule, Jugendliche, Erwachsene) *übertragen.*

2. Verlaufsplanung

Verlaufsschritte	Didaktische Hinweise
	▷ Teilnehmer sitzen möglichst im Kreis oder aber so, daß alle das im Verlauf anzubringende Bild aus möglichster Nähe betrachten können.
a) Einstieg und Problemstellung ▷ *Stummer Impuls:* Collage aus Zeitungs- und Zeitschriftenartikeln über Gefährdungen und Verfehlungen von Kindern und Jugendlichen	*Collage aus Bildern und Überschriften.* Mögliche Themen: Drogen, Alkohol, Aggressivität (Rocker), Konsumverhalten, Sexualität, Jugendkriminalität
▷ Freies Gespräch über die Collage	Möglichst viele Teilnehmer zur Meinungsäußerung ermuntern; der Katechet sollte, um den didaktischen Spannungsbogen zu unterstützen, besonders die anklagenden Stellungnahmen verstärken.
b) Vertiefung des Problems ▷ *Impuls des Katecheten:* So schlimm steht es bei unseren eigenen Kindern zum Glück nicht, aber so ganz ohne Probleme geht es da natürlich auch nicht ab. Welches sind die Fehler und falschen Verhaltensweisen, die Sie heute bei Kindern und Jugendlichen in Ihrer Familie und in Ihrem Bekanntenkreis feststellen?	Collage wird auf die Situation der Teilnehmer bezogen. Der anklagende Tenor soll möglichst vorherrschen. Also keine Ursachenanalyse zulassen: »Es geht zunächst um eine Art Stoffsammlung.«
▷ *Rundgespräch*	Die auftauchenden Fehler der Kinder und Jugendlichen an einer *Tafel* in einer Spalte untereinandergeschrieben festhalten.
▷ *Kurze Pause*	Nach dem Anschreiben durch eine kleine Pause Spannung erzeugen.

c) Wendepunkt
▷ *Stummer Impuls:* Habdank-Holzschnitt aufhängen
Bildbetrachtung (stumm)

▷ *Impuls des Katecheten:* Könnten Sie bitte ganz unabhängig davon, was für eine Szene das Bild darstellen soll, beschreiben, was Ihnen an dem Bild auffällt?
(Bildbeschreibung)

d) Information und Überleitung auf die Verknüpfung von Bild und Problemstellung:
▷ Katechet informiert über den biblischen Kontext (2 Sam 11 und 12), dann Lesung von 2 Sam 12,1–7a. Letzter Satz: Du bist dieser Mann
▷ *Verknüpfung von Bild und Problem*
Katechet: Wenn wir nun das Bild von David und Natan mit der Liste von Fehlern unserer Kinder und Jugendlichen vergleichen, dann können wir wohl diese Liste nicht ganz so stehen lassen. Was könnten wir damit tun?
▷ *Vorschläge sammeln*

▷ *Impuls des Katecheten:* Wir könnten neben die Spalte mit den Fehlern unserer Kinder eine Spalte mit unseren eigenen Fehlern setzen. Vielleicht sind sogar unsere eigenen Verfehlungen Anlaß und Ursache des Verhaltens unserer Kinder.
▷ *Freies Gespräch*

e) Abschluß
Katechet formuliert ein *freies Gebet.* Zentralgedanke: Gott möge die Bußerziehung der Kinder als Gelegenheit zur Gewissenserforschung und Umkehr auch den Erwachsenen schenken. Die Fehler der Kinder sind letztlich unsere eigenen Fehler.

▷ Betrachtungspause

Meinungen und Hinweise sammeln, keine »Verbesserungen« anbringen. Es geht um das, was da unmittelbar zu sehen ist (vgl. die Hinweise von *G. Lange,* Band 1, S. 28 ff.)

Kontext in wenigen Sätzen zusammenfassen als Vorbereitung auf die Schriftlesung
Satz wird als Überschrift an die Tafel geschrieben

Vorschläge in einer eigenen Spalte an der rechten Seite der *Tafel* aufschreiben. Wo es möglich ist, diese Vorschläge auch durch Zeichen und Symbole durchführen.
Vorausgesetzt, der Vorschlag wird nicht von den Teilnehmern schon gemacht.
Zweite Spalte an der *Tafel* ergänzen und zu den Fehlern der Kinder entsprechende Verhaltensweisen der Erwachsenen hinzufügen.

Je nach der zeitlichen Möglichkeit kann an einzelnen Beispielen ein längeres Gespräch über den Zusammenhang von Verhaltensweisen der Kinder und dem elterlichen Vorbild entwickeln. Dabei ist darauf zu achten, daß sich in der Berufung auf die schlechten Einflüsse der »Gesellschaft« schnell wieder die Anfangseinstellung zeigen kann. Es kann so gezeigt werden, daß das David-Natan-Bild eine bleibende Provokation darstellt.

Mit Beispielen aus dem *Tafelbild* konkretisieren.

(Formulierungsvorschläge für die Impulse des Katecheten sind nur als vielfältig abwandelbare Hinweise gemeint.)

II. Schuldaufdeckung in der kirchlichen Bußpraxis

Adressaten: Priester, Priesteramtskandidaten
Handlungsfeld: Meditation während einer Veranstaltung der Priesterfortbildung oder während der Ausbildung im Seminar

1. Vorüberlegungen

Das Faktum der *Krise der kirchlichen Bußpraxis* ist unbestritten. Deutlichstes Signal dieser Krise ist der dramatische Rückgang der Zahl jener Erwachsenen, die zur Einzelbeichte gehen.

Ein Versuch, dieses Phänomen zu erklären, müßte vielen möglichen *Gründen* nachgehen. So könnte man z. B. fragen:

a) Verwechselt das allgemeine Bewußtsein den unbestreitbaren Fortschritt in Naturwissenschaft und Technik mit dem keineswegs unbestreitbaren Fortschritt im moralischen Bereich?

b) Ist die Säkularisierung schon so weit fortgeschritten, daß Schuld wohl noch im zwischenmenschlichen Bereich als Verfehlung, aber nicht mehr im theologischen Sinn als Sünde gegenüber Gott erlebt wird?

c) Werden die Erkenntnisse der Psychologie, die ja an sich z. B. durch das Aufdecken egoistischer und triebhafter Motive in allem menschlichen Tun für Schulderfahrungen sensibilisieren könnten, *de facto* eher zur Rationalisierung der Schuld und zur Verdrängung der Schulderfahrung verwandt?

d) Wirken sich langfristige Versäumnisse und Fehlleistungen der kirchlichen Praxis und ihrer Theorie aus (u. a. die einseitige Schwerpunktbildung innerhalb des Dekalogs z. B. im Fall der Sexualität; mechanische und magische Vorstellungen und Praktiken; mangelnde Rezeption psychologischer Erkenntnisse)?

Trotz dieser vielfältigen Fragen soll der Krise der kirchlichen Bußpraxis hier in einer ganz bestimmten Richtung nachgegangen werden, da so die Krise an einem Beispiel konkret erfahrbar wird und zugleich mögliche Lösungsimpulse in den Blick kommen. Das heißt nicht, daß dieser Weg zum letztlichen Grund des Problems führen muß. Das Bild legt es nahe, in Anknüpfung an den die Schuld des David aufdeckenden Propheten Natan nach der Rolle des »Beichtvaters« innerhalb der kirchlichen Bußpraxis zu fragen.

So sehr bestimmte neuere Entwicklungen der kirchlichen Bußpraxis, vor allem der allgemeine Wunsch nach Ausbau der Bußfeiern oder Bußandachten den Willen der Gläubigen anzudeuten scheinen, mit der eigenen Schuld/Situation im Innern der eigenen Person und im Gegenüber zu Gott fertig zu werden, so ist doch die Aufdeckung der eigenen Schuld, die vielfach aufgrund der Neigung, diese *Schuld zu verdrängen* und nicht wahrhaben zu wollen, nur als »Entlarvung« möglich erscheint, an ein *menschliches Gegenüber* gebunden. Zu sehr sind Werte und Normen auf den zwischenmenschlichen Konsens verwiesen und zu leicht führt eine rein innerliche Schuldbearbeitung den Menschen dahin, diese seine Schuld beiseite zu schieben oder zu rationalisieren, als daß nicht jeder jemanden bräuchte, der ihm die Schuld/Situation entdeckte, ja wenn nötig auf den Kopf zusagte. Die intensiver werdende Nachfrage nach kirchlichen Beratungsdiensten kann als Ausdruck des Wissens um die Notwendigkeit zwischenmenschlicher Schuldaufdeckung gewertet werden.

Dennoch fängt mit diesem Postulat nach Menschen, die die Schuld/Situation anderer aufzudecken vermögen, das Problem erst an. Was sind die *Bedingungen* dafür, daß jemand glaubwürdig Schuld aufzudecken in der Lage ist? In aller Kürze können mit Bezug auf die im Habdank-Holzschnitt ablesbaren Aspekte folgende Punkte genannt werden, die für die Meditation als Lernziele formuliert werden können.

2. Lernziele

– Fähigkeit, beim anderen einen Prozeß der Einsicht in Gang zu setzen (gegen plakative Unterstellungen);
– Fähigkeit, bei aller Deutlichkeit, ja Radikalität im Aufdecken der Schuld/Situation so etwas wie menschliche Nähe, Feinfühligkeit und Zurückhaltung zu wahren;

– Fähigkeit, die eigene Rolle (hier die des Aufdeckens von Schuld) zu bejahen, und die Bereitschaft, die Dialektik dieser Rolle (hier den Wechsel von Ankläger zum Angeklagten) anzunehmen (Rollendistanz, Rollentausch);
– Mut, auch dort zur Gewissenserforschung aufzurufen, wo es um die »Mächtigen« der jeweiligen Gruppe (Pfarrei, Kirche, Beruf, Gesellschaft) geht.

Da der einzelne Priester die Krise der Einzelbeichte auch als eigene Krise erlebt (Funktions- und Machtverlust), ist es besonders dringlich, die damit verbundenen Erfahrungen zur Sprache zu bringen und in Richtung der aufgeführten Lernziele weiterzuführen.

Dennoch sind diese Lernziele keineswegs auf die Zielgruppe der Priester bzw. Priesteramtskandidaten eingegrenzt. In häufig fragwürdigen Formen wie Streit, Vorwurf, Unterstellung, Anklage und Beschuldigung ist *Schuldaufdeckung ein alltägliches Phänomen* zwischenmenschlichen Zusammenlebens. Selten wird man sich dabei zu Recht auf die christliche Tradition der brüderlichen Zurechtweisung (Mt 18,15 ff.) berufen dürfen. Um so dringlicher wäre es, Bedingungen zwischenmenschlicher Schuldaufdeckung im Sinne der Lernziele dieser Meditation zu vermitteln. Als Adressaten wäre dabei vor allem an *Teilnehmer von Bußfeiern* zu denken.

3. Verlaufsplanung

Verlaufsschritte	Didaktische Hinweise
	▷ Teilnehmer sitzen im Kreis
a) Einladung durch Leiter zur *Gesprächsmeditation*: ▷ *Thema:* Aufdeckung von Schuld	Das Thema kann entweder nur kurz genannt werden, um dann sofort das Habdank-Bild als stummen Impuls einzuführen, oder es kann ausführlicher begründet werden, z. B. mit Hinweis auf die vielfältigen und häufig fragwürdigen Formen der Schuldaufdeckung (Vorwurf, Anklage, Unterstellung usw.)
b) 1. Bildimpuls: Habdank-Holzschnitt aufhängen ▷ *Leiter:* Obwohl Sie vielleicht das biblische Thema dieses Bildes längst erkannt haben, möchte ich Sie bitten, diesen Kontext zunächst außer Acht zu lassen und sich ganz auf den unmittelbar dargestellten Vorgang zu konzentrieren. Beschreiben Sie bitte einfach das, was Sie sehen. ▷ *Freies Gespräch*	▷ *Stummer Impuls, Betrachtungspause* Es besteht die Gefahr, daß durch das schnelle Erkennen des Themas das Bild von den Teilnehmern bald »abgehakt« wird. Deswegen muß der Impuls, sich ganz auf das unmittelbar zu Sehende wirklich einzulassen, sehr deutlich sein.
c) Information: Biblischer Kontext ▷ *Meditative Schriftlesung:* 2 Sam 12,1–7a	▷ *2 Sam 11 und 12* zusammenfassen (→Hinweise von *G. Lange,* Band 1, S. 28) Nach der Lesung eine *Pause* eintreten lassen. Vielleicht werden einige Teilnehmer schon das Ende der Meditation erwarten. In dieser Pause das zweite Bild, das vorher möglichst nicht sichtbar war, aufhängen.
d) 2. Bildimpuls: Bild von einem Beichtstuhl neben dem Habdank-Bild aufhängen ▷ *Leiter:* Bitte schreiben Sie auf das Blatt in Stichworten, Sätzen oder Bildern, welche Gedanken Ihnen bei der Gegenüberstellung beider Bilder kommen.	▷ *Stummer Impuls,* evtl. Foto im Großformat, *Betrachtungspause* ▷ *Blätter und Stifte* vorbereiten, austeilen, Einzelarbeit 15 Min.

Verlaufsschritte	Didaktische Hinweise
▷ *Sammlung der Ergebnisse*	Alle Teilnehmer lesen nacheinander ohne Rückfragen oder Kommentare ihre Gedanken vor.
▷ *Meditatives Gespräch* über die Ergebnisse	Es sollen die wesentlichen Aspekte herausgestellt werden. Dabei soll der Leiter das Gespräch in die Richtung der skizzierten Lernziele lenken. Das Gespräch sollte nicht zu einer Diskussion sich entwickeln.
▷ *Zusammenfassung und Vertiefung* *Leiter:* Bitte schreiben Sie auf das Blatt alle Aussagen, die Ihnen als Ergänzung der beiden Sätze einfallen.	▷ *Blätter vorbereiten* mit den Vorgaben: »Aufdecken von Schuld heißt . . . .« »Aufdecken von Schuld heißt nicht . . . .« ▷ *Arbeitspause* 10 Minuten.
▷ *Zusammentragen der Ergebnisse*	Teilnehmer lesen nacheinander ohne Rückfragen und Kommentare ihre Ergänzungen vor.
e) Abschluß Schriftlesung: *Jona 3 und 4* ▷ *Einleitung* durch Leiter: Jona wird als ein Beispiel falsch verstandener Schuldaufdeckung vorgestellt. Schuldaufdeckung ist in seiner Sicht eher Vernichtung des Schuldigen und nicht auf dessen Umkehrprozeß ausgerichtet. Es zeigen sich hier tieferliegende Motivstrukturen der Schuldaufdeckung. Gottes Heilswille verschafft sich aber auch gegenüber dieser Verirrung des Propheten Geltung und deckt die Schuld desjenigen auf, der eigentlich selbst Schuld aufdecken soll.	▷ Es muß dem Leiter überlassen bleiben, ob er die zusammengetragenen gegensätzlichen Assoziationen, was »Aufdecken von Schuld« heißen kann oder nicht heißen sollte, in einem orientierenden Schlußwort meint zusammenfassen zu sollen, oder »offen im Raum stehen lassen« kann. Jedenfalls ist bei einer abschließenden Exhortatio, wenn sie nötig erscheint, Behutsamkeit geboten, um die Arbeitsergebnisse der Teilnehmer nicht zu paralysieren.

Kontexte

ballade

es ist so schnell gegangen
wer hätte das gedacht
ganz langsam hat es begonnen
und schon ist es vollbracht

kaum hat mans euch gesagt
habt ihr denn nicht gefragt
man hat euchs kaum gesagt
habt ihr wirklich nicht gefragt

wißt ihr wovon ich rede
wißt ihr wovon ich rede
wißt ihr wovon ich rede
erinnert ihr euch an nichts

zwanzig jahre sind vergangen
schneller als man nachgedacht
habt ihr nichts gesehn vernommen
fragt doch fragt doch fragt erwacht

Gerhard Rühm

Kain und Abel

GERD BIRK

→Günter Lange, Bd. 1, S. 32

Zielgruppen
  I. *Berufsschüler* (Bild-Sprechversuche;
     RU-Thema: Gewalt)
 II. Anregungen für die *Erwachsenenbildung*
III. Einsatz des Holzschnittes in einem *Buß-
     gottesdienst*
(Die Zielgruppen sind im folgenden nicht in
getrennten eigenständigen Modell-Einhei-
ten angesprochen; vielmehr ziehen sich die
Anregungen für die verschiedenen Verwen-
dungsmöglichkeiten durch alle didaktischen
Arbeitsanregungen hindurch.)

I. Zur Situation von Berufsschülern im Religionsunterricht

Ein Religionslehrer der Berufsschule: »Aus
der Hauptschule bringen die Schüler so gut
wie nichts mit. Nur in einem Punkt muß ich
der Hauptschule meine hohe Achtung aussprechen. Die Schüler haben gelernt, Bilder
zu betrachten und zu interpretieren.«
Dieser Lehrer hatte einen Holzschnitt über
den Gang nach Emmaus im Religionsunterricht bei gewerblichen Berufsschülern eingesetzt. Er war erstaunt, wie genau die Schüler
das Bild anschauten, welche Einzelheiten sie
entdeckten und welche Deutungen sie vor-
brachten.
Das Bild hat die Schüler angesprochen und
sie angeregt, selbst etwas zu sagen, mit
eigenen Worten. Die anderen Schüler kommen mit, können verfolgen, was der Spre-
chende meint, können ihm widersprechen,
ihn ergänzen. All das ist in der Sprache der
Theologie in der Regel nicht gegeben. Wen
soll es wundern, daß kaum etwas behalten
wird. Wo es aber gelingt, Einsicht und
Können zu vermitteln, da wird das Gelernte
verfügbarer Besitz, wie hier die Fähigkeit,
ein Bild zu betrachten und zu interpretieren.
Schüler, die nach Abschluß der Hauptschule
voll ins Arbeitsleben eintreten, werden in

abstrakter Denkweise und sprachlicher
Wendigkeit nicht so gefördert wie Absolven-
ten der Realschule oder des Gymnasiums,
mit denen sie häufig in derselben Klasse
sitzen. Wenn ihnen etwas erklärt wird und sie
von dem Sachverhalt nur hören, ohne dabei
etwas zu sehen oder selber zu tun, so können
sie den Sachverhalt nur schwer begreifen.
Ein Unterrichtsgespräch in einer Berufs-
schulklasse verläuft meist nur schwerfällig
und zäh. Das wird oft verwechselt mit Unfä-
higkeit des Denkens und Sprechens bei den
Schülern. Erfahrene Lehrer wissen jedoch,
wie eindeutig und klar – wenn auch nicht
immer stilistisch einwandfrei – selbst maul-
faule Schüler artikulieren können, was sie
denken und empfinden, wenn sie sich persönlich angesprochen fühlen.
Berufsschüler lernen vornehmlich an konkreten Gegenständen und an innerlich nach-
vollziehbaren Handlungen, mit denen sie
ihre Erfahrungen, Kenntnisse und Fertigkei-
ten vergleichen, an denen sie sie erweitern
und korrigieren können. Kein theologischer
Lerninhalt ist zu schwer für die Berufsschule,
wenn es gelingt, ihn so plastisch darzubieten,
daß die Schüler sich damit auseinanderset-

zen, damit Erfahrungen verbinden und dazu Gedanken äußern können.

Gewalttätigkeiten begegnet den Berufsschülern in vielfältiger Weise. Zu diesem Thema können sie aus eigener Erfahrung beitragen.

▷ Die Geschichte von Kain und Abel kann helfen, unsere Welt und die Rolle, die wir darin spielen, bewußter wahrzunehmen. Dadurch kann das Gehör geschärft werden für Verheißung und Anspruch des Evangeliums.

II. Die anthropologisch-religiöse Wirklichkeit: Kain und Abel

1. Der Tüchtige und der Harmlose

»Kain und Abel« sind kein »Bild der Hoffnung«. Sie sind ein Bild unserer menschlichen Wirklichkeit, die nur, wenn man sie nicht verdrängt, sondern an sich heranläßt, in christlicher Hoffnung ausgehalten und bestanden werden kann.

Die Geschichte beinhaltet nicht einen Vorgang, der beginnt: »Es war einmal...«. Kain und Abel sind Gestalten, in denen sich verdichtet, was zu allen Zeiten zwischen den Menschen passiert.

Sie sind Lebewesen gleichen Ursprungs, Menschen, Brüder. Sie haben sich unterschiedlich entwickelt. Der eine lebt von seiner Herde, der andere bebaut den Acker. Damit sind zwei verschiedene Lebensformen, zwei Kulturen repräsentiert.

Der Kleinviehnomade ist harmlos, friedlich, lebt von der Hand in den Mund. Er kann nur eine begrenzte Zahl von Tieren mit sich führen. Die ständig wechselnden Weideplätze sind kärglich. Die Herde kann nicht mehr als einen Familienverband ernähren. Besitztum, Hausrat, Waffen müssen transportabel sein, auf das Allernotwendigste beschränkt bleiben. Selbst wehrlos, stellt eine Nomadengruppe für niemanden eine Bedrohung dar.

Wer den Acker bestellt, wohnt am Orte. Im alten Kanaan lebten sie in befestigten Städten, von wo aus sie das Land bewirtschafteten, Handel trieben, Staatswesen ausbildeten, Reichtum erwarben, Militärwesen aufbauten, Wissenschaft und Kunst trieben, durch Planung und System ihre Welt beherrschten. Sie imponieren durch Leistung, üben Macht aus, werden gewalttätig.

Der Nomade und der Kultivierer des Ackers treten vor Gott, jeder mit den Gaben, die typisch sind für seine Lebenswelt; jeder mit seiner typischen inneren Einstellung. Der Nomade erfährt täglich seine Abhängigkeit und Ohnmacht. Der aufsteigende Rauch seines Opfers symbolisiert seine anvertrauende Hingabe, die von der Erde (er)löst.

Der auf dem Acker Sitzende, der Könner, der Mächtige, der Abgesicherte stellt in Tempel, Kult und Ritus dar, wer er ist und was er kann. Der Rauch seines Opfers geht zur Erde, sein Opfer »stinkt zum Himmel«.

Der Habende erfährt, daß er nicht alles haben kann, daß er in wesentlichen Bereichen ein Nichthabender ist. Der Erwählte ist der andere, der Unansehnliche. Dem Tüchtigen, dem Starken, dem Selbstsicheren geht auf, daß vor Gott ganz andere Maßstäbe gelten. Der andere ist der Bessere. Seine Selbstsicherheit ist bedroht, er sieht sich in Frage gestellt.

Dieser Bedrohung begegnet er auf seine Art. Er hat seine Macht und setzt sie ein. Er schlägt den, der ganz anders ist als er, tot. Zynisch wendet er sich von dem Ermordeten weg: »Bin ich denn der Hüter meines Bruders?«

2. Kain und Abel leben heute

Die Geschichte von Kain und Abel erzählt ein Gesetz des Handelns in der Menschengeschichte, das auch heute noch wirksam ist. Gewalttätigkeit beherrscht die Welt. Sie geht oft einher in anständigen Kleidern, im Kleid der Ordnung oder im Kleid der Befreiung. Sie zeigt überall in der Welt offen ihr brutales Gesicht. Am stärksten zu leiden haben die Schwachen, die Harmlosen, die Abhängigen, die Ohnmächtigen.

Ideologische Ansprüche und wirtschaftliche Interessen, rassische Vorurteile und politische Regime pressen ganze Völker aus und vergießen Blut in Strömen. Ruhe und Ordnung scheint nur möglich auf einer Balance von Gewalt und Gegengewalt. Wer anders ist, wer da nicht mitspielt, wird erschlagen.

Die Geschichte von Kain und Abel deutet diesen Zustand theologisch: Wo das Gute in

Erscheinung tritt in der Haltung anvertrau-
ender Hingabe an Gott mit dem Anspruch,
Macht abzugeben, Interessen zurückzustel-
len, auf Gewalt zu verzichten, da wird das
Böse herausgefordert. Die Gewalttätigen
sind die Gottlosen. Sie hassen diejenigen, die
Gefallen finden vor Gott und suchen sie zu
vernichten.

Es gibt aktive und passive Gewalttätigkeit
und Brutalität: Die aktive ballt die Faust und
schlägt zu, greift nach der Waffe und vergießt
Blut, die passive schaut tatenlos zu, geht
ungerührt vorüber, zeigt die kalte Schulter
und wendet sich ab. Sie übersieht den
Schmerz, überhört den Schrei. »Bin ich denn
der Hüter meines Bruders?«

III. »Sprechversuche« zum Bild

1. Abel

– Die schwarze Gestalt ist noch nicht tot, es
wird aber bald mit ihr zu Ende gehen.
– Sie liegt nicht einfach da, sie ist hingewor-
fen. Der Kopf schlägt auf den Boden.
– Der Mann windet sich in Schmerzen. Er
hat die Beine angezogen, er scheint noch zu
strampeln.
– Seine rechte Hand – übergroß – greift
nach dem Herzen. Die Linke ist eigenartig
verdreht, so als suche sie eine schmerzende
Stelle im Rücken.
– Die Geschlechtsteile sind gewaltsam ent-
blößt. Das ist gemein und erniedrigend. Der
Kopf liegt unten.
– Alles tut entsetzlich weh. Die Augen
scheinen schon gebrochen. Aus den zusam-
mengepreßten Zähnen kann ein letztes Stöhnen dringen.
– Er ist in die Hände eines Wütenden
gefallen. Wer ist dieser Mann? Was hat er
getan?

2. Kain

– Die rotbraune Gestalt ist der in Raserei
Geratene. Um ihn herum flackert noch die
Atmosphäre der Wut.
– Er zeigt dem Schmerzgekrümmten die
Schulter, so als hätte er ihn gerade auf die
Straße, oder die Böschung hinunter ge-
worfen.
– Eine riesige Nase, die bei den Haarwur-
zeln beginnt und keinen Platz läßt für die

Stirn, durchzieht das Gesicht. Dunkle Trieb-
haftigkeit drückt sich darin aus.
– Der Schädel ist rund und kahl geschoren.
Stark treten die Backenknochen hervor, ein
etwas unheimlicher Charakterkopf.
– Die Oberlippe ist in einer Gesichtshälfte
leicht nach oben gezogen. Deutet sich ein
hämisches Grinsen an?
– Die Augen blicken aus den Winkeln ruhig
und kalt auf den Daliegenden. Zynischer
Triumph scheint darin zu liegen.
– Er hat's vollbracht und will schon gehen.
Er schaut sich nur noch einmal um.

3. Kain und Abel

– Die Köpfe der beiden Gestalten sind
übereinander, fast wie Spiegelbilder. Würde
man die rotbraune Figur weglassen, dann
fehlt dem Bild etwas, es wäre unvollständig.
Die beiden gehören zusammen. Wie gehören
sie zusammen?
– Die schwarze Gestalt hat den Kopf am
Boden, ihr Blick ist nach oben gerichtet. Die
andere Gestalt mit erhobenem Kopf blickt
herab.
– Der Vergewaltigte liegt ungeschützt da.
Der Gewalttätige hält sich im Hintergrund.
– Das Wesen »Mensch« ist dargestellt wie
siamesische Zwillinge, gewalttätig und ohnmächtig, offen und heimtückisch, abscheu-
lich und erbarmungswürdig.
– Gott hat sich in der Gestalt der schwarzen
Figur gezeigt. Seht, welch ein Mensch.

IV. Arbeitsweisen mit verschiedenen Zielgruppen

Ob in einer *Schulklasse* oder in einem *Gesprächskreis im Rahmen der Erwachsenen-*
bildung, das Bild kann nicht wie ein Lerninhalt durchgenommen werden. Es repräsen-

tiert ein Moment in der Geschichte von Kain und Abel. Der dargestellten Szene geht etwas voraus und folgt noch etwas. Dem entsprechend sollte, bevor das Bild eingesetzt wird, der Kontext allen klar sein. Es ist kein »Bild der Hoffnung«. Die Nacharbeit sollte, wenn die Düsternis des Bildes, die unsere Wirklichkeit darstellt, wahrgenommen ist, den Blick lenken auf den Horizont der Hoffnung in der biblischen Offenbarung. *Lehrhafte Vorgehensweisen* sind im Umgang mit diesem Bild *unangemessen*. Es bedarf hier offener, meditativer, das Empfinden ansprechender, selbsttätiger Verfahren. Der Farbholzschnitt hält ja eine Phase im Geschehensablauf fest, mahnt zum Verweilen, zum Aufmerken, zum Innewerden dessen, was da geschieht.

1. Vorbereitete Meditation

Während die Gruppe das Bild betrachtet, kann der Leiter einen Meditationstext vortragen, der das Bild beschreibt und deutet.
▷ Dazu können die Ausführungen unter II. und III. hilfreich sein.
Wenn im Religionsunterricht »Altes Testament« auf dem Plan steht und etwa exemplarisch die Theologie der Sünde zur Darstellung kam, dann ist ein solch meditativer Abschluß angemessen, auch bei eher passiven Klassen, die nicht gewohnt sind, sich frei zu äußern.
Dasselbe gilt im Rahmen der Erwachsenenbildung.
Eine solch vorgetragene Meditation eignet sich auch für eine sehr große Gruppe etwa bei einem *Bußgottesdienst* in der Kirche.

2. Gemeinsame Meditation

– Eine überschaubare Gruppe sitzt im Halbkreis um das Bild, betrachtet es und versucht seine Aussage in *freier Assoziation* zu artikulieren.
▷ Der Gesprächsleiter kann durch *Gedankenanstöße* das Gespräch anregen und auch in gewissem Maße steuern. Dazu dienen die »Sprechübungen« unter III. Eine Zusammenfassung des Meditationsgesprächs wird verschiedene Äußerungen aufgreifen und die Grundaussage des Bildes wie etwa in III. noch einmal hervorheben.

– Man kann auch das Bild neben einer Tafel oder Tapete anbringen. Die einzelnen Mitglieder der Gruppe sagen dann nicht ihre Gedanken, sondern greifen zu Kreide bzw. Filzstift und *schreiben* oder *zeichnen* ihre Gedanken. Bei diesem Vorgehen können die geäußerten Gedanken viel nachhaltiger aufgenommen, bedacht, erweitert oder kritisiert werden.
▷ Der Leiter der Gruppe wird auch hier das »zur Sprache« Gekommene mit einigen Sätzen *zusammenfassen*, deuten und evtl. vertiefen. Ein passender Text aus der Schrift als Abschluß wird erfahrungsgemäß dankbar aufgenommen.
– Man kann auch die Klasse (den Gesprächskreis) aufteilen in Gruppen zu 5 bis 8 Personen und sie mit dem Bild etwa 10 bis 15 Minuten »arbeiten« lassen.
▷ Dazu sind klare, nicht zu schwierige *Arbeitsaufträge* notwendig, etwa in der Weise:
– Was fällt Ihnen an den beiden Gestalten auf? Was beeindruckt Sie, was finden Sie komisch und unverständlich.
– Schildern Sie den dargestellten Vorgang.
– Versuchen Sie, sich in die beiden Gestalten hineinzuversetzen. Was geht in Ihnen vor?
Bei der gemeinsamen Auswertung der Gruppenarbeit wird der Lehrer (Leiter) die verschiedenen Gedanken ordnen und daraus die Grundaussage des Bildes aufscheinen lassen.

3. Vorbereitungen zum Thema »Gewalt« (eigene Unterrichtseinheit)

– Gewalttätigkeiten prägen unsere gesellschaftliche Wirklichkeit. Sie spiegeln sich auch im *Fotomaterial*, das uns in den Medien entgegentritt.
▷ Die Anfertigung einer *Collage* zum Thema »Gewalt« ist sehr geeignet, das Bewußtsein für diese Wirklichkeit zu wecken. Außerhalb des schulischen Stundenplans ist das leicht möglich. In Schulklassen finden sich manchmal Schüler, die bereit sind, solche Collagen gemeinsam *in Hausarbeit* anzufertigen.
▷ In der nächsten Religionsstunde werden diese Collagen dann *besprochen*. Der Lehrer wird sich bei dieser Arbeit besonders jene Gedanken und Entdeckungen merken, die

auf den Farbholzschnitt »Kain und Abel« übertragen und von dorther vertieft werden können.

– Einzelne Lehrer haben es (zu anderen Themen) so versucht, daß sie selbst Bilder aus Illustrierten gesammelt und für einzelne Gruppen zusammengestellt haben.

▷ Sie geben dann in der Klasse den Auftrag, diese vorsortierten Fotos zu einem Gesamtbild zusammenzukleben. Das kann in 20 bis 30 Minuten geschehen.

▷ Dann kann die Besprechung beginnen. Man muß mit dem Vorwurf rechnen, das sei manipuliert. Dieser Protest kann didaktisch fruchtbar gemacht werden etwa durch die Frage: »Welche Art von Bildern vermissen Sie denn? Was wird denn durch diese Vorarbeit des Lehrers vom Thema unterschlagen?«

Erfahrungsgemäß nehmen Schüler, die sich sprachlich nur schwer artikulieren können, die Möglichkeit, ihre Gedanken durch Bilder auszudrücken, dankbar an.

4. Nacharbeit

Ist es gelungen in die Aussage des Holzschnittes einzudringen, kann diese Aussage aktualisiert werden durch eine *Metapher-Meditation*, etwa:

Kain ist, wer... (z. B. wegschaut, wenn ein Kind wütend verprügelt wird)

. . .

. . .

. . .

Abel ist, wer...

. . .

. . .

Alle Gestalten der biblischen Urgeschichte reden nicht so sehr von historischen Individuen, sondern von heute lebenden Menschen.

Kontexte

Abels Tod

Sie gingen durch Wiesen, feuchte Sandale
Schnitt ihren Fuß. Unhörbar der Morgen im Tau.
Kain trug das Schaf, das schönste der Herde,
Zum Opfer. Aber der Rauch schlug, vom Winde
Verbogen, ihm an die Schläfe: »Warum? Warum hast du

Abels Ernten gnädig genommen und meine
Mir in die Augen gepreßt, daß sie bluten?
Ach, nähmst Du die Flamme zurück, dies Nein
Und Nein, unendliches Nein!«

Wohlgefällig hob Abel den Blick, und alle
Pharisäer der Zukunft, Hörner der Pharaonen
Jubelten zu der Erwählung des Knaben.

Kain schwieg und schlief bei den Schafen,
Lang in den Mittag hinein, in die Schuld.
Geschichte begann, Aufstieg von Bombengeschwadern,
Sünde und Seuchen. Niemand, auch nicht der kreisende
Adler zu Häupten, hielt seinen Arm und löschte das
Zeichen, daß nun der Mensch es vermöchte,
An russischen Waldrändern Minen zu legen und vor
Überquerung der Oder elf Nächte lang eine Festung
Sturmreif zu schießen.

O Rausch der Geschichte! Zeit in den Adern,
Sank Abels Stirn in das heiße Gebüsch –:
Wie sanken wir schuldig auf Abels Stirn!   *Helmuth de Haas*

Kain! um dich wälzen wir uns im Marterbett:
»Warum«?
Warum hast du am Ende der Liebe
deinem Bruder die Rose aufgerissen?

Warum den unschuldigen Kindlein
verfrühte Flügel angeheftet?
Schnee der Flügel
darauf deine dunklen Fingerabdrücke
mitgenommen
in die Wirklichkeit der Himmel schweben?

Was ist das für eine schwarze Kunst
Heilige zu machen?
Wo sprach die Stimme
die dich dazu berief?
Welche pochende Ader
hat dich ersehnt?

Dich
der das Grün der Erde
zum Abladeplatz trägt

Dich
der das »Amen« der Welt
mit einem Handmuskel spricht –

Kain – Bruder – ohne Bruder –

Nelly Sachs

Es gibt kein Recht auf Haß

Ich wiederhole Prinzipien, die wir als Extrakt
nicht nur des Besten, sondern auch des
Unentbehrlichsten und Unveräußerlichsten
in den moralischen Lehren vieler großer
religiöser Propheten und vieler großer Philosophen betrachten dürfen:
Daß es kein Recht auf Hassen gibt,
ungeachtet der Umstände;
daß es widersinnig ist zu sagen,
daß jemand den Haß verdient;
daß wir fähig sind, ohne Haß zu leben;
daß auf den Haß zu verzichten keineswegs
bedeutet, auf den Kampf zu verzichten;
daß jedes Recht zum Unrecht wird, sobald es
sich durch Haß zu befestigen versucht, oder
– was auf das Gleiche hinausläuft –
daß es selbstzerstörerisch ist, den Haß auf die
Sache der Gerechtigkeit einzuspannen.

Leszek Kołakowski

Abel steh auf

Abel steh auf
es muß neu gespielt werden
täglich muß es neu gespielt werden
täglich muß die Antwort noch vor uns sein
die Antwort muß ja sein können
wenn du nicht aufstehst Abel
wie soll die Antwort
diese einzig wichtige Antwort
sich je verändern
wir können alle Kirchen schließen
und alle Gesetzbücher abschaffen
in allen Sprachen der Erde
wenn du nur aufstehst
und es rückgängig machst
die erste falsche Antwort
auf die einzige Frage
auf die es ankommt
steh auf
damit Kain sagt
damit er sagen kann
Ich bin dein Hüter
Bruder
wie sollte ich nicht dein Hüter sein
Täglich steh auf
damit wir es vor uns haben
dies Ja ich bin hier
ich
dein Bruder

Damit die Kinder Abels
sich nicht mehr fürchten
weil Kain nicht Kain wird

Ich schreibe dies
ich ein Kind Abels
und fürchte mich täglich
vor der Antwort
die Luft in meiner Lunge wird weniger
wie ich auf die Antwort warte

Abel steh auf
damit es anders anfängt
zwischen uns allen

Die Feuer die brennen
das Feuer das brennt auf der Erde
soll das Feuer von Abel sein

Und am Schwanz der Raketen
sollen die Feuer von Abel sein

Hilde Domin

Noach

WILHELM ALBRECHT

→Theodor Eggers, Bd. 1, S. 36

Zielgruppen
  I. Studierende der Religions-
     pädagogik und Gemeinde-
     arbeit
 II. Primarstufe (2. Klasse)

Didaktische Schwerpunkte

Den richtigen Anfang setzen; in den ersten
Schritten das Ganze schlüssig vorbereiten;
die wesentlichen Entscheidungen überlegt
treffen: jeder der in Lehr- und Lernsituatio-
nen steht, weiß, wieviel davon abhängen
kann.
Vor dem *Noach*-Bild stellen sich ihm sehr
unterschiedliche Fragen: Bei schülernahen
Gegenwartserfahrungen beginnen?, auf welche Weise das Bild für die Erfahrungswelt
heutiger Heranwachsender aufschließen?,
vom Bild oder vom Text ausgehen?, wieweit
auf die Überlieferungsgeschichte des Textes
eingehen?, wie neben den historischen oder
den ästhetischen Interessen auch die bleibende Bedeutsamkeit des Bildgehaltes für
uns Heutige sichern? In einigen Grundpro-
blemen bündeln sich solche Fragen zum
Verhältnis: Bild – biblischer Text – spielerisches Gestalten.

1. Zum Verhältnis des Noach-Bildes zum biblischen Text

Zweifellos kann das Habdank-Bild aus sich
selbst heraus unsere Aufmerksamkeit finden. Da ist ein Mensch und eine Taube. Sie
sind einander zugewandt, ohne Arg zueinander offen und miteinander vertraut. Der
Mensch bietet dem Tier einen Halt, die
Taube aber hat ihm etwas zu bringen: einen
frisch gebrochenen Zweig, das Urbild des
sprießenden Lebens. Alles in allem: Die
Morgenröte einer Friedenszeit für alles Lebendige.
Aber das Bild verrät noch mehr. Sein Titel
weist auf einen bestimmten Abschnitt der
biblischen Urgeschichte hin. Das Bild bezieht Zeit und Geschichte ausdrücklich mit
ein, kennt ein Vorher und ein Nachher. Was
in der künstlerischen Darstellung ein Moment von zeitloser Dauer geworden ist, das
erkennen wir jetzt als den »springenden
Punkt« eines Geschehens. Dadurch erhält
das Bild erst »Raumtiefe«. Es hebt einen
besonderen Moment heraus und zeigt ihn als
bedeutsam an.
Wenn aber biblischer Text zur vollen Deutung des Bildes hinzugehört, dann muß auch
seine Eigenart mitbedacht werden. »Die
biblische Theologie ist eine erzählte Theologie. Man kann die Bibel nicht wirklich
aufnehmen, wenn man sie nicht so aufnimmt: Als eine Lehre, die nichts ist als
Geschichte, als eine Geschichte, die nichts ist
als Lehre« (*M. Buber*, zit. nach: *K. Thieme*,
Geschichte als Weisung, in: Seine Rede
geschah zu mir. Hrsg. von *F. Leist*. München
1965, 324). Diese Sätze zeigen zugleich, wie
biblischer Glaube auf den Hörer treffen soll

und wie er aufgenommen sein will, nämlich als »Übersetzung« in die eigene Lebensgeschichte des Hörers hinein.

Die Urgeschichte Gen 1–11 stellt allerdings in bestimmter Hinsicht einen Sonderfall biblischen Sprechens dar. Sie macht – in der Weise eines Geschehens – Aussagen über einen Zustand, den Zustand menschlicher Realität. Schilderungen des Ursprungs sind, biblisch betrachtet, Aussagen über die Menschheit insgesamt, also »vor« ihrem Eintritt in die Heilsgeschichte, die mit Abraham ansetzt. In der Sintfluterzählung geht es um den Gerechten vor Gott. Gott ist ihm treu inmitten der lebenszerstörenden Fluten menschlicher Gewalt und Rücksichtslosigkeit. Die alles vertilgende Sünde »besteht in dem Unrecht, das die Menschen einander gegenseitig antun. Dieses Unrecht bewirkt in seinen Folgen, daß der gesamte Kosmos, auch der untermenschliche, verrottet, daß er verdorben wird« (*N. Lohfink,* Unsere großen Wörter, Freiburg–Basel–Wien 1977, 216).

Auch hieraus geht hervor: Ein notwendiges didaktisches Element zum Bildverständnis muß der Einbezug des biblischen Textes sein.

2. Spiel als Erfahrungsraum des Bildgehaltes

Lehren im Bereich des Religiösen heißt, eine Brücke zu schlagen zwischen der erfahrbaren Welt jedes einzelnen und den in der Vergangenheit liegenden Quellen, aus welchen wir alle selbst uns verstehen und handeln können. Den Brückenschlag zu schaffen, ist tägliche Kunst und tägliches Risiko derer, die religiöses Lernen initiieren. Bücher und Medien aller Art nehmen dabei heute eine wichtige Vermittlungsfunktion wahr. Aber sie können nicht darüber hinwegtäuschen, daß sie eine »Welt aus zweiter Hand« in den Unterricht einbringen. Biblischer Text plus aufschließendes, ergänzendes, verdeutlichendes, kontrastierendes Medium –, immer noch liegen dokumentierte, »gefrorene« Erfahrungen nebeneinander. Dem Lehrer stellt sich nach wie vor bei seinen Vorbereitungen die Frage: Habe ich die richtige Auswahl getroffen? Ergreift und trifft das Gewählte meine Adressaten so, daß sich ihre eigene Erfahrung daran entzündet?

Wie das Musizieren oder Meditieren kann das Spielen einen Weg anbieten, der hier weiterführt. Es verspricht eine dichtere Art des Ankommens und des Aneignens von Sachgehalten. Spielen ist eine grundlegende und unmittelbar ausdrucksstarke Daseinsform des Menschen. Ob durch körperliche, gestische Vollzüge oder durch Akte geistiger Identifikation – es vergegenwärtigt auf seine Weise einen Aussagegehalt und schließt ihn auf.

Einige Gesichtspunkte können das verdeutlichen:

– Wie biblische Theologie ist auch Spiel ein *Geschehen*, ist gestaltete Zeit. Es stellt einen in der Zeit verlaufenden »Durchgang« dar, in den die Spieler mit hineinverwickelt werden.

– Spielen ist mehr als Rezipieren einer Idee. Es bedeutet ihre *Verleiblichung*. »Wir bringen nicht das Eigene zum Ausdruck, auch nicht das Fremde [das wir uns aneignen sollen; W. A.], sondern uns im anderen« (*H. Kappes,* Verleiblichung – oder das Elend unserer Bildung, in: Orientierung 40 (1976) Nr. 11/22, 122).

– Spielen eröffnet einen ganzheitlichen, unverstellten und kommunikativen *Erfahrungsraum* für alle Beteiligten »hier und jetzt«.

– Wer wirklich spielt, ist auf eine eigentümliche Weise präsent, d. h. *bei sich selbst*. An sich selbst »prüft« er den vorgegebenen Spielgedanken. Er setzt sich der Spielidee, dem »Thema« aus und erfährt dessen Tragfähigkeit für sich selbst.

– Spielen kann man nicht mit geliehenen, angesonnenen Erfahrungen. Das verklemmt. Es aktiviert vielmehr zwanglos einen eigenen schöpferischen Zugang zur Wirklichkeit. Spielerisches Tun wirkt als aktiver *Erfahrungsmotor*.

3. Vorschlag einer Rahmenstruktur für Bilderfahrungen

Die angeführten Gesichtspunkte legen eine bestimmte Struktur der Bildbegegnung und Bildaneignung nahe:

a) der Kontakt mit dem biblischen Text;

b) das gemeinsame »Durcharbeiten«: ein intensivierender Nachvollzug (für Jüngere), eine Aussprache, Fragen, vertiefende Informationen und Stellungnahmen (für Ältere);

c) die Bildbegegnung: Betrachten, Beobachten von Details, Farb- und Formwirkung u. a.;

d) das Fixieren des »Ortes« der bildhaften Darstellung im Spannungsbogen des Vor-

her und Nachher der biblischen Geschichte;

e) eigene Übersetzungs- und Aneignungsversuche.

Ein solcher Strukturrahmen ist offen genug für Abwandlungen, die sich aus dem Lernort und den Erfordernissen der Adressatengruppe u. a. ergeben.

I. Zielgruppe: Studierende der Religionspädagogik und Gemeindearbeit

Vorgesehen ist eine zweistündige Seminarveranstaltung. Der Seminarraum ist mit Stühlen und Tischen versehen. Die Tische werden beiseite gerückt. Es kommt zu einer freien Sitzordnung der ca. 30 Teilnehmer. Für Kleingruppenarbeit stehen einige Gruppenräume zur Verfügung.

1. Die *Ankündigung:* Wir wollen uns heute mit einem Thema aus der *Noach*-Geschichte beschäftigen. Dieses Thema ist uns in einem Bild vorgegeben. Damit wir es genau erfassen können, ist es notwendig, zuerst die biblische Geschichte von *Noach* zu vergegenwärtigen. Einsichten, die sich uns aus dem Text und aus der Bildbegegnung ergeben, versuchen wir dann pantomimisch auszudrücken.

(In einer kurzen Pause haben die Teilnehmer Gelegenheit, sich zu sammeln und innerlich auf Thema und die Art der Durchführung auszurichten.)

▷ *Vorlesen* des biblischen Textes Gen 6,9-7,22. Gegebenenfalls zieht man die lesbarere Textfassung der »Schulbibel für 10- bis 14jährige« heran (Kevelar, Stuttgart, München, Düsseldorf 1979; dort die Nummern 6 und 7). Diese Fassung streicht einige Versduplikate, die sich aus der redaktionellen Verschmelzung von Jahwist und Priesterschrift (J u. P) ergeben.

2. Ein *gemeinsames Gespräch* verfolgt das Ziel, den persönlichen Bezug zum Text herzustellen, Verständnisschwierigkeiten aufzudecken und klärende exegetische Informationen zu geben.

▷ Mögliche *Frageimpulse* dazu sind: Welche Aussage des Textes spricht Sie persönlich an? Womit kommen Sie überhaupt nicht

zurecht? Was dürfte die Hauptaussage sein? Es hat sich gezeigt, daß häufig Schwierigkeiten mit der Historie und mit dem Gottesbild bestehen, daß andererseits die schutzgewährende Arche in den Fluten und die Vogelszene als besonders ansprechend genannt werden.

3. Es wird das *Bild* vorgestellt. Jeder Teilnehmer betrachtet es zunächst für sich.

▷ Ein Hinweis leitet das gemeinsame Erarbeiten des Bildes ein: Wörter können einen Sachverhalt im zeitlichen Nacheinander gliedern. Deshalb erzählt man auch so: »Erst . . ., dann . . . und schließlich . . .« Ein Bild hingegen trifft einen einzigen Moment und hält ihn fest. Mit den Augen wandern wir von Einzelheit zu Einzelheit und haben doch stets das Ganze im Blick. Was hat der Maler dargestellt? Was sehen wir? Was fällt uns auf?

4. Der folgende Schritt sucht den genauen *Ort der Bilddarstellung im Verlaufsganzen* der *Noach*-Geschichte festzulegen. Jetzt wird der vorgestellte Augenblick des Bildes, auf den die Betrachtung gerichtet war, verbunden mit dem erzählten Geschehen. Das grundlegende Spannungsgefüge der Geschichte soll deutlich werden. Was ist das für ein Augenblick? Was ging ihm voraus? Das Bild zeigt Noach als einen, der einer tödlichen Gefahr entronnen ist. Es ist der Zeitpunkt erster, aufatmender Zuversicht. »Die lange Nacht hat ein Ende.« In Noachs Zügen spiegelt sich die erste Gewißheit der überstandenen Bedrohung.

Läßt sich der vorausliegende Zustand Noachs beschreiben?

▷ Vielleicht kann man vertiefend auf die *Jona-Geschichte* hinweisen und insbesondere das Gebet im Fischbauch (Jona 2,4–7) miteinbeziehen.

Können wir nunmehr die Spannungselemente in Begriffspaare fassen?

▷ Einige Vorschläge aus dem Kreis der Teilnehmer, z. B.: Spannung – Entspannung; bedrohlich – erfreulich; eingesperrt – befreit; Beengung – Erleichterung; Not – Glück; Warten – Hoffen; Angst – Freude; Verzweiflung – Zuversicht; haltlose Unsicherheit – Aussicht auf Sicherheit; Ende des Bisherigen – Anfang des Neuen.

5. Die Teilnehmer bilden jetzt *Spielgruppen* von 4–6 Mitgliedern. Sie haben 15 Minuten Zeit, um zwei zum Bildgehalt passende Gegensatzbegriffe zu wählen und eine gestische-pantomimische Form dafür zu finden *(Gruppenräume)*. Sicherlich verlangt eine solche Anweisung aufgeschlossene Teilnehmer, möglichst sogar einige Vorerfahrungen im freien Umgang mit sich selbst. Die Aufgabe erscheint weniger schwierig, wo elementare gestische Ausdrucksformen des Körpers bereits erprobt, wo Wahrnehmungsübungen, in denen die Sinne geschärft wurden, bekannt sind. Die wichtigste Voraussetzung aber ist die Einsicht, daß es keinesfalls um Anklänge oder um eine Vorform von Theaterspiel geht. Vielmehr dienen die gestalterischen Mittel dazu, an einem Thema, im Durchgang durch ein Thema, Erfahrungen mit sich selbst zu machen und auf diese Weise zu einer Stellungnahme zum Thema zu kommen.

▷ *Drei Ergebnisbeispiele* sollen das verdeutlichen:

a) Die Gruppe wählt, vom Bild angeregt, den Gegensatz *dunkel – hell*. Sie spielt das so: Alle Teilnehmer stehen schweigend, mit gesenktem Kopf, in einem lockeren Kreis zueinander gewendet. Langsam kauern sie sich auf die Erde, verweilen dort, jeder für sich. Dann strecken sie auf dem Boden die Hände aus, bis diese sich in der Mitte berühren. Jeder faßt die Hand des Nachbarn. Langsam richten sich alle auf, bis sie stehen. Sie erheben die Hände und das Gesicht und bleiben in dieser Haltung, leicht nach hinten durchgestreckt, einige Zeit stehen.

b) Eine andere Gruppe gestaltet, ebenfalls schweigend, das Begriffspaar *gefangen – frei*. Vier der sechs Mitglieder »bauen« (unsymmetrisch) eine Höhle. Die beiden anderen Teilnehmer sitzen/liegen darin regungslos. Einer beginnt sich zu bewegen, tastet an den Wänden entlang, findet schließlich eine Öffnung, tritt ins Freie, reckt sich. Er kehrt in das Dunkel zurück, rührt seinen Mitspieler an und holt ihn heraus.

c) Eine dritte Gruppe findet für den Gegensatz: *warten – erlösen* folgende Ausdrucksgestalt: Die Spieler verteilen sich auf der Spielfläche. Jeder ist allein, versinkt stehend/sitzend/hockend in einen Wartezustand. Einer tritt hinzu, geht umher, betrachtet sich die Szene. Er nähert sich jedem einzelnen, blickt ihn so lange an, bis dieser sein Gesicht erhebt und durch den Anblick aus seiner Erstarrung erlöst und befreit ist.

Es zeigt sich am Ende von Übungen dieser Art, daß ein starkes Bedürfnis aufkommt, die Ergebnisse nicht noch einmal zu verbalisieren. Offensichtlich wirken die Eindrücke so nachhaltig, daß Teilnehmer und »Zuschauer« ein weiteres Gespräch als Ablenkung verstehen und es deshalb durchwegs ablehnen.

▷ *Eine Variante:* Alle Gruppen gestalten ein einziges Gegensatzpaar. Hier ist u. U. mit einigen sehr ähnlich gelagerten Ausdrucksversuchen zu rechnen. Die Gefahr einer Langeweile tritt jedoch der Erfahrung nach nicht auf. Vielmehr intensiviert sich der Eindruck bei den Betrachtern.

6. *Zum Abschluß* empfiehlt es sich, einige Minuten nochmals vor dem Bild zu verweilen.

II. Zielgruppe: Primarstufe (2. Klasse)

Vorgesehen ist eine zweistündige Lerneinheit im Klassenraum.

1. Die erste Stunde

a) *Erzählen* der *Noach*-Geschichte. Verglichen mit dem Vorlesen schafft Erzählen einen intensiven Raum der Gemeinsamkeit im Erleben. Wo die mediale Distanz eines Buches wegfällt, dort gibt es sich von selbst, daß der Erzähler in die Augen und die Gesichter der Schüler hineinspricht und seelische Verbindung mit ihnen aufnimmt (vgl.

F. Betz, Märchen als Schlüssel zur Welt, Lahr/München 1977, 22). Der Gewinn: Wer erzählt, der bringt sich auch selbst ein. Freilich sollte er nicht der Gefahr erliegen, sich selbst in den Mittelpunkt zu rücken.

b) Die Geschichte *absichern:* Das dem Erzählen folgende freie Gespräch hat zwei Gesichtspunkte zu beachten. Es geht darum, die emotionale Resonanz der Geschichte bei den Hörern zu erspüren. Es geht ferner darum, die wichtigen Aussagen vorsichtig in die Mitte zu rücken: Da ist Gott, der das Leben des Gerechten will, der ihn bewahrt vor den Fluten der Sünde. Da ist *Noach,* dessen Boot in den Fluten treibt. Nach vielen Gefahren kann er wieder Hoffnung schöpfen und wird schließlich gerettet.

c) Das Gehörte und Verstandene *vertiefen:* Ein Lied kann das erzählte Geschehen »umspielen« und durch variierende Wiederholung befestigen. Dazu eignet sich z. B.: »Als Noah in die Arche ging«, aus: 9 × 11 neue Kinderlieder zur Bibel, hrsg. von *G. Watkinson,* Lahr/Freiburg 1973, 12. Der Refrain des Liedes: »Denn Noah wagt, was Gott ihm sagt...« hebt das Gefährliche, das auf Vertrauen angewiesene Tun Noachs heraus.

d) Wir greifen *eine wichtige Stelle* aus der Geschichte heraus und *malen* sie: Noach in der ringsum verschlossenen Arche, wie sie auf dem stürmischen Wasser schwimmt (evtl. als Hausaufgabe).

2. Die zweite Stunde

e) Die gemalten Bilder werden an der Wand befestigt und betrachtet. Beim *vergleichenden Gespräch* achtet der Lehrer besonders auf Darstellungen, die das Bedrohliche der Situation augenfällig machen. Darauf regt er die Schüler an:

▷ Stelle dir das vor: *Du bist Noach,* eingeschlossen in der Arche. Was wünschst du dir? Schreibe deine Antwort auf ein Blatt.

Auf diese Weise gelangen die Kinder zu einer *spielerischen Identifikation* mit dem Geschehen. Sie lassen die Frage auf sich wirken und formulieren einen Antwortsatz. Hilfreich ist es für sie, wenn ein fester Antwortbeginn vorgeschlagen wird, etwa: Noach sagt: Ich möchte..., oder: Noach sagt: Hoffentlich...

f) Nun wenden sich die Schüler einer anderen Wandseite des Klassenzimmers zu. Dort wird das *Habdank-Bild* befestigt. Es kommt zu spontanen Äußerungen zum Bild. Mit seinen Impulsen lenkt der Lehrer die Aufmerksamkeit auf die Bildaussage:

▷ Du siehst ein Bild eines Malers unserer Zeit..., du entdeckst, was ihm an der *Noach-*Geschichte besonders wichtig ist..., schaue es genau an..., vergiß die Farben, Formen, Haltung nicht...

g) Betrachte jetzt besonders die Taube. Du sagst dir: *ich bin die Taube* auf der Hand. Was möchte ich dem *Noach* sagen? – Laß dir Zeit, bis du eine Antwort gefunden hast. Schreibe sie auf das Blatt, unter den Satz des *Noach.* Es kommt erneut zu einem Vorgang *spielerischer, direkter Identifikation.* Die Schüler werden darin angeregt, ihre eigenen emotiven Empfindungen in der Begegnung mit Bild und Geschichte zum Ausdruck zu bringen.

▷ Wieder hilft es, wenn der Lehrer einen festen Antwortbeginn vorschlägt, etwa: Die Taube sagt: Du...

h) Wer es möchte, kann jetzt seine gefundenen Sätze vorlesen. Gelingt es dem Lehrer, dies in einer Atmosphäre ruhiger Aufmerksamkeit geschehen zu lassen, dann ergibt sich aus dem Vorgelesenen der Eindruck von rhythmischen Wiederholungen und Variationen: *Noach* sagt..., die Taube sagt...

▷ *In den Sätzen* spiegelt sich *die dramatische Grundspannung der Geschichte* wider. In dem gelösten, Erleichterung zeigenden Mienenspiel des *Noach* auf dem Habdank-Bild kommt sie zum besonderen, visuellen Ausdruck.

i) *Schlußlied:* »Als Noah in die Arche ging...« (s. erste Stunde)

Kontexte

Noah zur dritten Taube

Die erste kam wieder mit feuchten Flügeln,
die zweite brachte den nassen Ölzweig,
du aber sollst nicht wiederkehren.

Die jüngste bist du, die weißeste, liebste,
ohne das Wissen der alten Schuld noch,
dir ist die Erde die allererste,
du bist der Vogel der Neugebornen,
denen die Stille des Herrn im Ohr wohnt.

Wir aber sind nur Wiedergeborne
aus dem hölzernen Ei seines Zornes,
stickig gewordene Brut der Verschonten.

Nicht mehr den Weibern, nicht mehr den
    Söhnen –
sie überleben so leicht und vergeßlich –
kann ich mein mühsames Herz vertrauen.
Taub geworden im Nachhall des Tosens
stürzender Wasser, ertrinkender Schreie
ist es ihren geschwätzigen Stimmen.

Flieg für die Enkel, die sprachlosen, nackten!
Brechen will ich die schützenden Balken,
die Geborgnen sind Rettungslose
und sie haben mein Werk nicht verstanden.

Nicht mehr hab ich gemein mit ihnen:
denn gesammelt in mich hat seine
Fluten der Herr und seine Toten.

Furchtbar ist es, gerecht zu sein.

Christine Busta

Gebet der Taube

Die Arche wartet,
Herr,
die Arche wartet auf das Wollen Deiner Güte!
Und auf das Zeichen Deines Friedens...
Ich bin die einfältige Taube.
Einfältig!
Wie die sanfte Huld, die von Dir her kommt.
Die Arche wartet,
Herr!
Sie hat gelitten...
Laß mich ihr bringen
diesen Zweig der Hoffnung und der Freude!
Und niederlegen im Herzen ihrer Hingegebenheit
die makellose Gnade
mit der Deine Liebe mich umkleidet hat! Amen.

Carmen Bernos de Gasztold

Abraham

HARALD LANG

→Theodor Eggers, Bd. 1, S. 40

Zielgruppen
I. Eine theologische Bildbesinnung in der *Hauptschule* (8./9. Schuljahr)
II. Eine Bildbesinnung in der *Kollegstufe*

Thematische Vorbesinnung

Die Abrahamsgeschichte gehört an das Ende der Grundschule und nach traditionellem Verständnis in den *biblischen Unterricht,* ohne Bezug zur Glaubenslehre und ohne glaubensmotivierende Stoßkraft. Auch der heutige biblische Unterricht mißachtet oft den narrativen Charakter biblischer Erzählungen. *Narrativik* ist die Kunst, biblische Geschichten so zu erzählen, daß beim Hören die Erfahrung einer Geschichtsmächtigkeit und Verheißungskraft wach wird: »Gibt es sonst noch irgendwo die längst geschehene Geschichte eines kleinen Volkes auf entferntem Boden, die nur aufgeschrieben zu werden brauchte, um auch nach Form, nicht nur nach Inhalt ein Buch von solcher Ubiquität zu werden?« (*Ernst Bloch,* Atheismus im Christentum. Frankfurt 1968, 43) Gerade die Glaubensbedeutung Abrahams macht eine Besinnung auf den narrativen Charakter seiner Geschichte zu einer unverzichtbaren Voraussetzung. Was kann sie uns heute bedeuten? Der *Zielfelderplan* stellt Abraham in den Kontext »Glauben der Kirche« und hier wiederum unter dem Aspekt »Biblische Botschaft und Lebensorientierung«, in die Reihe bedeutender

»Menschen in der Bibel« vor Jakob, Mose und Paulus. Bei Abraham selbst soll der Schüler »aufmerksam werden, was Berufung durch Gott bewirken kann«.
Abraham als *Lebensorientierung* – Abraham als *erzählte Geschichte?* Welche der beiden Dimensionen wird der Abrahamgestalt am ehesten gerecht? Als Vater des Glaubens (Röm 4,11) ist Abraham mehr als *Lebensorientierung und mehr* als Historie, die dann als erzählte Geschichte gehört werden kann. Als Motiv einer Lebensorientierung vermag die Erzählung von Abraham heute nur schwer zu überzeugen, und als Vater des Glaubens hat Abraham in einer vaterlosen Gesellschaft nicht einmal mehr symbolischen Wert. Heutiges emanzipatorisches Bewußtsein sieht das Verhältnis zwischen Jahwe und Abraham zunächst unter dem Blickwinkel »der despotisch-launigen Probe, den Knecht Abraham auf seinen hündischen Gehorsam prüfen zu wollen, auf sein geopfertes menschliches Gefühl und nicht nur auf seinen geopferten Verstand« (*E. Bloch* a. a. O., 122). Wer vermag dann noch, in der Tiefenstruktur der erzählten Geschichte die Intention des biblischen Erzählers zu entdecken,

48

»den Leser selbst die verschiedenen Situationen der Anfechtungen des Verheißungsträgers durchleben und durchleiden« zu lassen (*G. v. Rad,* Theologie des Alten Testaments I, München 1962, 185) und das intuitiv Erfaßte auch anderen mitzuteilen? Zweifellos können vor allem Künstler subjektive Erfahrungen existentieller *Betroffenheit* auf andere übertragen. Biblische Geschichten sind solche künstlerisch-literarische Konkretion individueller und gemeinschaftlicher Existenzerfahrungen mit Gott.

Der biblisch orientierte Unterricht bevorzugt zwei *Aspekte,* die einen dritten, die biblische Geschichte sich selbst ausdrücken zu lassen, kaum aufkommen läßt. Die beiden alternativen Aspekte betrachten eine biblische Geschichte *funktional:* Was gibt sie für ein anstehendes heutiges Problem her bzw. welche zeitgemäßen Probleme lassen sich aus einer biblischen Geschichte ableiten?

Fraglos kann der theologische Gehalt der Abrahamserzählung beim Schüler nicht unvermittelt ankommen und sollte auch nicht als Quintessenz an ihn herangetragen werden, denn der Schüler vermag aus dem Text »die verschiedenen Situationen der Anfechtungen des Verheißungsträgers« nur schwer herauszulesen. Das dieser Bildbesinnung zugrunde liegende Abrahams*bild* bietet eine andere Lesart der Abrahamserzählung.

I. Zielgruppe: Hauptschule (8./9. Schuljahr)

1. Assoziative Bildbetrachtung

Die Schüler werden ohne jede Einführung unmittelbar mit dem Bild konfrontiert. Äußere Umstände (Verdunkeln des Klassenzimmers bei Verwendung des Dias) evozieren im Schüler das Gefühl, daß nun etwas »läuft«. Diese Erwartungshaltung wird jedoch bei diesem Bild nicht bestätigt. Es fällt aus der Symbol- und Bilderwelt unseres Alltags heraus, und so sind einige Orientierungshilfen zu geben. Sie wurden im vorliegenden Versuch kurz nach dem ersten Eindruck gegeben, um den Schock der enttäuschten Erwartungshaltung in eine kontemplative Haltung zu überführen. Die Spanne zwischen Fremdheitserfahrung der Schüler und Orientierungshilfe sollte gemäß der Abwehrreaktion der Betrachter in der Klasse nicht zu lang sein, ohne jedoch vorschnell intentional zu beeinflussen bzw. Eindrücke zu stören.

▷ *Die Hilfen zum Schauen* können etwa folgendermaßen lauten:
– was sehe ich?
– was fällt besonders auf?
– was will dieses Bild ausdrücken?
– wie könnte das Bild heißen?

a) Was sehe ich?: Mensch – Himmel – Erde; einen Mann; einen einsamen Menschen; Urmensch; behaarter, halbentwickelter Mensch; Menschenaffe; einen Mann, der in den Himmel schaut; betende Gestalt; einen aus einer Stadt verstoßenen Menschen; einen Mann, der aus Verzweiflung auf den Knien liegt/betet; einen Menschen, der verzeiht; eine knochige Gestalt, die vor der Stadt sitzt.

b) Was fällt besonders auf?: Der Mann ist allein, verlassen, keiner ist bei ihm; roter Himmel; große Augen – trauriges Gesicht – große Hände; starrer, demütiger, gütiger Blick; man weiß nicht, ob der Mann lacht oder weint; er ist geblendet; Licht und Dunkel.

c) Was will das Bild sagen?: Der Mensch ruft zum Himmel, zu Gott; Sehnsucht nach Geborgenheit; ein Mensch kann nicht allein leben; der Mensch sucht jemanden, mit dem er sprechen, den er greifen kann; der Mensch schaut in die Zukunft; der verstoßene Mensch kann nicht allein sein; Beten oder Nachdenken?; der Mensch will für sich allein sein, fern von der Stadt; Ruhe und Stille; der Mensch denkt nach; Frage nach dem Sinn des Lebens usw.

d) Wie könnte das Bild heißen?: Herr der Leiden; Märtyrer; Allein in der Wildnis; Sucher; Betende Gestalt; Hoffnung und Zukunft?; Ein Mensch ohne Hoffnung; Einsamer Mensch; Güte; Der Blick in den Himmel; Der Mann vor der Stadt; Ein Mensch braucht Hilfe; Hoffnung; Trauer; Entwicklung; Nachdenklichkeit; Einsamer Mensch, der Gott als Freund sucht; Vor Sorgen betrübt; Mann ohne Haus.

▷ Aus diesen Antworten werden *Reichtum* und *Gegensätzlichkeit* evozierter Eindrücke deutlich – wenn auch nicht übersehen werden darf, daß der Kommunikationsrahmen »Religionsunterricht« Eindrücke vorab als »religiöse« qualifiziert. Sie umfassen den »ungeheuren Spannungsbogen, der von der Verheißung zur Erfüllung führt ... also singuläre Situationen, Anfechtungen und Tröstungen, in die nur der geraten konnte, vor dem Gott mit der Einlösung seiner Zusage immer wieder zurückgewichen ist und vor dem er sich bis hin zum unbegreiflichsten Selbstwiderspruch verborgen hat (Gen 22)« (*G. v. Rad,* a. a. O., 184 f.). Doch werden die aphoristischen Assoziationen der Schüler von dem durchgängigen Roten Faden zusammengehalten: Ein einsamer Mensch auf der Suche!

2. Bild und Bibeltext

Ohne Kenntnis der biblischen Gestalt des Holzschnittes haben die Schüler Konturen gezeichnet, die die »singulären Situationen, Anfechtungen und Tröstungen« widerspiegeln, in die Abraham verstrickt war. Obwohl die biblische Abrahamserzählung selbst so gut wie nicht vom *Glauben Abrahams* spricht, haben sie die ganze Spannweite von Glauben intuitiv erfaßt: ›So geht das mit dem Glauben‹. ›So weit kommt man, wenn man glaubt, glauben zu können‹. ›Von Gott und den Menschen verlassen, sich auf Gott verlassen‹.

Dies war der Eindruck auf die anschließend gehörte *Geschichte von Abraham.* So kannten die Schüler den Vater des Glaubens nicht (der ihnen in früheren Schuljahren bekannt gemacht worden war), ja es hatte den Anschein, als wollten sie sich dafür entschuldigen, daß sie in diesem Bild Abraham als einen Urmenschen gesehen haben können: »Abraham lebte und dachte wohl ganz anders wie wir. Aber die Erfahrungen, die wir mit Gott machen, hat auch er gemacht. Wir sind Freunde desselben Gottes. Darum nennen wir diesen halbbarbarischen Nomaden mit Recht den Vater unseres Glaubens« (Glaubensverkündigung für Erwachsene, Nijmegen 1968, 47 f.).

An diesem Punkt sollte der Lehrer spüren – ohne jedoch darüber jetzt schon sprechen zu wollen –, daß die Schüler etwas davon erahnt haben, was *Kierkegaard* in Hinsicht auf die Glaubenshaltung Abrahams als »Paradox«, als »Sprung« und endgültige »Entscheidung« bezeichnet hat. Aber auch dies: »Alles kann, wer glaubt.« – »Ich glaube, hilf meinem Unglauben« (Mk 9,23 f.).

3. Überleitende Gedanken

Erfahrungsziel (Hauptschule); als Abhol-Stelle (Kollegstufe)
Durch diese Aufgabe, Abraham als eine haltungsnormierende Gestalt innerhalb einer zeitgemäßen Glaubensökonomie zu begreifen, bekommt das Bild einen anderen Ort: es steht nicht am Anfang, sondern am Ende der Besinnung. Das Bild von Abraham muß hier gleichsam als bildlich-symbolische Zusammenfassung der sichtbar gewordenen »Problemkonstante« *(Ingeborg Bachmann)* »Glauben–Vertrauen–Hoffen und leben aus ihnen« ergriffen werden.

▷ Bei diesem Ergebnis kann in der Kollegstufe angesetzt werden. Aber auch hier soll das *Paradoxon* des Glaubens nicht analytisch zerstört werden. War es beim *Hauptschüler* das überraschende Ergebnis einer *unbewußten Erfahrung* dieses Paradoxons, so soll beim Jugendlichen der *Kollegstufe* davon ausgegangen werden, daß er in wiederholten Situationen der *reflexiven Glaubensunsicherheit,* der Glaubensdifferenz, des Nochnicht- oder Nicht-mehr-glauben-Könnens, das Glauben als existentiales oder theoretisches Problem erkannt hat. Bei den Unterschieden im Stellenwert des Bildes in der Hauptschule und der Kollegstufe ist zu beachten, daß der Hauptschüler noch mehr einem positiv zu bewertenden »naiven« Welt- und Problemerfassen verhaftet ist, während der Kollegschüler dieses naive Deutungsverhalten durch abstrakt-analytische, »wissenschaftliche« Deutungsschemata ersetzt hat, die jedoch oft eine existentiale Perspektive erschweren. Daher soll auch in der Kollegstufe ein Weg der »Bildbesinnung als hermeneutische Rekonstruktion naiver Welterfahrung« beschritten werden.

II. Zielgruppe: Kollegstufe

1. Die Theorie

Die hermeneutische Rekonstruktion naiver Welterfahrung, die sich der phänomenologischen Methode der verstehenden Soziologie verpflichtet weiß, versucht das eigene und das Handeln anderer durch minutiöses Nachzeichnen selbstverständlich gewordener Verhaltensweisen zu erschließen. Diese Methode der Kontemplation will sich in den anderen aufgrund der eigenen Handlungskompetenz einfühlen. Sie hebt *unbewußt* übernommene *Verhaltensweisen* auf die Stufe *bewußten Handlungserlebens,* so daß sich der Mensch als ein stets selbst in Verantwortung stehend Handelnder bewußt wird. Hierbei spielt die Austauschbarkeit der Standpunkte, die Interpretation des Verhaltens meines Gegenüber durch meine eigenen Handlungs- und Verhaltensmuster eine entscheidende Rolle. Es handelt sich hier um die Arbeitshypothese des »Ich stelle mir vor« (bei *Max Frisch* als literarisches Prinzip). Auf Abraham bezogen: Was müßte mir widerfahren sein, daß ich mich so zeigte wie dieser da? Also: ›Ich stelle mir vor, daß...‹

2. Durchführung (am Modell: Sisyphos)

Um an die Gestalt Abrahams heranzukommen, betrachten wir zunächst die tragische Figur des *Sisyphos.* In seinem Mythos von Sisyphos beschreitet *A. Camus* den eben aufgezeigten Weg der Introspektion und versucht dabei zu verstehen, was Sisyphos (heute) bedeuten könnte. Und bei diesem immer wiederholten Gang hinab ins Tal versetzt sich Camus in die Lage des Sisyphos. ▷ Ich stelle mir vor: »Auf diesem Rückweg, während dieser Pause interessiert mich Sisyphos. Ein Gesicht, das sich so nahe am Stein abmüht, ist selber bereits Stein! Ich sehe, wie dieser Mann schwerfälligen, aber gleichmäßigen Schrittes zu der Qual hinuntergeht, deren Ende er nicht kennt. Diese Stunde, die gleichsam ein Aufatmen ist und ebenso zuverlässig wiederkehrt wie sein Unheil, ist die Stunde des Bewußtseins. In diesen Augenblicken, in denen er den Gipfel verläßt und allmählich in die Höhlen der Götter entschwindet, ist er seinem Schicksal überle-

gen, ist er stärker als sein Fels.« Und am Ende dieser Kontemplation steht die Aufforderung: »Wir müssen uns Sisyphos als einen glücklichen Menschen vorstellen« (*Albert Camus,* Der Mythos von Sisyphos, rde 90, 99 ff.),

> ...keine Götter mehr zum Bitten
> keine Mütter mehr als Schoß –
> schweige und habe gelitten,
> sammle dich und sei groß!
> (*Gottfried Benn,*
> Ges. WW 1, Wiesbaden 1960, 180)

Um diese unsägliche Tragik zu ertragen, müssen wir uns in den Imperativ der Imagination flüchten »Wir müssen uns Sisyphos als einen glücklichen Menschen vorstellen«! Oder: »Schweige, habe gelitten, sammle dich, sei groß«! Sisyphos *muß* auch die Götter leugnen, »keine Götter mehr zum Bitten«, damit er sich selbst in die Hand nehmen kann. Leben ist Leiden, so sieht es Gottfried Benn und »Nur der Gezeichnete wird reden« (a. a. O., 181), nur wer gelitten hat, kann reden (vgl. *G. Benn,* Nur zwei Dinge, a. a. O., 342).

3. Von Sisyphos zu Abraham

»Wozu?« – Das ist eine Kinderfrage, die alles naiv, aber mit dem größten Ernst befragt, aber erst spät bemerkt, daß sie ohne Antwort geblieben ist:

> ...Die Tage gehn dir ohne Nacht und Morgen
> die Jahre halten ohne Schnee und Frucht
> bedrohend das Unendliche verborgen –
> die Welt als Flucht.
> (*Gottfried Benn,* a. a. O., 215)

Das ist der bittere Vorwurf an den *Deus absconditus,* der sich auch vor Abraham »bis hin zum unbegreiflichsten Selbstwiderspruch verborgen hat«. »Gott offenbart sich nicht in der Welt« zitiert Ingeborg Bachmann *Ludwig Wittgenstein* und bezeichnet diesen Satz als einen »der bittersten Sätze des *Tractatus*« (Werke 4, München 1978, 22). »Schweige und habe gelitten, sammle dich und sei groß!« – das ist nicht der »ewige Rebell«, der das Über-menschliche in den Übermenschen verkehren muß, um bestehen zu können. Gezeichnet, aber nicht wie Abraham ausgezeichnet. Der Rebell trägt keine Züge von Liebe und Erlösung, von Zuversicht und Hoffnung, wie Abraham.

▷ Diese *Dialektik zwischen dem Ich und der suchenden Zuversicht* wurde auch von den Schülern aus dem Abrahambild gelesen. Die Symbolik des Bildes und die lyrische Sprache transzendieren das empirisch Sagbare und verleihen ihm den allerdings verbergenden »Mehrwert« *(Paul Ricœur)* des Symbols. Das ist die fatale Offenheit der Symbolik, wie sie ja ebenfalls in den Schülerimpressionen zu finden ist: sie zwingt zu nichts und suggeriert nicht; sie läßt sich nicht in Formeln fassen, die uns so viel an Sicherheit zu geben scheinen. Fatal jedoch ist diese Offenheit nur dann, wenn man in ihr die Überraschung fürchtet, die geschlossenen Systemen fremd ist.

4. Der Abraham Kierkegaards

Auch *Sören Kierkegaard* versucht mit Hilfe des Prinzips »Ich stelle mir vor« – sich in Abraham einzufühlen. Bei Kierkegaard ist der verstehende Nachvollzug des Möglichen und Erlebbaren gepaart mit dem märchenhaft-narrativen Element, das dem »Ich stelle mir vor« immer auch, latent oder manifest, eigen ist:

▷ »Es war einmal ein Mann, der hatte als Kind jene schöne Geschichte gehört, wie Gott Abraham versuchte, und wie er die Versuchung bestand, den Glauben bewahrte und zum anderen Male einen Sohn bekam wider Erwarten. Als er älter wurde, las er die gleiche Geschichte mit noch größerer Bewunderung; denn das Leben hatte gesondert, was ungeschiedene Einheit gewesen war in der frommen Einfalt des Kindes. Je älter er wurde, desto öfter wandten seine Gedanken sich jener Geschichte zu, seine Begeisterung wurde immer mächtiger, und doch vermochte er es immer weniger, die Geschichte zu verstehen. Zuletzt vergaß er alles andre über ihr; seine Seele hatte einen einzigen Wunsch: Abraham zu sehen . . . Sein Trachten war, mit dabei zu sein die drei Tage der Reise, als Abraham dahinritt, das Leid vor sich, und Isaak an der Seite. Sein Wunsch war, zugegen zu sein in der Stunde, da

Abraham aufhob sein Auge und den Berg Morija von ferne sah, in der Stunde, da er die Esel zurückließ und ging alleine mit Isaak, hinauf auf den Berg; denn was ihm zu schaffen machte, es war nicht das kunstreiche Gespinst der Einbildungskraft, sondern der Schauer des Gedankens.« (*S. Kierkegaard,* Werkausgabe I, Düsseldorf 1971, 17 f.).

Und jener Mann, der in der Vorstellung Kierkegaards lebte, war kein gelehrter Schriftausleger, jener Mann also versucht es – wie *Max Frischs* Gantenbein, der hier seine Vorlage gefunden hat – mit erfundenen Geschichten. Ich stelle mir vor: »Frühmorgens war es, . . .« Und dann probiert er die Geschichte nochmals, aber anders: »So und auf mancherlei ähnliche Weise dachte der Mann, von dem wir reden, über diese Begebenheit nach. Jedesmal, daß er von einer Wanderung zum Morijaberge heimgekehrt war, sank er müde zusammen, faltete seine Hände und sprach: ›Keiner war doch groß wie Abraham, wer wäre imstande, ihn zu verstehen?‹« (a. a. O., 22)

Im Gegensatz zu Camus postuliert Kierkegaard keinen kognitiven Imperativ, sondern läßt alles offen: »Wer wäre imstande, ihn zu verstehen?« Das ist der Offenheit der erzählenden Vorstellung ebenso angemessen wie der bildhaften Symbolik oder der lyrischen Redeweise:

Verordnet diesem Geschlecht keinen Glauben
genug sind Sterne, Schiffe und Rauch,
es legt sich in die Dinge, bestimmt
Sterne und die unendliche Zahl,
und ein Zug tritt, nenn ihn Zug einer
Liebe, reiner aus allem hervor.
Die Himmel hängen welk und Sterne
lösen sich aus der Verknüpfung mit
Mond und Nacht.
Ingeborg Bachmann, Werke 1, 151

5. Der Glaube Abrahams

Der Glaube wurde Abraham nicht verordnet, wie man etwa eine Medizin verordnet; Abraham ist nach Paulus (Röm 4,11) durch sein Vertrauen auf Gott zum Vater des Glaubens geworden. Auch »diesem Geschlecht« soll man keinen Glauben verordnen wie Medizin, denn es ist empfindlich geworden gegenüber Verordnungen aller Art, auch gegenüber einem fertigen Glaubensbild. »Du sollst dir kein Bildnis machen«, dieses Bilderverbot gilt nicht nur von Gott, dem Unfaßbaren, sondern auch – und das ist ebenfalls ein schriftstellerisches Anliegen von *Max Frisch* – vom Menschen und von seinem Glauben: »So wie das All, wie Gottes unerschöpfliche Geräumigkeit, schrankenlos, alles Möglichen voll, aller Geheimnisse voll, unfaßbar ist der Mensch, den man liebt – Nur die Liebe erträgt ihn so« (Tagebuch I, Frankfurt 1950, 26), ihn und seinen Glauben. Das ist auch die Botschaft dieser Abrahamsgestalt: »Die Liebe erträgt alles, sie glaubt alles, sie hofft alles, sie duldet alles«, (1 Kor 13,6.13).

Schlußbemerkung

Die vorliegende Bildbetrachtung ist vielleicht keine Bildbetrachtung im strengen Sinn geworden. Sie hat sich oft vom Bild entfernt und ließ durch andere, aber nicht fremde Gedanken, das Bild dennoch im Zentrum der Bemühungen. Die Scheu, sich diesem Bild unvermittelt zu nähern, sollte im zweiten Versuch durch andere Interpretamente überwunden werden. Gerade durch die *Hereinnahme philosophischer und schriftstellerischer Gedanken* sollte in der künstlerischen Redeweise die Polyphonie des Bildes zum Leuchten gebracht werden.
▷ Das Bild und dessen theologischer Gehalt entstammen nicht unserer Alltagserfahrung und können somit auch nicht – oder nicht allein – mit der Sprache des Alltags ermessen werden. Erst das *symbolische Reden* vermag die Grenzen und die Begrenztheit des Alltagsdenkens zu sprengen, so daß das Alte sogar mein Leben verändern und wandeln kann.

Zugegeben: es ist viel verlangt, wenn es für möglich gehalten wird, daß all das, was unsere Betrachtung begleitet hat, auch vom Schüler voll erfaßt und zum Bewußtsein gebracht werden soll. Aber das soll es ja gerade nicht. *Es genügt ein Erahnen und intuitives Erfassen.* Und ist es nicht so, daß wir oft mehr sagen wollen als wir sehen, wenn es um das Begreifen des Unbestimmten und Unendlichen geht, daß wir aber auch mehr sehen, als wir je zu sagen vermögen, wenn das intuitiv Erfahrene mitteilbar gemacht werden soll? »Alle Wörter haben sich überanstrengt, niemand kann sich ausdrücken. Das Auge wird beim Sehen nicht satt, das Ohr vom Hören nicht voll« (Koh 1,8). »Worüber man nicht sprechen kann, darüber muß man schweigen« *(Ludwig Wittgenstein).* Auch das ist eine Chance der Bildbetrachtung im Religionsunterricht.

Kontexte

Pinkassynagoge

Unzählbar nannte Jahwe Abrams Samen,
Dem Staube gleich, der ihm zu Füßen lag –
Beschrieb mit 77297 winzigen Namen
Die Wände jener Synagoge in Prag.

Jürgen Henkys

Die Enterbten

Groß ist das Land, Geliebter, aber es gehört uns nicht.
Du und ich, enterbte Landstreicher, die träumen,
wir hatten nicht einmal eine Parzelle Land,
um unser Nest zu bauen, um Wurzeln zu schlagen in ihr.

Das Land ist groß, Geliebter, und vor allem fruchtbar.
In seinem wohligen Schoße, einer Großmutter gleich,
waren unsere Küsse das Zittern des neuen Lebens.
(Nicht einmal einen Morgen Land werden wir als Erbe hinterlassen.)

Ach! Vielleicht würden unsere Kinder, bewußt und sicher,
die Heimat mehr lieben, wenn uns ein Garten gehörte,
der sich mit der Erde dreht . . .

So wie uns gibt es Millionen Menschen.
Geboren werden, wachsen, lieben, gebären, eines Tages sterben,
ohne auch nur ein einziges Stückchen Land zu besitzen.

Angela Valle

Der Weg zum Glauben ist das Gebet um den Glauben

O Gott, du Schöpfer und Vater alles Lebens, du hast uns das zeitliche Leben geschenkt, damit
wir in ihm wachsen und uns vollenden. Du hast es in unsere Hand gegeben, damit wir es recht
führen, und wirst einst Rechenschaft von uns fordern, was wir mit ihm gemacht haben . . .
Gib mir großen Ernst in allem, was den Glauben betrifft. Lehre mich erkennen, wessen er
bedarf, um bestehen und Frucht tragen zu können. Mache mich vertraut mit seiner Kraft, aber
auch mit seiner Schwäche. Und wenn sich im Gang der Jahre mein Empfinden wandelt und
mit ihm zwar nicht der heilige Inhalt, wohl aber die menschliche Form meines Glaubens, dann
lehre mich, diesen Wandel zu verstehen und in den Erprobungen standzuhalten, die er bringt,
damit mein Glaube von Gestalt zu Gestalt wachse und reife, wie du, o Ordner alles Lebens, es
gewollt hast. Amen.

Romano Guardini

Jona wird befreit

ARNO JENEMANN

→Paul Neuenzeit/Arno Jenemann,
Bd. 1, S. 44

Zielgruppen
I. Altenkatechese (mit 2 Protokollen und Graphik)
II. Skizzen für Jugendleiter – Fortbildung

I. Altenkatechese

1. Zur Situation älterer Menschen

Eine sich nur allmählich in der Gesellschaft abbauende unkritische Gleichsetzung des Alters mit Bedürfnislosigkeit hat auch in der katholischen Kirche alte Menschen als Zielgruppe mit eigenen Erwartungen kaum wahrnehmen lassen. Dies gilt auch für den Vollzug ihres Glaubens. Um so schwerer mußte gerade ihnen der Rollenwechsel vom ungefragt praktizierenden zum verantworteten Christsein fallen, den im Zuge der nachkonziliaren Entwicklungen katholische Christen vollzogen. Daß das Gespräch untereinander und über die konfessionellen Grenzen hinweg nun gefragt ist, daß die Laien, nachdem sie so lange schweigen mußten, nun mitsprechen und sogar verantwortlich mittun sollen, daß dem persönlichen Glauben des einzelnen für den Aufbau christlicher Gemeinde Bedeutung zugemessen wird, ist für ältere Menschen nur schwer vollziehbar. Aus ihren Reihen mehren sich Stimmen, die sich in ihrer Kirche nicht mehr wohlzufühlen bekunden. Dies mag illustrieren, welche spezifischen Schwierigkeiten das Glaubensgespräch mit älteren Menschen belasten.

a) Sprachschwierigkeiten
Abgesehen von der Scheu, »Dinge« des eigenen Glaubensvollzuges anzusprechen, haben ältere Menschen früher kaum gelernt, ihrem Glauben sprachlich Ausdruck zu verleihen. Insofern ist dies Miteinander-Sprechen durch Unbeholfenheit gekennzeichnet. Jeder einzelne muß erst einmal lernen, eine Sprache für seinen Glauben zu entwickeln.
▷ Dabei hat der Gesprächsleiter Sprachhilfen zu leisten. Er wird versuchen, *das* sprachlich auszudrücken, was ältere Menschen – im Rückgriff auf Gelerntes aus ihrer Schulzeit – nur formelhaft in Worte fassen.

b) Gesprächsschwierigkeiten
Gelingen oder Mißlingen eines Gesprächs hängen einmal davon ab, ob die Teilnehmer aufeinander hören und sensibel sind für das, was der andere sagen will, zum anderen davon, ob sie einander ausreden lassen, ohne sich wechselseitig ins Wort zu fallen.
▷ Demnach wird der Gesprächsleiter die Hör- und Gesprächsfähigkeit durch behutsame Eingriffe in das Rede- bzw. Gesprächsverhalten fördern.

c) Lerngewohnheiten
Nur in kleinen Schritten können eingeschlif-

fene Lerngewohnheiten aufgelockert werden. Die Umorientierung älterer Menschen vom passiven Zuhören zum aktiven Mitsprechen und Mitgestalten, braucht Geduld und Zeit, denn Gesprächsformen und Methoden der Gruppenarbeit wird oft mit Skepsis begegnet. Meist baut erst die Erfahrung, daß es anders reizvoller und befriedigender für einen selbst verläuft, Widerstände ab.

▷ Vom Gesprächsleiter wird eine lenkende und nicht nur anregende Rolle erwartet.

2. Zum Einsatz von Habdank-Holzschnitten bei älteren Menschen

a) Allgemeines – Meist wird der Gesprächsleiter davon ausgehen müssen, daß diese *älteren Menschen kaum Erfahrungen im Umgang mit Bildern* haben, so daß sie in ihrer Sehfähigkeit anfangs oft überfordert sind. Gegenständliche Motive eignen sich besser als ungegenständliche. Ältere Menschen möchten nicht lange herumrätseln, was ein Bild darstellt. (Vorerfahrungen mit Zacharias-Holzschnitten zeigen, daß sie zu lange nur mit dem Erkennen beschäftigt und so über Gebühr strapaziert waren.)
– Habdanks Sparsamkeit der Ausdrucksmittel und die formale Strenge kommen den Sehgewohnheiten älterer Menschen entgegen.
– Aber die expressionistische Zeichnung der Menschen, ihre Mimik und Gestik erschreckten oft die Älteren. Die Reduktion auf elementare Gesten, auf Kreatürlichkeit und Nacktheit als Ausdruck der Gebrochenheit, Ausgesetztheit und Abhängigkeit menschlicher Existenz muß erst als bewußt eingesetztes künstlerisches Ausdrucksmittel erschlossen werden, um Widerstände zu überwinden. Habdank will durch die Verkrustungen der Alltagsrealität durchstoßen und Betroffenheit auslösen, nicht aber eine behagliche Wohnkultur stützen, noch den Rahmen eines vergnüglichen Altennachmittages mit Kaffee und Kuchen. Wer das Ziel einer Katechese mit älteren Menschen nur in angenehmen Stimmungen erblickt, statt auch einmal zu beunruhigen, dem sei vom Einsatz der Habdank-Holzschnitte abgeraten.
b) Zum Einsatz des Jona-Motivs: Es bringt bedeutsame Vollzüge und Befindlichkeiten menschlichen Daseins zum Ausdruck. Läßt

man sich von seiner formalen Struktur leiten, so bietet der Fischrachen zwei gegensätzliche Momente an: Er kann festhalten und verschlingen, aber auch loslassen und ausstoßen. In Verbindung mit der im Rachen hockenden und aufwärts schauenden Gestalt gewinnen »Festhalten« und »Loslassen« den zusätzlichen Aspekt des »Gefangenseins« und »Freikommens«. Ihm eng verbunden sind »Angst-Haben« und »Hoffnung-Schöpfen«. ›Festhalten–Loslassen‹, ›Sterben–(Neu-)Geboren-Werden‹ vollziehen sich in bestimmten Situationen, Erfahrungen. Ähnliches gilt für die Gegensatzpaare ›gefangen–frei‹, ›Angst/Hoffnung–Vertrauen‹. In einem weiteren Schritt werden diesen Erfahrungen entsprechende biblische Stoffe zugeordnet (siehe Raster).

3. Konkretion: Zwei Alten-Katechesen

Strukturierung: Die Gespräche fanden in zwei verschiedenen Kreisen älterer Menschen statt, die alle zwei bis drei Wochen zu einem Glaubensgespräch zusammentrafen. Beide Katechesen entwickelten sich aus dem gemeinsamen Anschauen des Holzschnittes ohne Vorgabe eines Gesprächsziels. Jeder sollte seinen eigenen Zugang zum Bild finden. Offenheit der Gesprächssituation heißt nicht, auf Strukturierung zu verzichten.
▷ *Drei Verlaufsphasen* sind dienlich: 1. Wahrnehmungen des Bildes, 2. eigene Situationen und Erfahrungen und 3. Biblische Begleittexte gewissermaßen »im Hinterkopf« parat halten, um sie in das offene Gespräch einspeisen zu können, wenn im 1. oder 2. Bereich entsprechende Assoziationen geäußert werden. Das Modell (s. u.) will dazu eine Hilfe sein.
Gesprächsverläufe: Erste Gesprächsphase: Das *Ein-sehen* in das Bild. Äußerungen und Fragen verraten die Absicht, das Motiv als Ganzes aber auch Einzelelemente daraus, z. B. die Gestik der Jona-Gestalt, auf ihren Ausdruck hin zu verstehen. Gleichzeitig werden aber auch schon deutlich Ambivalenzen empfunden, die in dem Holzschnitt enthalten sind. Aus der *Vielfalt der Eindrücke* erwuchs die Schwierigkeit der *Auswahl*.
▷ Erfahrungsgemäß sollte der Gesprächsleiter nicht zu lange frei assoziieren lassen,

vielmehr möglichst alle Teilnehmer zur Wortmeldung ermuntern, dann bündeln, auswählen und im Gespräch mit dem Altenkreis einen Motivstrang favorisierend weiterverfolgen.

Die einzelnen *Impulse* sind in den Gesprächsskizzen verdeutlicht. Die Durchführung 2 ist weniger direktiv, läßt mehr Gesprächsraum, dadurch aber konkrete Lebenshilfen und biblisch-religiöse Anregungen vermissen.

Wichtige *Erfahrungen* beider Alten-Katechesen ist die Notwendigkeit, die eigene Frustrationstoleranz anzuheben: Wenn der Gesprächskreis die Impulse als Gesprächshilfen nicht aufnimmt, ist sein Abwehrmechanismus zu respektieren, andernfalls würde der Gesprächsleiter selber die Offenheit unterlaufen und dirigistisch manipulieren.

Katechese 1: Mut zum Leben

Nach einigen Minuten schweigenden Anschauens schildern die Teilnehmer ihre Eindrücke:

– Die Bewegung der Hände, ist sie Zeichen für Freikommen oder Ausdruck der Ohnmacht?

– Sie ist eher eine Bitte um Hilfe.

– Ich sehe darin eine Geste der Ergebung.

– Ich empfinde sie als Ausdruck des Vertrauens.

– Der eingeschlossene Mensch wartet auf seine Erlösung, das Fischmaul erinnert an Fegfeuer.

▷ *Impuls:* »Ein Mensch, der sozusagen aus dem Feuer kommt, wie die drei Jünglinge im Feuerofen«. Absicht war, den Gedanken »Feuersituation« auszufalten in Richtung: wo ereignen sich solche Situationen; wozu sind sie »gut«; was geschieht in ihnen mit einem Menschen? *Zielsetzung* kann sein, solche Situationen als Prozesse der Wandlung zu deuten, um eher zu sich selbst zu finden und reifer zu werden.

▷ *Nächster Impuls* und möglicher Abschluß des Gesprächs:
Ähnliche Erfahrungen mit Beispielen aus der Schrift (Emausjünger; Israels Einzug ins Land Dt 1: vgl. Graphik) zu deuten. Statt dessen Teilnehmer-Assoziation:

– Mich erinnert das Rot des Schlundes mehr an Geburt. Der Hockende ähnelt einem Fötus. Doch die Zähne des Rachens passen nicht recht dazu.

▷ Ein *weiterer Impuls*, Geburt bedeute neues Leben, jedoch ohne Gefährdung (Zähne) verlaufe diese Geburt nicht, beantwortete man mit nachdenklichem Schweigen.

Ein konkreter geburtshilflicher *Hinweis* des Gesprächsleiters wird nicht aufgegriffen (warum?). Er wollte das Thema »Menschwerdung« und die speziellen Gefährdungen dieses Prozesses ansprechen; daß solche »Geburtsvorgänge« auch die religiöse Persönlichkeit eines Menschen betreffen, daß die eigene Gläubigkeit verkümmern kann.

▷ Weiterer möglicher *Impuls:*
Welche Rolle hat die Kirche bei der Entwicklung der eigenen religiösen Persönlichkeit gespielt, oder spielt sie noch? Hat sie die Geburts- und Reifevorgänge gefördert, verzögert oder gar verhindert? Was ist dazu zu sagen im Blick auf die Praxis Jesu, Menschen zu ihrem Menschsein zu befreien (vgl. Graphik)? An seinem Verhalten hätte sich aufzeigen lassen, daß Gott den Menschen, wie in Habdanks Jona-Motiv dargestellt, aufrecht will.

(Impuls zum Gedanken »Geburt« wird nicht aufgenommen; statt dessen geäußert:)

– Das Fischmaul stellt ein Grab dar und das Thema des Holzschnittes ist dann »Auferstehung«.

▷ Ich konkretisierte diesen Hinweis situativ:
Es soll Menschen geben, von denen man sagen könnte, sie seien lebendig begraben, gleichsam »tot«?!

Da keine direkte Reaktion erfolgte, ergänzte ich mit dem Hinweis auf das, was der »Barmherzige Vater« seinem zu Hause gebliebenen Sohn sagte:

»Dieser dein Bruder war tot und wurde wieder lebendig«. Beabsichtigt war, so dem Kreis *bewußt* zu *machen,* daß Lebendig- und Totsein, Sterben und Auferstehen Erfahrungsdimensionen alltäglichen Lebens sind. Für einige der älteren Menschen bedeutet dies ein echtes Aha-Erlebnis, das ihnen neue Perspektiven aufschloß. Hier die wichtigsten Aussagen:

– Mit »tot« ist wohl gemeint, daß der jüngere Sohn vom Vater getrennt war und kein Verhältnis mehr zu ihm hatte. Da er zurückgekehrt ist, lebt er wieder auf.

– So richtig leben tut einer nur, wenn er mit anderen Menschen zusammen ist und ihn das Zusammensein freut.

– In meinen vier Wänden fühle ich mich manchmal lebendig begraben.

– Mir fallen die endlos langen Stunden ein, als ich mit Grippe dalag und niemand bei mir reinschaute.

– »Tot« ist der, der vom Kontakt mit anderen abgeschnitten ist.

– »Auferstehung« geschieht dann schon dort, wo ein einsamer Mensch, den ich besuche, sich über diesen Besuch freut. Er beginnt dann wieder zu leben.

– So ist »Auferstehung« etwas, das schon jetzt im Leben passiert und nicht erst hinterher.

Das Gespräch mündet von dort ein in konkrete Überlegung zu spontaner Bereitschaft zu täglichem Telefon- und Besuchsdienst.

▷ Im *Verweis auf den Holzschnitt:* Solches Verhalten wandelt von Angst in Zuversicht. Auf die abschließende Frage, ob sie sich das Bild in ihre Wohnung hängen würden, antworteten die meisten ablehnend: schockierend, schrecklich, Blut, Leid, Angst und Not. Auch zwei Reaktionen: das Bild habe ein neues Verständnis von Auferstehung eröffnet und betone stark den Aspekt der Hoffnung.

▷ *Psalmwort:* Und müßte ich gehn in dunkler Schlucht, ich fürchte kein Unheil: Du bist bei mir (Ps 22,4). Die *Ausdeutung* des Jona-Bildes auf Sterben und Auferstehen Jesu als letzten Grund unserer Hoffnung *schloß* mit Worten aus *Psalm 138:* Herr, Du prüfst und kennest mich ... Sie sprechen von einer Geborgenheit in Gott, die alle menschliche Finsternis umfängt – uns zum Trost.

Katechese 2: Leben als Durchbruch

Hier beginnt es ähnlich mit Eindrücken:

– Die geöffneten Arme lassen Abwehr, aber auch Hinhören auf Gottes Ruf erkennen.

– Ich sehe einen Menschen, der von allen Seiten bedroht, in seiner Not zu Gott schreit.

– Die harten Farben bringen Angst, Not und Gefährdung zur Sprache.

– Im Gesicht liegt keine Angst. Es drückt mehr ein Schauen und Horchen aus.

– Ich sehe nicht nur Ausweglosigkeit, sondern auch eine Art von Geborgenheit.

▷ *Die Frage: Was die Szene in Ihnen anspreche?* war kaum geeignet, auf ein gemeinsames Thema zu lenken, sondern eher eine Aufforderung, mit der Schilderung persönlicher Eindrücke fortzufahren.

Äußerungen:

– Das Bild vermittelt mir das Gefühl von Ehrfurcht.

– Ich spüre das beklemmende Gefühl von Ausweglosigkeit und dennoch, selbst darin gibt es noch Hoffnung.

– Auf mich wirken die mörderischen Zähne unheilvoll.

– Bedrohlich – eine Falle.

– Das grelle Rot erinnert an Blut; der Rachen verursacht mir heimliches Grauen.

– Ich erlebe das Bild als eine Mahnung nach dem zu streben, »was droben ist« (Kol 5,1). Es bedeutet, daß ich dem »Mörderischen« als dem Unmenschlichen in mir wehre und mich um mehr Menschlichkeit bei mir wie bei anderen bemühe.

– Ich glaube, das Bild gäbe mir viel in Tagen der Niedergeschlagenheit. Die Bedrohung um uns ist ja nie so total, daß es keinen Ausweg mehr daraus gäbe.

▷ Das Zwiespältige der geschilderten Eindrücke *zusammenfassend* mündet in die Frage, ob ihnen das, was der Holzschnitt ihnen sage, im Leben schon einmal begegnet sei (*Intention:* Das Gespräch existenziell zu vertiefen). Die Teilnehmer gehen darauf ein und erzählen von Kriegserlebnissen. Auf die *weitere Frage,* ob der Holzschnitt zur Situation extremer Bedrohung einfange, reagierten die Teilnehmer reservierter: Scheu, persönlicher zu werden. Dies hing wohl mit der Vorbildung mancher Teilnehmer zusammen. Einige der *Äußerungen:*

– Die Szene stellt eine Durchbruchsituation dar und solche gibt es auch in anderen Bereichen des Lebens – z. B. im geistig-religiösen Bereich.

– Es gibt Lagen, da hatte ich das Gefühl, mich wie in einem Schüttelbecher zu befinden. Dies begann, als ich mich näher mit meinem Glauben auseinandersetzte. Lange fand ich keinen Boden unter den Füßen. Aber dann – ich weiß heute selbst nicht wie – klärte sich das Dunkel.

– Meine Erfahrungen: all das Dunkel war

notwendig, bestimmte Schritte zu tun, die ich sonst nicht getan hätte. Mich wie Jona bestimmten Anforderungen meines Lebens zu verweigern, brachte mich in ausweglos scheinende Situationen, und erst in ihnen habe ich Schritte getan, die ich nicht missen möchte. Erst in der Dunkelheit kündigt sich Neues an.

▷ Auf die *letzte Frage*, wenn es wahr ist, daß in Dunkelheiten des Lebens ein neuer Anfang steckt, wo und auf welche Weise ist Ihnen diese Wahrheit in Ihrem Leben begegnet?, nicken die meisten Teilnehmer zustimmend. Einige äußern, daß sie dazu nichts Näheres sagen möchten.

▷ Der *geplante nächste Schritt* im Gespräch, ganz offenkundig zu persönlich, als daß der Kreis ihn vollziehen konnte. Da ich in diesem Augenblick keine weitere Möglichkeit sah, das Gespräch fortzusetzen, faßte ich die gegensätzlichen Aspekte des Holzschnittes in dem von einem Teilnehmer genannten Stichwort »Durchbruch« zusammen. Dabei betonte ich, daß sich dieses Wort nicht nur auf Einzelereignisse, sondern auf unser Leben insgesamt beziehen lasse. Dies zu sagen, sei allerdings nur möglich im Blick auf Jesus Christus, der sein Leben auf ein unzerstörbares Leben in Gott hin »durchbrochen« habe.

▷ Es blieb *abschließend die Aufgabe*, das *Gespräch zusammenzufassen*. Dazu bot sich das Stichwort eines Teilnehmers an: Durchbruch muß sich nicht nur auf Einzelergebnisse beziehen, sondern kann das ganze menschliche Leben beschreiben. Gerade von Jesus Christus her bekommt auch menschliche Existenz eine solche Dimension, weil er ein unzerstörbares Leben auf Gott hin »durchbrochen« hat.

▷ *Mit Jona beten* (Jona 2,3–10):
In meiner Not rief ich zu Jahwe,
und er erhörte mich.
Aus dem Bauch der Hölle schrie ich um
   Hilfe,
du hörtest mein Rufen.

Du hast mich in die Tiefe des Meeres
   geworfen,
daß mich die Strömung umschloß;
all deine Wogen und Wellen gingen über
   mich hin...

Wasser umringte mich bis zur Kehle,
die Flut umgab mich,
Schilf hielt mein Haupt umschlungen

an der Berge Gründen.
Drunten war ich in der Erde,
die ihre Riegel hinter mir für immer schloß.
Du aber brachtest mein Leben herauf aus der
   Grube,
Jahwe, mein Gott...

Ich aber will mit lautem Dank dir opfern,
will erfüllen, was ich gelobte.
Bei Jahwe nur ist Rettung.

Graphik zu zwei Alten-Katechesen

Vollzüge – Befindlichkeiten	Situationen – Erfahrungen	Biblische Stoffe
Sterben – (neu) geboren werden (neu) leben	Abschied nehmen müssen (Tod eines nahen Menschen, Trennung) – eine unverhofft geschenkte tiefe Begegnung	Der Weg zweier Jünger nach Emaus – ihre Begegnung mit dem Auferstandenen (Lk 24,13–35) Abschiedsreden (Joh 13,31–16,33)
	Verlassen werden (Trennung, Scheidung) – sich in der Beziehung zu einem geliebten Menschen neu getragen und bestätigt fühlen sowie daraus Kraft und Lebensmut beziehen	Jesu Gefangennahme und Verlassen-Werden von den Jüngern (Mk 14,43–50) – In der Kraft des Geistes verkünden die Jünger unerschrocken Jesus als den Christus (Apg 2); In der Annahme durch den barmherzigen Vater fühlt sich der verlorene Sohn als Sohn neu bestätigt (Lk 15,11–24)

Vollzüge – Befindlichkeiten	Situationen – Erfahrungen	Biblische Stoffe
	Einschränkungen und Verluste erfahren (durch Unfall plötzlich gelähmt sein; durch Krankheit ans Bett gefesselt sein; Aufgabe individueller Lebensgewohnheiten; durch Übersiedlung ins Altersheim; durch Wegrationalisierung den Arbeitsplatz verlieren usw.) – Erweiterung seiner Lebensmöglichkeiten erfahren (Ruhestand als Chance für neue Lebensaufgaben; Genesung von einer schweren Krankheit)	Das Buch Ijob Die Erkrankung des Königs Hiskia – und seine Wiedergenesung (2 Kg 20) Jesu Heilungen: – Zur Kommunikation befreien (Mk 7,31–37); – Zum Leben befreien (Lk 7,11–17); – Zum Vertrauen befreien (Mk 4,35–41); – Zur Freiheit befreien (Lk 13,10–17); – Zur Freude befreien (Joh 2,1–12) (Die Titel sind entnommen dem Buch *A. Steiner/ V. Weymann,* Wunder Jesu. Zürich–Köln 1978)
	Einsamkeit und Isolation erfahren (Verlust tragender Beziehungen: des Milieus durch Umzug, durch Ausschluß, durch Krankheit, durch Anfeindung und Ablehnung) – Wiederaufgenommen-Werden in die menschliche Gemeinschaft; Versöhnung	Das Verhältnis: Gerechte–Sünder (z. B. Pharisäer–Zöllner/Dirne, vgl. Lk 7,36–50); Gesunde–Kranke (die Pharisäer als Gegner Jesu vgl. Mk 3,1–6) – Jesu Umgang mit diesen Menschen (Mt 9,9–13; Lk 7,36–50)
	In Bedrängnis und Not geraten (s. unten!) – daraus befreit werden	Die Not atl. Beter (beispielhaft Ps 18,5–7) Not und Rettung des Gottesvolkes im Buch Judith
Angst haben – Vertrauen/ Hoffnung haben	Sich auf etwas einlassen Eine wichtige Entscheidung fällen Einen bestimmten Weg gehen	*Leitgedanke:* Im Vertrauen auf Gott (Jesus) Leben gewinnen: – Israels Einzug ins verheißene Land (Num 13 und 14; vgl. Dtn 1) Jakobs Ringen mit Jahwe (Gen 32,23–33); – Vertrauen auf Gottes Fürsorge und Schutz (Ps 22; 90); – Die Sturmstillung (Mk 4,35–41); – Der sinkende Petrus (Mt 14,22–32)
Gefangen sein – befreit werden	Widrige Lebensumstände, aus denen man sich nicht selber lösen kann Bedrückende soziale, wirtschaftliche und politische Nöte Verstrickung in persönliche Schuld	*Leitgedanke:* Zum Leben befreit – neu geschenkte Existenz: – Israels Rettung aus ägyptischer Knechtschaft und Durchzug durchs Meer (Ex 14); – Jerusalems Rettung aus der Hand Sanheribs (2 Kg 19,35–37; 2 Chr 32); – Die Rettung der drei Jünglinge im Feuerofen (Dan 3,46–99); – Die Befreiung Daniels aus der Löwengrube (Dan 6 und 14);

Vollzüge – Befindlichkeiten	Situationen – Erfahrungen	Biblische Stoffe
		– Die Rettung Susannas (Dan 13);
		– Die Rettung eines Beters aus Gefahr (Ps 123);
		– Gefangennahme der Apostel und ihre Befreiung (Apg 5,17–25; vgl. Apg 12,1–11);
		– Jesu Heilung als Geschenk neuer Existenz (s. oben)
Festgehalten werden – aufbrechen müssen	Sich von Menschen und Dingen loslösen Sich selbst finden Seinen eigenen Weg finden	*Leitgedanke:* Auf und aus Gottes Zukunft leben: – Abrahams Aufbruch ins Land Kanaan (Gen 12); – Israels Aufbruch aus Ägypten (Ex 12,37–42); – Pfingsten als Aufbruch der Jünger zur Verkündigung (Apg 2)
Festhalten – Loslassen	Menschen in Abhängigkeiten halten (Eltern, die die Ablösung ihrer Kinder behindern und verhindern) – Menschen ihren Weg gehen lassen, auch wenn es wehtut An Dingen und Menschen hängen, obwohl man weiß, daß dies die eigene Entwicklung hemmt und behindert – Etwas aufgeben, um Neues zu gewinnen (s. nächst höhere Spalte)	*Leitgedanke:* Vertrauen in Gottes Zukunft oder Widerstand gegen sie: – Der Pharao verhindert Israels Auszug (Ex 5; 7; 8; 9; 10; 11; 14,5–9); – Der barmherzige Vater läßt den Sohn ziehen (Lk 15); – Israel weigert sich ins Land zu ziehen (Dt 1) und sehnt sich nach den Fleischtöpfen Ägyptens zurück (Num 14,1–5); – Die Jünger geben ihren Beruf auf, um Jesus nachzufolgen (Mk 1,16–20); Matthäus verläßt die Zollstätte (Mt 9,9–10)

Anmerkung: Das Schema erhebt keinerlei Anspruch auf Vollständigkeit. Die einzelnen Spalten können durchaus weiterhin ergänzt werden. Bedingung ist allerdings, daß man den Deuterahmen, den das Jona-Motiv absteckt, nicht verläßt.

II. Das Thema in einer Jugendführerrunde

Stichwort: Identitätsfindung

1. Die Jugendlichen erhalten den *Brief eines unbekannten Studenten* (aus: D. Sölle, Die Hinreise, Stuttgart 1977, 121–124) zu lesen:
▷ *Gespräch* darüber: Könnt Ihr Euch die Situation vorstellen, aus der jemand so etwas schreibt? Was geht in diesem Menschen vor; worunter leidet er? Dabei könnte folgendes zur Sprache kommen:
– Einerseits: tiefer Wunsch nach Echtheit und Mit-sich-selbst-identisch-Sein – innerlich verwirrt, unsicher, schwach, allein, sich wertlos fühlend;
– anderseits: Leiden unter einer maskenhaften Existenz, in die er sich eingesperrt fühlt – nach außen fassadenhafte Sicherheit; Ein Du könnte erlösen?!

2. *Das Jona-Bild wird vorgestellt;* einige Minuten Stille;
▷ *Überlegung,* inwieweit sie in ihm Parallelen zu der in dem Brief geschilderten Situation des Studenten entdecken:
– Der Fisch als Symbol des Eingesperrt- oder In-sich-versperrt-Seins;
– die Jona-Gestalt als bildhafter Ausdruck des Wunsches nach unverfälschtem Leben,

zu dem ein anderer befreien könnte. Wer könnte dieser andere sein?

3. Versuch der Identifizierung mit Brief und Bild: Spricht sich darin etwas aus, was Ihr ebenso von Eurem eigenen Leben sagen könntet?

▷ Wo hat sich für Euch schon einmal bedrängend die Frage nach dem *Wer-bin-ich* und *Was-wird-aus-mir* gestellt? Was hindert Dich, der zu sein, der Du sein möchtest? Wer könnte Dir helfen mehr Du selbst zu sein und wie?

4. Schlußreflexion: Ich finde zu mir nur in der Beziehung zu anderen Menschen.

▷ Darin könnte ein letztes aufgehen:
– »Jona« muß nicht in sich eingesperrt

bleiben. Er kann über sich und seine Verhältnisse hinaus, weil da einer ist, der ihn *herausgerufen* hat aus seinem »Gefängnis«.
– Im Holzschnitt ist dieser eine nur mittelbar zu erschließen aus der Verwiesenheit der Jona-Gestalt.
– Auf mich bezogen heißt das: Eben weil ich ein Angerufener bin, deshalb kann ich mich selbst überschreiten. (Das Gebet stellt z.B. so eine Selbstüberschreitung dar. Vgl. die Ausführungen von →G. *Lange* zum Fensterbild, Bd. 1, S. 60.) »Ich habe dich bei deinem Namen gerufen, du bist mein« (Is 43,1). Leben ist Anruf und Antwort darauf. Ich werde jemand im Antwortgeben auf das, was mich ruft. Wichtig ist demnach zu erspüren, wo ich gerufen bin.

Kontexte

Chor der Geretteten

Wir Geretteten,
Aus deren hohlem Gebein der Tod schon
    seine Flöten schnitt,
An deren Sehnen der Tod schon seinen
    Bogen strich –
Unsere Leiber klagen noch nach
Mit ihrer verstümmelten Musik.
Wir Geretteten,
Immer noch hängen die Schlingen für unsere
    Hälse gedreht
Vor uns in der blauen Luft –
Immer noch füllen sich die Stundenuhren mit
    unserem tropfenden Blut.
Wir Geretteten,
Immer noch essen an uns die Würmer der
    Angst.
Unser Gestirn ist vergraben im Staub.
Wir Geretteten
Bitten euch:
Zeigt uns langsam eure Sonne.
Führt uns von Stern zu Stern im Schritt.
Laßt uns das Leben leise wieder lernen.

Es könnte sonst eines Vogels Lied,
Das Füllen des Eimers am Brunnen
Unseren schlecht versiegelten Schmerz auf-
    brechen lassen
Und uns wegschäumen –
Wir bitten euch:
Zeigt uns noch nicht einen beißenden Hund –
Es könnte sein, es könnte sein
Daß wir zu Staub zerfallen –
Vor euren Augen zerfallen in Staub.
Was hält denn unsere Webe zusammen?
Wir odemlos gewordene,
Deren Seele zu Ihm floh aus der Mitternacht
Lange bevor man unseren Leib rettete
In die Arche des Augenblicks.
Wir Geretteten,
Wir drücken eure Hand,
Wir erkennen euer Auge –
Aber zusammen hält uns nur noch der
    Abschied,
Der Abschied im Staub
Hält uns mit euch zusammen.

Nelly Sachs

Jakobskampf

ANSGAR NOWAK

→Günter Lange, Bd. 1, S. 48

Zielgruppen
  I. Jugendkatechese (Studenten; junge Erwachsene)
  II. Ökumenischer (Hochschul-)Gottesdienst

Zugang

Dieses Bild ist zugleich beängstigend und beruhigend. Mit seiner Zwiespältigkeit zieht es unmittelbar an. Ist es nun ruhig oder aufregend? – wir sind hineingezogen in den Entscheidungskampf des Jakob am Jabbok und sind gleichzeitig zu eigener Entscheidungsbereitschaft herausgefordert.

Der Holzschnitt zeigt, daß die biblischen Texte nicht auf statische, praktikable Handlungsanweisungen verdünnt werden können. Die Geschichte vom Jakobskampf ist vielschichtig und mehrdimensional. Die tieferliegenden Züge der Erzählung sind aufregend dynamisch. Aufeinander bezogene Kräfte versuchen ins Gleichgewicht zu kommen. Es sind menschliche Kräfte, Grundakte des Menschseins.

Ich wollte über dieses Bild meditieren und habe es deshalb provisorisch gegenüber meinem Schreibtisch aufgehängt. Das ist jetzt fast zwei Jahre her – ich bin dieses Bild nicht mehr losgeworden. Auch mit anderen habe ich immer wieder auf verschiedene Weisen mit diesem Bild gerungen.

I. Auch Jakob kann nicht mehr ruhig schlafen

Erfahrungen aus der Gruppenarbeit mit Studenten, die auch für andere Zielgruppen, Jugendliche und Erwachsene denkbar sind.

▷ Die *Annäherung an das Jakobsbild* soll nicht abrupt geschehen. Jakob ist weit weg, biblisches Relikt in einem technischen Atomzeitalter.

1. Die *Gruppe beginnt ein Spiel* miteinander: »Hast du den Jakob gesehen? ... (eigener Name) hat ihn nicht gesehen, aber ... (Name eines Mitspielers) hat ihn gesehen!« Der jeweils Angesprochene wiederholt den Satz mit einem neuen Namen. (Vgl. einschlägige allgemeine Spielesammlungen.) Man lernt sich kennen, den Namen, die Sprache und die Stimme des anderen.

2. Dann *plötzlich die Frage:* »Wer ist eigentlich Jakob?« Die Gruppe versucht sich zu erinnern. Anfangs sehr mühsam, fallen dann

63

Einzelheiten ein. Es geht durcheinander, es wird korrigiert. Langsam entsteht eine Geschichte.

3. Einer *liest den Text* »Der rote Faden« vor (→bei Kontexten).
▷ Oder auch der *Bibeltext* Gen 32,23–32 wird gelesen. (Sehr anschaulich und plastisch in der Übersetzung von Martin Buber, Die fünf Bücher der Weisung, Berlin 1930, 106 ff.)

4. Jetzt wird in Stille das *Bild von Habdank betrachtet.* Dieses meditative Schauen kann entsprechend der Konzentration und Übung der Teilnehmer 10 bis 20 Minuten dauern.

5. Nach dieser stillen Meditation *äußern sich einzelne,* was ihnen am Holzschnitt auffällt.
▷ *Die Äußerungen der Gruppe* verdichteten sich um folgende Themen:
– Das Bild zeigt einen Ringkampf. Der Kampf sieht gefährlich aus – es geht um Leben und Tod.
– Es gibt eine Spannung zwischen Hell und Dunkel, Geborgen und Einsam, zwischen Festhalten und Loslassen, Streicheln und Wegstoßen, zwischen Umarmen und Sichlosreißen.
– Die Spannung wird auch in der Darstellung der zwei Personen deutlich: eine große, schwarze, unkenntliche und massige Gestalt – eine kleine, hellere, scharf umrissene Person.
– Zusammengenommen ergeben beide Gestalten eine geschlossene, runde Form: ein Omega als Zeichen der Vollendung.
– Das Bild spricht in einer nächtlichen Szenerie. Es geht um Nicht-schlafen-Können und Schlafen-Lassen. Die Gruppe nennt ihr Thema: Auch Jakob kann nicht mehr ruhig schlafen. (Weitere Assoziationsanregungen können aus der nachfolgenden Bildmeditation entnommen werden.)

6. Um das Bild nicht nur mit dem Kopf zu erspüren, versucht die Gruppe in *vier Übungen,* sich in die beiden Gestalten des Bildes hineinzuversetzen. Die Übungen gehen von der Dynamik des Jakobskampfes aus. Diese Dynamik wird in einzelne exemplarische Begegnungen und Bewegungen zerlegt.
▷ Die *Anweisungen zu den Übungen* gibt

der Leiter, der selbst an den Übungen nicht teilnimmt, um das Geschehen im Auge zu behalten. Jede einzelne Übung dauert wenige Minuten und kann von den Teilnehmern vorher abgebrochen werden. Nach jeder Übung ist reichlich Zeit zur eigenen stillen Reflexion über das, was man bei sich selbst und beim anderen gespürt und wahrgenommen hat. Danach tauschen sich die Teilnehmer untereinander, auf Wunsch auch in der ganzen Gruppe im Gespräch darüber aus.
– *Erste Übung:* Jeweils zwei Teilnehmer, die sich gut kennen oder kennenlernen möchten, stellen sich schweigend zusammen und schauen sich gegenseitig an.
– *Zweite Übung:* Die sich Gegenüberstehenden legen die Handflächen aufeinander, die während der Übung nicht voneinander gelöst werden sollen. Jeder sagt den Satz: »Ich bin stärker!« Nur dieser eine Satz, der beliebig oft wiederholt und mit der Stimme und der Bewegung der Handflächen unterstrichen werden kann, darf gesprochen werden.
– *Dritte Übung:* Die Partner stehen sich ohne Berührung gegenüber. Der eine beginnt zu sagen: »Ich gehe!« Und der andere erwidert: »Ich bleibe!« Dieser Dialog wird beliebig oft wiederholt. Nach einer gewissen Zeit werden die Rollen getauscht.
– *Vierte Übung:* Der eine Teilnehmer hält sein Gegenüber mit beiden Händen an den Hüften und sagt: »Segne mich!« Der andere legt seine Hände auf die Schultern des Partners und spricht: »Ziehe deinen Weg!« Auch dieser Dialog wird beliebig oft wiederholt, nach einiger Zeit mit getauschten Rollen.
Voraussetzungen für die Übungen sind ein gewisses Maß an Selbsterfahrung und Sensibilität, sich auf gefühlsmäßige Vorgänge einzulassen. Eine relativ große Bereitschaft und Offenheit, sich über scheinbar künstliche und willkürliche Übungsanweisungen hinaus den dahinterliegenden Erfahrungen zu öffnen, ist vonnöten. Nicht zu unterschätzen ist das Problem der Berührungsängste. Der nahe Augenkontakt und das Anfassen, beides in dieser Zweckfreiheit und Offenheit tabuisierte Vorgänge, können tiefsitzende Ängste auslösen.
Gegensätzliche Erfahrungen mit den Übungen waren in jeder Gruppe festzustellen. Ein

kleiner Teil wußte gar nichts mit den Übungen anzufangen und wehrte das Geschehen durch Lachen ab. Schon die erste Übung, die in schweigender Untätigkeit mit Nähe und Anderssein konfrontierte, löste Abwehrreaktionen aus. Ein anderer Teil der Gruppe machte anhand der Übungen mit sich selbst Erfahrungen, wobei die dritte Übung am meisten bei diesen Teilnehmern auslöste. Die Erlebnisse konnten nur schlecht oder gar nicht zur Sprache gebracht werden. Überhaupt erwies es sich als schwierig, die eigenen Erfahrungen in diesen Übungen wieder mit der biblischen Jakobsgeschichte in Verbindung zu bringen. Nicht nur mangelnde Gewohnheit, sondern auch eine tieferliegende Scheu verhindert es scheinbar, eigenes Erleben mit biblischen Motiven in Beziehung zu setzen.

7. Je nach dem Interesse der Teilnehmer können *einzelne Schwerpunkte des Jakobskampfes weiter vertieft* werden.

▷ Im *Assoziationsgespräch* findet die Gruppe ihre eigenen Schwerpunkte:
Jakob ist der Prototyp unserer Wünsche. Das Gegenbild, mit dem Jakob am Jabbok zu kämpfen hat, sind die unerlaubten Wünsche. In diesem Kampf beweist Jakob Mut, nämlich den Mut zur Selbstbegegnung, d. h. tiefenpsychologisch: Begegnung und Auseinandersetzung mit dem eigenen »Schatten«. Das sind die verdrängten, unbeachteten Teile im Menschen selbst, die rohen und primitiven Züge, die er nicht wahrhaben will, aber auch das Nichtgelebte, seine nichtverwirklichten Anlagen. Diese »dunkle Seite« des Menschen liegt nicht im Zentrum des Bewußtseins, sondern am Rand, im Unbewußten, wo alle unerfüllten und abgeschobenen Anteile der Persönlichkeit gesammelt werden.

▷ Eine Möglichkeit, sich mit diesem eigenen »Schatten« zu konfrontieren, bietet das »Kuchenspiel«:
Jeder in der Gruppe malt zwei Kreise auf ein Papier, das sind zwei Kuchen. Der linke ist der *Wie-ich-sein-will*-Kuchen, der rechte der *Wie-ich-bin*-Kuchen. Neben die beiden Kuchen schreibt sich jeder nun die ihm einfallenden entsprechenden Eigenschaften. Beide Kuchen werden dann in verschieden große Kuchenstücke eingeteilt, und zwar

entsprechend der Zahl und Wichtigkeit der Eigenschaften. Die einzelnen Kreise sollen nacheinander und nicht gleichzeitig ausgefüllt werden, und zwar zuerst der »Wunsch-Kuchen«. Anschließend stellt jeder seine beiden Kuchen vor und teilt mit, was ihm selbst dabei auffällt.

Auf das »Kuchenspiel« gehen Gruppen allgemein gern ein. Es sind bei dieser Übung kaum Hemmungen oder Angstschwellen zu überwinden. Besonders da jeder selbst bestimmen kann, wieviel er an Interpretation zu der Verschiedenheit seiner Kuchen sagen will.

▷ Eine andere Möglichkeit, sich mit dem Schatten, dem anderen in uns auseinanderzusetzen, ist durch *zwei Gedichte* möglich: *Ivan Goll,* Johann Ohneland und sein Schatten und *Hans Magnus Enzensberger,* Der Andere (→Kontexte).
Die Gedichte sind nicht leicht zugänglich. Besonders die abstrakte Schreibweise von Enzensberger stößt bei konkretistischen Geistern auf starke Ablehnung. Bei Gruppen mit wenig Gedicht-Erfahrungen sind diese beide nicht zu empfehlen.

▷ Einen leichteren Zugang zur »dunklen Seite« unserer Persönlichkeit bieten *Prosatexte:*
Ein tiefenpsychologisches Paradigma für Schattenprojektion ist das Gleichnis Jesu vom Pharisäer und Zöllner (Lk 18,9ff.). In die Problematik der unerlaubten und nichtgelebten Teile der Persönlichkeit führt die Geschichte von Bertolt Brecht »Die unwürdige Greisin« (*B. Brecht,* Gesammelte Werke, Bd. 11, Frankfurt 1976, 315–320).
Im Anschluß an Brechts Erzählung versucht Dorothe Sölle die nichtgelebten Teile der Persönlichkeit in ihren negativen Auswirkungen, aber auch in einer positiven Chance zu sehen (*D. Sölle,* ...zum Reichtum des Selbst, in: Phantasie und Gehorsam. Überlegungen zu einer künftigen christlichen Ethik, Stuttgart 1968, 43–47).

▷ Verschiedene Motive können ein *weiterführendes Gespräch* der Gruppe zum Thema »Schattenprojektionen« anregen:
Jede Zeit, jede Gesellschaft hat ihre Projektionsfiguren.
– Der *»Prügelknabe«* war im 19. Jh. in Spanien, Frankreich und England bekannt. Er wird auch im Zusammenhang mit Konrad

IV. (1228–1254) erwähnt. (Vgl. dazu *Lutz Röhrich*, Lexikon der sprichwörtlichen Redensarten, Bd. II, Freiburg 1974, 748f.)
– Das »*schwarze Schaf*« und der »*Sündenbock*« spielen schon in biblischer Zeit bis heute eine Rolle.
Man betrachte etwa das Schicksal der Juden, der Armenier, der Kastenlosen in Indien oder der Farbigen. Hierher gehören alle »Feindbilder«.
– *Überlegung:* Wie heißen meine eigenen »Prügelknaben« oder »Prügelmädchen«?

Nachbemerkung

Die einzelnen Spiele, Übungen, Texte und Anregungen zum Jakobsbild sind dem einen oder anderen Leser längst bekannt. Viele Anweisungen erscheinen sehr einfach. Die Originalität liegt aber nicht in der Anleitung, sondern bei den Ausführenden selbst. Die Anleitungen sollen lediglich Raum eröffnen, Anstoß und Anregung für die Neugier, das Engagement und die Erfahrung des einzelnen sein. Seine Ideen und seine Kreativität sollen im Mittelpunkt stehen.
Vielleicht ist dieser Anspruch groß, vielleicht sogar für manche Gruppen zu groß. Für sie sei darauf hingewiesen, daß besonders das »Kuchenspiel« und die Prosatexte den leichtesten Zugang ermöglichen.
Aber vielleicht gelingt es manchem auch, sich auf diesem Weg der Selbsterfahrung zu öffnen und in diesem Erleben einen tieferen Zugang zum Bild zu bekommen.

II. Dialektik des Christlichen – Anfechtung und Vertrauen

Erfahrungen mit einem meditativen, ökumenischen Hochschulgottesdienst, der auch für andere Zielgruppen, Jugendliche und Erwachsene, denkbar ist.

1. Planung

Im Mittelpunkt des Gottesdienstes stand eine Bildmeditation von Helmut Wunderer zu Habdanks Jakobskampf. Um sie herum gruppierte sich eine Einführung in das Thema und die Fürbitten (Hans Bischlager) mit dem Segensgebet. Den großen Rahmen bildete moderne und alte Musik zum Thema »Anfechtung und Vertrauen«. Ein Madrigal-Chor und ein Organist standen hierfür zur Verfügung.
Während die *Organisation* sehr langfristig angesetzt war, konnte die inhaltliche Absprache der Texte des evangelischen und katholischen Studentenpfarrers erst sehr kurzfristig stattfinden, da diese sich lieber auf freie Assoziationen und ihre eigene spontane Intuition verließen. So war es nicht möglich, den Gottesdienst als Ganzheit vorher zu diskutieren, sondern er wurde erst von der Atmosphäre der Feier endgültig ausgestaltet.
▷ In der kleinen Kapelle war der Holzschnitt »Jakobskampf« gut sichtbar neben dem Altar aufgehängt.

2. Durchführung

▷ *Zur Einstimmung* erschraken und bestachen die teilweise bizarren Klänge der 1re Fantasie von Jehan Alain (1911–1940). Ganz unmittelbar zog dieses Werk die Zuhörer in seinen Bann. Es ließ keine Zeit, sich erst bequem einzurichten und vor sich hin zu dämmern. Dem packenden Zugriff konnte man sich kaum entziehen. Den Aufgeschreckten eröffnete das Werk einen Raum, in dem es möglich wurde zu spüren, daß es um die eigene Unruhe geht. Die Musik ließ erahnen, wie sehr Anfechtung im Kontrast zu Vertrauen in uns lebt.
Natürlich ist zur Einstimmung dieser Meditation auch andere, nicht so zupackende Musik denkbar. Aber es ist zu bedenken, daß gerade die ersten Töne entscheidend die Atmosphäre der ganzen Feier mitbestimmen. Der Spannungsbogen darf zu Beginn nicht zu niedrig eröffnet werden.

▷ *Einführung:* »Zu unserem meditativen, ökumenischen Hochschulgottesdienst darf ich Sie alle recht herzlich begrüßen.

Mit dem Thema *Zur Dialektik des Christlichen* ist die Frage nach der Existenzform unseres Lebens als Christen überhaupt gestellt, nach ihrer Gestalt mitten in unserem Leben, heute, in dieser Zeit. Diese Frage nach der Existenzform des Christlichen ist uns wohl allen mehr oder weniger zum Problem geworden. Denn kaum noch erfahren wir diese Existenz in geradliniger, unangefochtener Weise. Es ist nicht mehr dieses sichere Dahinschreiten in Gewißheit. Ein triumphales *wir haben die Welt besiegt* geht uns heute schwer von der Zunge. Und ich meine, das ist auch gut so. Die siegessichere Pose des Wissenden, der über alles suchende Ringen erhaben ist, steht uns nicht sehr gut an. Nicht der im Besitz der Sicherheit sich Glaubende ist der Mensch des Neuen Testaments, wie ihn auch Jesus sich vorgestellt hat, sondern der Mensch der Bewegung und des Ringens, des Kampfes, der sich herausfordern läßt von Leid und Schmerz der Welt. Der Philosoph Friedrich Hegel, dem die Dialektik zum Prinzip des Denkens geworden ist, hat dies treffend in folgende Worte gefaßt: »Aber nicht das Leben, das sich vor dem Tode scheut und von der Verwüstung rein bewahrt, sondern das ihn erträgt und in ihm sich erhält, ist das Leben des Geistes.« Wenn sich die Risse und Schründe der Welt, die Widersprüche und das Negative in unsere Gesichtszüge eingraben, und wenn wir dies auch ruhig zugeben, dann wird unser Christsein eher mehr denn weniger glaubwürdig werden. Wie in der Geschichte vom Jakobskampf – die im Mittelpunkt unserer heutigen Meditation stehen soll – der Kampf mit einer Beschädigung, mit einer Wunde endet, so kann sich auch unser Leben als Christen nicht am Widerständigen, das uns selber in Frage stellt, vorbeischleichen. Auch dann nicht, wenn wir selbst in Mitleidenschaft gezogen werden.

Die Texte der beiden Motetten des heutigen Abends singen von einer Glaubenserfahrung, die dem Schmerz und dem Dunkel ins Angesicht gesehen hat, und erst so zu Zuversicht und Vertrauen gekommen ist.«

▷ *Choralmotette:* »Unser Leben ist ein Schatten« von Johann Bach (1604–1673):

Unser Leben ist ein Schatten auf Erden (Ijob 8,9)

Ich weiß wohl, daß unser Leben
oft nur als ein Nebel ist,
denn wir hier zu jeder Frist
mit dem Tode sind umgeben,
drum ob's heute nicht geschieht,
meinen Jesum laß ich nicht.
Sterb ich bald, so komm ich aber
von der Welt Beschwerlichkeit
ruhe bis zur vollen Freud,
und weiß, daß im finstren Grabe
Jesus ist mein helles Licht,
meinen Jesum laß ich nicht.

Ich bin die Auferstehung und das Leben, wer an mich gläubet, der wird leben, ob er gleich stürbe, und wer da lebet und gläubet an mich, der wird nimmermehr sterben (Joh 11,25f.).

Weil du vom Tod erstanden bist,
werd' ich im Grab nicht bleiben,
mein höchster Trost dein' Auffahrt ist,
Todesfurcht kann sie vertreiben.
Denn wo du bist, da komm ich hin,
daß ich stets bei dir leb und bin,
drum fahr ich hin mit Freuden.

Ach wie flüchtig, ach wie nichtig,
ist des Menschen Leben!
Wie ein Nebel bald entstehet
und bald wiederum vergehet,
so ist unser Leben sehet!
Ach wie flüchtig, ach wie nichtig,
sind der Menschen Sachen!
Alles, alles, was wir sehen,
das muß fallen und vergehen,
wer Gott fürcht', bleibt ewig stehen.

Ach, Herr, lehre uns bedenken wohl, daß wir sind sterblich allzumal. Auch wir alle hier kein Bleiben han, müssen alle davon, gelehrt, reich, jung oder schön, müssen alle davon.

(*Michael Frank* 1652, nach Ps 90,3–6)

▷ *Meditative Bildbetrachtung:* Mit diesem Holzschnitt von Walter Habdank habe ich Schwierigkeiten. Mein spontaner Eindruck: mehrere übergroße sorgfältig gearbeitete Hände. Aber wem gehören sie? Und die Füße – wem gehören sie? Ich habe Schwierigkeiten mit der Zuordnung. Diese Irritation verlockt mich, zu suchen. Ich entdecke die kauernde Gestalt, ein abgekämpftes Gesicht, erschöpft, keine Siegerpose wie ein barocker St. Michael. Die kauernde Gestalt ist mit dem dunklen Gegenüber verschlungen. Das Dunkle ist groß und flächig. Es wirkt auf mich gespenstisch, schicksalhaft und bedrohlich. Aber dann, wie ist das mit dem Gegenüber? Da sind noch zwei Hände und ein Fuß, eine Andeutung von einem Rücken und von einem Kopf. Sie erwachsen aus dem dunklen Gegenüber. Mehr gibt es nicht preis. Der Kauernde wehrt sich nicht – oder wehrt er sich nicht mehr? Der Kampf ist beendet. Mit seiner Hand, mit seinem rechten Arm, umgreift er den Kopf des Dunklen. Er drückt das Gegenüber an sich. Sucht er dort Schutz? Mit der linken Hand umfaßt er den Unterarm des Gegenübers. Will er dessen Hand wegziehen oder möchte er, daß sie auf seiner Stirn liegenbleibt? Eine senkrechte rechte Hand ist auf die Hüfte des Kauernden gelegt. Diese Hand wirkt auf mich umgreifend, bergend. Und dann sind da noch die Füße, die Beine des Kauernden, müde. Der innere Fuß umgeknickt, umgeknackst, gebrochen. Aber auch das dunkle Gegenüber ist in die Knie gegangen, bezwungen. Ein leidenschaftlicher Kampf ist beendet. Aber wer ist der Sieger? Ist der Sieger das Gegenüber, die kauernde Gestalt, oder keiner von beiden? Beide sind ineinander verschlungen. Über den Füßen fügt es sich zusammen wie zu einem Oval. Sie sind aufeinander angewiesen, aufeinander bezogen. Keiner kann ohne den anderen sein.

▷ Ich möchte jetzt den *Text* vorlesen aus dem ersten Buch Mose, der dieser Geschichte zugrunde liegt: *Gen 32,23–33.*

Jakob will zurück. Er will aus dem Exil in seine Heimat. Aber in seiner Heimat ist sein Bruder Esau. Der Esau, den er vor Jahren hinterhältig und listig ausgetrickst und um den Segen des Vaters betrogen hatte. Die Heimat ist ohne Einwilligung des Esaus nicht zu haben. Ohne Versöhnung gibt es keine gemeinsame Zukunft. Jakob sondiert die Lage. Er schickt Boten aus mit reichen Geschenken. Als Antwort kommt ihm Esau mit 400 Mann entgegen. Friedlich oder feindlich? Jakob schickt seine Familie und seinen Besitz voraus. Er selbst bleibt hinter dem Fluß Jabbok zurück. Er ist allein, ganz auf sich gestellt. Alles ist im Dunkel. Es ist Nacht. Die Vergangenheit, das Verborgene bricht auf. Was Jahre verdrängt war, das springt ihn an. Und die Zukunft ist ungewiß.

Es ist die Nacht des Übergangs von einem Ufer zum anderen.

Dieses Motiv des Übergangs hat mich persönlich angesprochen. Denn in unserem Leben haben wir immer wieder solche Phasen des Übergangs von einem Ufer zum anderen mit Kämpfen verbunden. Übergangsphasen im Leben, von einem Ufer zum anderen, der Wechsel etwa, vom Zuhause zum Studienort, oder an einen anderen Studienort; der Wechsel von der Ausbildung zur Praxis, der Wechsel vom Alleinsein zur Partnerschaft oder von der Partnerschaft zum Alleinsein. In einer solchen Nacht taucht Vergangenes wieder auf: Konflikte, Versäumtes, Ungelöstes. Und die Frage springt einen an, was wird die Zukunft bringen? Solche Phasen nicht verdrängen, sondern ihnen standhalten, oft mit Schmerzen und mit Leid, aber um neue Einsichten zu gewinnen. Etwa die Frage meiner Generation: ist das eigentlich jetzt alles, was ich gelebt habe? Kommt da nicht noch mehr?

Jakob stellt sich, er kämpft. Erst kämpft er mit dem dunklen Schatten. Aber es kann nur dann hell werden, wenn er kämpft. Und er wird gesegnet. Vom Exil zur Heimat, von der Schuld zur Wiedergutmachung. Erst als er diese Übergangsphase durchleidet, und sich nicht um sie herumdrückt, geht über ihm die Sonne auf. Es wird hell. Erst im Kampf erfährt Jakob, daß das Gegenüber ein Bote Gottes ist. Und jetzt bekennt er sich zu seiner trickreichen, betrügerischen Vergangenheit. Auf die Frage des Gegenübers: »wie heißt du?« antwortet er: »Jakob« das bedeutet: »ich bin trickreich, hinterhältig, zwiespältig, verborgen und verbogen, krumm«. Aber in dem Moment, wo er sich öffnet, sich zu seiner Vergangenheit bekennt, wird es für ihn hell, erhält er einen neuen Namen. ›Streiter für Gott‹, ›der mit Gott gekämpft‹, ›Israel‹ erhält er als Namen. Und der Segen, den er erringt, ist nicht mehr trickreich, betrügerisch. Er ist geschenkt. Nochmals: Jakob stellt sich, er kämpft. Der Prophet Hosea sagt zu dieser Stelle: er kämpft, er hat standgehalten, er hat geweint und gebettelt. Ein seltsamer Sieg – ohne Stolz – ein Sieg auf den Knien. Aber er hat sich festgekrallt am Segen Gottes, an den Verheißungen an ihn, an dem früheren Ja Gottes zu ihm. Trotz aller Anfechtungen und Schwierigkeiten festgekrallt.

Und das ist das zweite Motiv, das mich persönlich anspricht. Hier gibt einer nicht auf, sondern er krallt sich fest. Martin Luther hat einmal zu dieser Geschichte gesagt: sie ähnelt sehr stark einer Erzählung aus dem Neuen Testament. Die Erzählung von der kanaanäischen Frau, die bei Jesus bettelt um Hilfe für ihre Tochter und die nicht locker läßt. Jesus läßt sich von dem Glauben der Frau schlagen und bezwingen. Er gibt nach. Mich spricht dieses Motiv deswegen an, weil ich den Eindruck habe, daß wir, daß ich zu oft zu schnell resigniere und nachgebe: Es hat keinen Wert.

Und am Schluß: der Kampf Jakobs hinterläßt Spuren. Jakob hinkt, er ist behindert. Jakob, der geschlagene Sieger. An der Hüfte geschlagen und an der Stirn gesegnet. Wenn das nicht widersprüchlich ist! Das ist sicher sehr schwer künstlerisch darzustellen. Ich meine, daß Walter Habdank das nicht ganz gelungen ist. Er stellt die kauernde Gestalt dar, wie sie jetzt Geborgenheit sucht und erhält. Die rechte Hand des Gegenübers schlägt nicht, sondern sie umgreift und gibt Schutz.

Der Gottesstreiter Jakob hinkt. Er ist keine kraftvolle Persönlichkeit, sondern er ist gezeichnet. So wie Paulus sagt: mit dem Pfahl im Fleisch, gehandikapt und mit Fehlern. Aber das ist für mich tröstlich, daß das so ist. Keine strahlenden Helden werden benötigt, sondern Menschen, die sich an Gott festkrallen. Am Anfang der Geschichte ist es Nacht, am Ende der Geschichte wird es hell. Ich meine: in der Übergangsphase sich stellen, den Schmerz erleiden, sich segnen lassen, weil man sich an Gott festklammert.

Ich hoffe, daß dieser Holzschnitt und der Bibeltext bei Ihnen manche Impulse ausgelöst hat. Vielleicht können Sie darüber weiter nachdenken während der Meditationsmusik.

▷ *Meditatives Orgelspiel* zum Nachklang und Nachspüren der Meditationsworte. Z. B. die Méditation von Louis Vierne (1870–1937).

▷ *Motette* »Ich liege und schlafe« von Wilhelm Friedrich Ernst Bach (1759–1845): Ich lieg und schlafe ganz mit Frieden, denn du allein hilfst mir, daß ich sicher wohne (Ps 4,9).
Es ist noch eine Ruh vorhanden, auf, müdes Herz und werde licht!

Du seufzest hier in deinen Banden, und deine Sonne scheinet nicht. Sieh auf das Lamm, das dich mit Freuden dort wird vor seinem Stuhle weiden, wirf hin die Last und eil herzu, bald ist der schwere Kampf geendet, bald ist der saure Lauf vollendet, so gehst du ein zu deiner Ruh.

▷ *Fürbitten:* Barmherziger Gott, wir sind wie Jakob auf dem Weg in die Heimat, auf der Suche nach Glück und Erfüllung. Wir haben das Beispiel Jesus von Nazareth vor Augen, der sich einließ auf die Not der Menschen und das Dunkel der Welt, und der so den Menschen zur frohen Botschaft und zur Hoffnung wurde.
– Wir bitten: Reiß uns heraus aus aller bequemen Sicherheit. Mach uns arm und ungewiß, damit wir den Einsatz für dein Reich von neuem wagen. Herr, erbarme dich; Christus, erbarme dich; Herr, erbarme dich.
– Wir bitten um die Gesinnung Jesu Christi, um die Kraft, die er uns vorgelebt hat, damit wir es in Furcht und Hoffnung wagen, unser Menschsein auf uns zu nehmen. Herr, erbarme dich . . .
– Wir bitten um den Mut, daß wir nicht müde werden und nicht in Resignation ersticken. Herr, erbarme dich . . .
– Wir bitten für alle, deren Leben in eine Krise geraten ist und die den Kampf aufgeben wollen: daß sie in der Hoffnung groß und im Tun stark bleiben. Herr, erbarme dich . . .
Gib uns Kraft zu kämpfen, nicht zu besiegen
– zu suchen, nicht zu besitzen
– zu hoffen, nicht zu wissen
– zu vertrauen, ohne zu triumphieren!
Amen.

▷ *Segensgebet:* Für unser Leben, unser Ringen und Kämpfen, für Gelingen und Versagen erbitten wir den Segen des gütigen Gottes, des Vaters und des Sohnes und des Heiligen Geistes. Amen.

▷ *Choral:* »O Haupt voll Blut und Wunden« von Paul Gerhardt (1656) wird abwechselnd von Chor und Gemeinde gesungen.

1. Befehl du deine Wege
und, was dein Herze kränkt,

der allertreusten Pflege
des, der den Himmel lenkt.
Der Wolken, Luft und Winden
gibt Wege, Lauf und Bahn,
der wird auch Wege finden,
da dein Fuß gehen kann.

2. Ich danke dir von Herzen,
o Jesu, liebster Freund,
für deines Todes Schmerzen,
da du's so gut gemeint.
Ach gib, daß ich mich halte
zu dir und deiner Treu
und, wenn ich einst erkalte,
in dir mein Ende sei.

3. Wenn ich einmal soll scheiden,
so scheide nicht von mir.
Wenn ich den Tod soll leiden,
so tritt du dann herfür.
Wenn mir am allerbängsten
wird um das Herze sein,
so reiß mich aus den Ängsten
kraft deiner Angst und Pein.

▷ *Meditatives Orgelspiel* zum Ausklang.
Z. B. die Toccata Sesta (2do Libro) von Girolamo Frescobaldi (1583–1643).

3. Nachbemerkungen

a) Der Gottesdienst war von etwa 80 Personen *besucht*. Beeinträchtigend wirkte wohl der ungünstige Termin nahe den Semesterferien und unzureichende Werbung für diesen »außerplanmäßigen« Gottesdienst.
▷ Der beschriebene Gottesdienst soll *kein fertiges Modell* sein. Er muß vielmehr auf die jeweils konkrete Situation übertragen und in der Lebenswelt der jeweiligen Gemeinde festgemacht werden.
b) In Gesprächen nach dem Gottesdienst zeigte sich, daß das *Wandbild des Holzdrucks* zu klein war für den Kirchenraum.
▷ Es ist zu überlegen, ob nicht eine *Diaprojektion* auf eine weiße Wand oder einen großen Projektionsschirm sinnvoller ist. Von

Handzetteln des Meditationsbildes für die Gottesdienstteilnehmer ist eher abzuraten, da durch die Zettel in jeder Hand die Gemeinsamkeit der Meditation und die Konzentration leiden. Eine schöne Geste ist es, am Ende der Feier jedem Teilnehmer ein Handbild mit nach Hause zu geben.
c) *Die Musik* des Gottesdienstes war für manche Teilnehmer zu anspruchsvoll. In ihrer starken Kontrastierung war sie manchem zuviel.
▷ Durch sie wurde die Feier auf die beträchtliche Dauer von 80 Minuten ausgedehnt. Der letzte Choral »O Haupt voll Blut und Wunden« zerriß den spannungsvollen Bogen, den die Dialektik in der Sprache und der Musik aufgebaut hatte. Ansonsten gelang es den musikalischen Werken in ausgewogener Modulation einen ständigen Höhepunkt zu erhalten. Die barocke Melodie mit ihrer vertrauten Gelassenheit trat neben die moderne Orgelmusik mit ihrem aufreizenden und aggressiven Charakter. Die Motetten sangen von Glaubensanfechtung und vom Frieden des Herrn. Durch sie wurde eine Spannung lebendig, die auch auf dem Jakobsbild zwischen kämpfendem und doch gehaltenem Jakob, zwischen Leben und Tod, dargestellt ist.
d) Als *festes Element* eines solchen Meditationsgottesdienstes kann man nur die *meditative Bildbetrachtung* nennen. Eine Einleitung in das Thema kann am Anfang sehr hilfreich sein. Ein gemeinsames Gebet nach der zentralen Meditation faßt die wichtigsten Gedanken noch einmal zusammen.
Zwischen diesen Teilen können *verschiedene Elemente* den Gottesdienst abrunden. Am besten eignet sich wohl hierfür die Musik.
▷ Aber auch eine *Stille*, die die Teilnehmer nicht zu sehr strapaziert, oder im kleineren Kreis ein gemeinsamer *Gedankenaustausch*, können zur Vertiefung beitragen. Die verschiedenen Elemente sollten auf jeden Fall in einer Beziehung zum Thema stehen, dabei aber nicht so viel Eigengewicht entwickeln, daß sie die Konzentration auf das Bild zersprengen.

Kontexte

der rote faden

da war eine mutter
die merkte
daß sie ein kind bekam
und es machte ihr viel beschwerden
und bald merkte sie
daß es nicht bloß *ein* kind war
das sie bekam
zwei waren es
zwillinge
und das war sehr schwer
denn sie merkte
die beiden
in ihrem bauch
zankten sich fortwährend
und stießen sich
hin und her
sie zankten sich schon
im bauch ihrer mutter
wer der erste sei
und wer zuerst
aus dem bauch der mutter
herauskommen würde
jeder wollte der erste sein
jeder wollte zuerst das licht der welt
erblicken
und die mutter machte sich sorgen
sie dachte
was soll noch werden
wenn die beiden mal
wirklich geboren sind
wenn jeder von den beiden
jetzt schon
blindlings
denn sie sehen doch noch gar nichts
von der welt
wenn die sich jetzt schon
zanken
und als die tage
der geburt kamen

und mutter rebekka
viel leiden mußte wegen der geburt
da sagte sie zur hebamme –
das ist die frau
die hilft bei der geburt –
wenn der erste
sein händchen herausstreckt
dann binde einen roten faden
an sein händchen
und als es so weit war
mit der geburt
und der erste es war ein junge
sein händchen herausstreckte
da band die hebamme schnell
den roten faden an sein
handgelenk
und da zog der kleine
sein händchen wieder zurück
in den bauch der mutter
denn das andere kind
es war auch ein junge
hatte sein brüderchen zurückgezogen
mit all seinen kräften
es hatte sein brüderchen
den esau
an der ferse festgehalten
und zurückgezogen
da nannten sie ihn
den fersenhalter
das heißt auf
hebräisch jakob
ja das war ein kreuz
für die mutter
die das alles mitleiden mußte
es waren jakob und esau
einer war für den anderen
ein kreuz
das ganze leben lang.

Wilhelm Willms

Johann Ohneland und sein Schatten

O Doppelgänger brüderlicher Schatten
Der mit mir geht zu jeder Zeit
Bei Kerzenglanz und Kerzenschatten
Mein siamesisches Geleit

Ich liebe dich wie ich dich hasse
Bald bist du Bruder mir und bald
Des Dämons flüchtige Grimasse
Von krüppelhafter Mißgestalt

Wo an saturnischen Gestaden
Du hemmst meinen sinnlosen Schritt
Bleibst du ihm treu auf allen Pfaden
Und feierst meine Siege mit

O eifersüchtig Treuer ohne Zügel
Menschlichster Hund der mich bewacht
Ein schwarzer Geier dessen Flügel
All meinen Stolz zunichte macht

Ohne dich Unglück witternd überall
Böser Genosse, meines Elends Pfand,
Wär ich aus durchsichtig Kristall
Ein reiner Engel ohne Land

Aus meinem Leib mich fortzustehlen
So hofft ich einst: doch schon kamst du
Das Gleichgewicht mir vorzuehlen
Schwer hing dein Pech an meinem Schuh

Und lief ich auch so schnell ich konnte
Du bliebst und wuchst im Abendgraun
Decktest des Atlas Horizonte
Und zwangst mich noch dich anzuschaun

So steigst und steigst du unablässig
In mir ein stiller Ozean
Und deine Totenwoge gibt gehässig
Die Zahlen meines Herzschlags an

So steigst du Schatten aus der Erde
Mit ihrer Nacht willst du mich nähren
Mit ihrem schwarzen Weine mich betören
Daß ich vor Ekel faulen werd.

Weh: Ich gestatte dir hiernieden
Daß du im Schlafe küßt mein Augenlied!
Schon deine Nähe bringt mir Frieden
Mein Liebesschatten! Ach mein Tod!

Yvan Goll

Der Andere

Einer lacht
kümmert sich
hält mein Gesicht mit Haut und Haar unter
    den Himmel
läßt Wörter rollen aus meinem Mund
einer der Geld und Angst und einen Paß hat
einer der streitet und liebt
einer rührt sich
einer zappelt

aber nicht ich
ich bin der Andere
der nicht lacht
der kein Gesicht unter dem Himmel hat

und keine Wörter in seinem Mund
der unbekannt ist mit sich und mit mir
nicht ich: der Andere: immer der Andere
der nicht siegt noch besiegt wird
der sich nicht kümmert
der sich nicht rührt

Der Andere
der sich gleichgültig ist
von dem ich nicht weiß
von dem niemand weiß wer er ist
der mich nicht rührt
das bin ich

Hans Magnus Enzensberger

Jona wird ins Meer geworfen

GÜNTER LANGE

→Günter Lange, Bd. 1, S. 52

Zielgruppen
 I. Grundschule
 II. Ende Sekundarstufe I
III. Gebetsgottesdienst zur Passionszeit

Vorbemerkung: Die vielen Bild- und Textelemente in einem Konzept

Eine gute Erzählung läßt sich durch noch soviel Reflexion nicht auf einen Nenner bringen. Ginge das, so wäre es vermutlich keine »gute« Geschichte. Die Jonageschichte des Alten Testaments ist gut erzählt, sie ist aspektreich und bedeutungspotent. Daher verträgt (und übersteht) sie vielerlei Auslegungen.

Dasselbe gilt an sich auch von einem guten Bild. Der *vielschichtige Gehalt* eines Bildes wird jedoch zunächst eingeengt, wenn das Bild einen *eindeutigen Textbezug* hat –, in unserem Fall: Jon 1,15a. Solch ein Bild greift aus einem Erzählfluß einen einzigen Moment heraus und fixiert diesen, wie wenn ein Film plötzlich stehen bleibt und die Bewegung erstarrt. Allerdings ist das im Fall des vom Künstler gestalteten Bildes kein Zufallsmoment, sondern ein prägnanter Augenblick. Trotzdem, die Geschichte geht weiter, während das Bild vor meinen Augen stehen bleibt und dadurch ein Eigenleben und Eigenrecht bekommt. Ich kann das Bild nun unabhängig vom Text in Beziehung setzen zu analogen oder konträren Motiven, mir fällt anderswo Gelesenes, Selbsterlebtes oder Geträumtes ein –, eine Vielfalt von zusätzlichen Bezügen ist möglich, für welche die Figur des Jona nur den Anlaß und das Grundmuster abgibt.

▷ Für den nicht zweckfreien, didaktischen Umgang mit diesem Bild heißt das, *ich muß entscheiden, was ich will* –, es sei denn, ich wollte mit meinen Adressaten gerade einmal ausprobieren, welche Fülle von Möglichkeiten selbst in einem textbezogenen Bild stecken! Ansonsten aber wird es besser sein, *einen* Aspekt zu wählen und zu bevorzugen in dem Bewußtsein, daß es manche andere Möglichkeiten gäbe. Es kann dann immer noch sein, daß die Adressaten von sich aus den Rahmen sprengen und weitere Möglichkeiten einbeziehen. Solche Spontanreaktionen sind keineswegs unerwünscht – im Gegenteil! –, aber sie können hier keine Berücksichtigung finden.

I. Grundschule

Die Jonageschichte kann in der Grundschule bereits erzählt oder gelesen und auf die Weise von Grundschülern verstanden werden. *Zur Ermutigung* sei gesagt: Weder verstehen Kinder nur das, was ihrem Alters- und Erfahrungshorizont völlig entspricht, noch ist nur das religionspädagogisch relevant, was man völlig verstanden hat und wiedergeben kann. Die Jonanovelle ist ein klassisches Beispiel dafür, daß eine Geschichte wahr sein kann, auch wenn sie nie passiert ist. In dieser Hinsicht liegt sie auf der *Wahrheitsebene von Märchen.* In theologischer Hinsicht ist ihre Wahrheitsebene die der Offenbarung: In Erzählung umgesetzte anspruchsvolle Theologie.

▷ Der *Zielfelderplan* für die Grundschule sieht im Zielfeld »Biblische Botschaft und Lebensorientierung« im Rahmenthema »Menschen der Bibel« die Jonageschichte für das 3. Schuljahr vor mit der Intention: »Sehen, daß Vertrauen auf Gott Hoffnung auch in der Krise gibt« (Nr. 333). Vermutlich ist damit vor allem auf das Gebet des Jona im Bauch des Fisches abgehoben. Das Bild vom Meerwurf thematisiert nur die *Krise.* Hoffendes Vertrauen auf Gott kommt eher im anderen Jona-Bild von Habdank (→Jona wird befreit) zum Ausdruck. Die isolierte Darstellung des Meerwurfs würde in diesem Alter bedeuten, daß der beängstigende Aspekt der Krise in einer Überdosis verabreicht und unnötig verstärkt würde.

▷ Denkbar ist jedoch, mit Hilfe dieses Bildes die *negative Symbolik des Wassers* zu erarbeiten, wie man sie etwa für die Jesusgeschichte von der Sturmstillung oder vom Gehen des Petrus über das Wasser auf Jesus hin braucht (vgl. *H. Halbfas,* Über Wasser wandeln. Vorbereitende Stunde, in: Katechetische Blätter 93 [1968], 101–104; *Kl. Wegenast,* in: Der Evangelische Erzieher 20 [1968], 273). Ebenso wird die negative Symbolik des Wassers im Sakramentenunterricht benötigt (Tauf-Wasser; Taufe als in den Tod Christi getaucht werden: Röm 6,4). Wasser, Abgrund, Meer, Fischungeheuer, Chaos – das sind alles Bilder für die bedrohlichen, gottfeindlichen, lebensfeindlichen Mächte in unserem Leben, also letztlich für den Tod.

Im 1. Teil des Jonagebets (2,3–7) wird der bedrohliche Aspekt des Wassers bildhaft formuliert und als Gottesferne gedeutet (vgl. auch Ps 69,1–4.14–19; 93,1–5; 46,2–4). Das gibt es anscheinend überall im religiösen Empfinden (vgl. *O. Kaiser,* Die mythische Bedeutung des Meeres in Ägypten, Ugarit und Israel, Beiheft 78 der ZAW, [2]1962), ebenso in vielen volkstümlichen Erzählungen und Liedern (»Es waren zwei Königskinder...«). Es läßt sich nachvollziehen auch von Kindern, die schwimmen gelernt und deshalb selber wenig Angst vor dem Wasser und seiner Tiefe haben.

Ein möglicher *Unterrichtsgang* sei im folgenden skizziert (s.o. Halbfas,):

▷ *Redensarten,* die vom Wasser sprechen als Bilder für Bedrohung und Not: »Das Wasser steht jemand bis an den Hals (oder Kehle oder Kragen)«; »es schlägt jemandem über dem Kopf zusammen«; »hat keine Balken«; »etwas ist ins Wasser gefallen«; »jemanden über Wasser halten«. Jeweils zur Redensart passende menschliche Unglückssituationen suchen lassen.

▷ Dann den *Habdank-Holzschnitt* vom Meerwurf des Jona in die Mitte stellen und ein wenig *von Jona erzählen,* aber so, daß die allgemeine menschliche Erfahrung vom »ins Wasser fallen« im Vordergrund steht: der Mensch, der er war, mit seinen Ängsten, Träumen, Wünschen, Gewohnheiten, der alte Mensch geht hier unter... (Die Jonageschichte ist insofern humorvoll und realistisch, als Jona keineswegs ein völlig neuer Mensch geworden ist im Fischbauch; er gehorcht, bleibt aber mißmutig und störrisch.)

▷ In der darauffolgenden Stunde kann dann dieses Wissen von der Symbolkraft des Wassers angewendet werden auf die Sturmstillung bzw. auf die *Symbolik der Taufe.* Im letzteren Fall muß allerdings noch die *positive Symbolik des Wassers* zur Sprache und Anschauung kommen (Leben spendend, fruchtbar machend usw., evtl. mit Hilfe eines →Bildes vom geretteten Jona?).

> »Was bedeutet mir der Schiffbruch, wenn Gott der Ozean ist?« *(Lacordaire)*

II. Pubertätsalter und später

1. Vom Bild und Text

Der im 1. Band dieses Buches abgedruckte Kommentar zum »Meerwurf« enthält implizit bereits einen Vorschlag, in bestimmten Schritten vorzugehen, nämlich vom Bild zum Text.

▷ Der *Bildbestand* wird *(1. Schritt)* so gelesen, als wüßte der Betrachter noch nichts weiter von Jona (vielleicht sollte man in diesem Stadium statt des Namens Jona nur »ein Mensch« sagen). Der Gegensatz von Chaos unten und geometrischem Gebilde oben wird herausgearbeitet. Assoziationen an das Kreuz Jesu und an seine Wundmale sind erlaubt, aber auch existentielle Reaktionen: ich, der Betrachter, versetze mich in diesen Menschen. Die *Identifikation* wird sehr erleichtert, ja herausgefordert dadurch, daß der »Geworfene« in den Vordergrund hineinfällt, dem Betrachter sozusagen vor die Füße –, übrigens in verblüffender Analogie zum →Abel/Kain-Holzschnitt (was dort Kain, ist hier der Mann am Schiffsmast).

▷ Durch Heranziehen des *Jonatextes (2. Schritt)* erweitert sich der Bildsinn...

▷ Schließlich rückt die *Figur des Jona (3. Schritt)* noch einmal in ein neues Licht, wenn man bedenkt, warum Jona sich eigentlich weigert, warum er also derart drastisch für Gottes Ziele »breitgeschlagen« werden muß. Die Jonaerzählung selbst gibt darüber erst im eher spröden 4. Kapitel genauere Auskünfte; es muß erschlossen werden.

▷ Das *Fazit (4. Schritt)* könnte lauten: Jona stürzt ins Wasser, weil er lernen muß:
– Der Bote Gottes aus der Provinz braucht sich nicht zu fürchten vor der großen Stadt;
– Gottes Anspruch kann man nicht entfliehen;
– Gott hat andere Maßstäbe als die Menschen, nämlich:
– Gott hat ein Herz auch für die Ungläubigen, die »Fremdreligionen«;
– Gott reagiert nicht einfach böse auf Böse und gut auf Gutes, oder:
– Gott sagt »ja« zu allen Menschen, auch zu denen, die nicht »erwählt« sind;
– Die Erwählung durch Gott muß sich bewähren im Dienst an denen, die nicht glauben, usw.

Alle Erkenntnisse dieser Art sind unabhängig vom Bild gewonnen. Das Bild führt vor Augen, wie einer den festen Boden unter den Füßen verliert, damit er diesen Lernprozeß durchmacht. Es zeigt, wie schmerzhaft es ist, dies zu lernen; wie es den Menschen auf den Kopf stellt, ihn umstülpt und in welche Not er dadurch geraten kann.

▷ *Vom mehr kognitiven* Fazit (im 4. Schritt) aus könnte angesichts des Bildes noch einmal persönlicher und *existentieller* gefragt werden *(5. Schritt)*: Wovor laufe *ich* weg? Was macht *mir* Angst? Und hat das vielleicht auch etwas mit Gott zu tun? Und dasselbe in die *soziale Dimension* übertragen: Was muß die Christenheit *heute* neu lernen? Wovor fürchtet sich die Kirche? Eine solche affektive Zuspitzung setzt allerdings wohl eine meditative Atmosphäre voraus, die in einer Schulsituation nicht oft gegeben sein dürfte. Vielleicht ist dies eine Gelegenheit, die Schüler, die bis zum 4. Schritt mitgegangen sind, einzuladen, sich außerhalb der Schule in einem Gesprächs- oder Gebetkreis auf diese Vertiefung einzulassen.

2. Vom Text zum Bild

Nähert man sich vom Text aus dem Bild, so ist immer die Gefahr gegeben, daß das Bild nur als Illustration zu einem winzigen Stück Text aufgefaßt wird und damit das Bild als solches nicht genug zum Zuge kommen kann. Bei dieser Vorgehensweise muß also besonders darauf geachtet werden, daß das Bild genügend »Spielraum« erhält.

▷ *Nach der Lektüre* der Jonageschichte kann man sich der *Aussageabsicht* nähern, indem der Aufbau der Erzählung skizziert wird (siehe Skizze auf S. 76).

Das »Kardiogramm« muß von der Mitte ausgehend gelesen werden: x ist der Ausgangspunkt Jonas, Flucht nach links, Ninive entgegengesetzt. Die Ausschläge nach oben stellen jeweils Zuwendungen Gottes dar, die Ausschläge nach unten deuten die Verzweiflungen des Propheten an. So wird der Gesamtverlauf der Geschichte mit ihren Höhen und Tiefen und ihrem ungewissen Ausgang gut veranschaulicht.

Eine mögliche *Skizze*, die das In-die-Tiefe-Gehen des Jona mitvisualisiert, sähe etwa so aus:

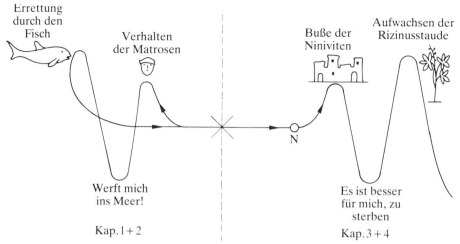

Errettung durch den Fisch

Verhalten der Matrosen

Buße der Niniviten

Aufwachsen der Rizinusstaude

N

Werft mich ins Meer!

Es ist besser für mich, zu sterben

Kap. 1 + 2

Kap. 3 + 4

(nach: Praktische Bibelarbeit heute. Ein Handbuch, hrsg. vom Kath. Bibelwerk e. V., Stuttgart ²1974, S. 118).

▷ Danach wird das *Bild* gezeigt und die *Frage* gestellt: Wo genau gehört der Sturz ins Meer auf der skizzierten Kurve hin? Es kommt heraus, daß der Meerwurf ambivalent ist. Er paßt nach dieser Skizze sowohl zum Ausschlag der Kurve nach unten wie nach oben, er leitet den Umschwung ein. Der Sturz als Ausdruck von Resignation und Verzweiflung ist gleichzeitig ein Fallen in Gottes Fürsorge. Das tödliche Element ist zugleich das rettende. Insofern jedoch vom rettenden Fisch auf dem Bild noch nichts zu sehen ist, akzentuiert es mehr die Verzweiflung. Ein Aspekt der Jonageschichte ist so mit Hilfe des Bildes besonders herausgeholt und eindrücklich gemacht worden.

▷ Entweder danach oder auch statt dessen sollen die Schüler überlegen, welche *Szenen aus der Jonageschichte sonst noch* darstellbar sind. Die Vorschläge werden gesammelt und gewichtet. Wenn der *theologische Sinn* der Geschichte erfaßt worden ist, dürfte das Fischmotiv nicht an erster Stelle stehen. Höhepunkt ist ja die letzte Szene mit ihrem Dialog (die allerdings läßt sich schwer visualisieren).

Warum wählt ein heutiger Künstler wie Habdank trotzdem die Szene vom Meerwurf?

▷ Wer *weiteres Bildmaterial* zur Hand hat,

kann auch fragen: Warum wohl gehören Meerwurf des Jona und seine Ausspeiung zu den beliebtesten Themen der christlichen Kunst, und zwar seit deren Anfängen, d. h. schon in den Katakomben und auf Sarkophagen? Eine mögliche Antwort: Das *Motiv hat sich verselbständigt* als Bild der Rettung aus Todesnot; seine Symbolik rührt an die Tiefenschichten des Menschen (vgl. *U. Steffen*, Das Mysterium von Tod und Auferstehung. Formen und Wandlungen des Jona-Motivs, Göttingen 1963; *J. Goldbrunner*, Die Nachtmeerfahrt des Jona. Tiefenpsychologische Erwägungen zu Jona und seinem Fisch, in: Bibel und Kirche 3/1972, 68–70; *Chr. Meves*, Die zeitlose Wahrheit der Jonasgeschichte, Freiburg ³1973 [Herder Tb 461]). Das verselbständigte Motiv wurde theologisch aufgeladen, da es als Vorbild für Tod und Auferstehung Christi galt, als ein Bild der Hoffnung über das Verschlungenwerden vom Tod hinaus ... Die ikonographische Tradition hat beim Motiv vom Meerwurf eigentlich immer den verschlingenden und rettenden Fisch mitangedeutet.

▷ Deshalb soll *zuletzt noch zugespitzter* gefragt werden: Warum läßt Habdank den Fisch weg? Von dort aus könnten dann die Kreuzesbalken (und »Wundmale«) in ihrer Hinweisfunktion besprochen werden.

3. Zwei Anwendungsbeispiele für das Meerwurf-Motiv

Wie volkstümlich das Jona-Motiv, speziell das Meerwurf- und Fischmotiv ist und daß seine Wirkungsgeschichte weitergeht, zeigen zwei Anekdoten.

a) *Zeitungsmeldung (AP) vom 13. 3. 1972:* »Papst Paul hat den italienischen Sporttauchern den Apostel Paulus als Schutzheiligen empfohlen. Der Sporttaucherverband hatte ursprünglich den Propheten Jona als Patron gewünscht. Diesem Wunsch konnte nicht entsprochen werden, da Jona in vorchristlicher Zeit lebte.«

b) Ein *Reiseprospekt* (Viator-Reisen) von 1970 enthält ein frühchristliches Mosaikbildchen mit dem Meerwurf des Jona (aus Aquileia/Adria), dazu folgender Text:

»Der Bericht von Jona scheint für unsere Zeit, unser Leben eine andere Bedeutung zu gewinnen. Er ist gleichsam umgestellt. Wie Jona vom Walfisch verschlungen wird, sind wir, viel mehr als drei Tage, verschlungen vom Alltag, eingeschlossen in die Gefängnisse unserer unablässig geforderten Existenz. So werden wir, wenn wir reisen, wenn wir Ferien machen, in die Freiheit ausgestoßen. Es gilt, sie zu gewinnen.«

▷ Diese beiden Beispiele eignen sich am ehesten für den entspannteren *Abschluß eines Unterrichts*. Frage: Wie kommt es zu solchen »Anwendungen« der Jonageschichte? Sollen wir uns darüber ärgern oder freuen? Werden diese Anwendungen der von uns erkannten Aussageabsicht der Erzählung gerecht? Setzen sie die naive Annahme einer Historizität der Geschichte voraus? Ist das Motiv vom »Verschlungenwerden« richtig eingesetzt – gemessen am Text der Bibel?

III. Entwurf eines Gebetsgottesdienstes in der Gemeinde zur Passionszeit

E. Öffner hat einen Meditationsgottesdienst veröffentlicht (Katechetische Blätter 103 [1978], 532–541), der zwar für die Studienanfänger konzipiert, aber auf jede krisenhafte Lebenssituation übertragbar ist. Jonas Erfahrungen mit Gott werden anhand dreier Holzschnitte von Habdank »aneignend bedacht«. Jonas Meerwurf ist nicht dabei, könnte aber leicht einbezogen werden. Es wird z. B. von einem suizidgefährdeten Studenten berichtet (536): Nachts, in seinem Zimmer, fing er an zu sprechen, stockend, am ganzen Körper zitternd. Er beschrieb uns sein Gefühl während der Drepressionen, und ich lernte dabei die Bedeutung des Jonafisches begreifen:

»Es ist, als wenn ich in einen bodenlosen Abgrund hineingezogen würde.
Alles ist stockdunkel.
Kein Ausweg zu sehen.
Nichts zum Festhalten.
Nichts Festes unter den Füßen.
Ich falle und falle und falle.
Wie ein Ungeheuer, das mich verschlingt.
Da bin ich zu nichts mehr fähig.
Kann nicht mehr denken –
höchstens, daß ich endlich sterben will.
Um mich herum ist nur Chaos, Nacht, Nichts.«

Christa Meves berichtet, wie sie von einem Arzt als Psychologin an das Krankenbett eines jungen Mannes gerufen wurde, der nur knapp dem Tod durch eine Überdosis Rauschgift entgangen war:

Als ich den einundzwanzigjährigen Patienten zum erstenmal zu Gesicht bekomme, habe ich sofort den Eindruck, daß er die Talsohle der Depression bereits hinter sich hat.

Er schaut mich mit klaren Augen an, lächelt und sagt: »Mir scheint, ich bin wieder an Land!« Ich erwidere: »Wenn man so weit unten war, ist das ein tolles Gefühl, nicht wahr?« – »Ja«, sagt er, »wissen Sie, ich war wie ein Stein, den man ins Meer geworfen hat, und ich fiel und fiel und fiel, war entsetzlich schwer und gänzlich ohnmächtig. Es war so ähnlich, als wenn ich in ein riesiges Ungeheuermaul eingesogen werde und als wenn es vollständig ausgeschlossen sei, aus dieser Lage je gerettet zu werden...« (zit. nach *H. Fein/R. Schwab*, Der Mensch auf der Suche nach seiner Identität. Textauswahl für die Oberstufe der Gymnasien, Paderborn 1968, 103; dort weitere moderne Jonatexte und -reflexionen).

▷ Ein Gebetsgottesdienst mit Hilfe des Bildes vom Meerwurf des Jona könnte *begin-*

nen mit dem Blick auf das Bild und einer andeutenden *Beschreibung des Bildbestandes.*

▷ Gibt es *Situationen im Leben,* auf die so etwas paßt? Zum Beispiel jede Depression, aber auch jeder »Sprung« in eine neue Situation: »Die Pubertät, die Ehe mit ihrer Frühkrise, wenn die erste Ernüchterung kommt, und mit ihrer Spätkrise, wenn die Kinder aus dem Haus gehen, der Wechsel des Arbeitsplatzes, die Krise der Lebensmitte, der Pensionierungsschock...« (*Öffner,* 535). Aber auch etwa die Erschütterung, die jemandem widerfährt, wenn sein Glaube sich nicht als tragfähig für Zweifel erweist, oder wenn das tragende und bergende Boot einer vertrauten Lebensgemeinschaft plötzlich fremd wird, oder Analoges.

▷ Die *Glaubenserfahrung Israels* hat die Wucht solcher Krisen ausgedrückt in der Metapher vom »Wasser, das verschlingt«, und hat diese Erfahrung einbezogen in die Anrede Gottes – klagend und dankend:

– Das Gebet des *Jona (2,3–10)* paßt in seinem 1. Teil gut zum Holzschnitt, führt aber auch mit dem Dank für die Rettung darüber hinaus.

– *Psalm 22,* ursprünglich wohl das Gebet eines Todkranken, erinnert den Christen an den Tod Jesu: die einzelnen Szenen der Kreuzigung sind weitgehend nach Ps 22 geformt worden. (Vielleicht könnte man beim langsamen Beten des Psalms den jeweils entsprechenden Satz aus dem Evangelium einfügen: V 2=Mt 27,46; V 8=Mt 27,29; V 9=Mt 27,43; V 19=Mt27,35.) Gott hat diesen Leidenden gerettet in der Auferweckung: vergleiche Ps 22,23ff.

– *Psalm 69,2–7.15–19.30–37,* ein Gebet in schwerer Bedrängnis. (Die Auslassungen beziehen sich auf die spezielle Situation im Psalm: der Betende ist ein Eiferer für den Tempel, die Feinde klagen ihn zu Unrecht des Diebstahls an und werden mit großem Nachdruck verflucht. Um der leichteren Übertragbarkeit willen könnte man diese Passagen überschlagen.) Der Psalm hat – allerdings in geringerem Maße als Ps 22 – der ersten Christenheit geholfen, den Schock des Kreuzes zu überwinden und den Tod Jesu in seinem Heilssinn zu verstehen: Jesus ist der Gerechte, der leidet; der verfolgte Knecht Gottes (V 18); Gott aber hat ihn in der Auferweckung gerechtfertigt. Er ist in die menschliche Leidenssituation ohne Vorbehalt eingetreten und hat sie dadurch ein für allemal »erlöst«.

▷ Alle diese *Klagelieder sind zugleich Danklieder.* Das ist die Herausforderung des Glaubens: Sich dazu durchzuringen, daß die Klagesituation verknüpft wird mit dem Dank. »Der Mensch muß zu Gott schreien und ihn Vater nennen, bis er sein Vater wird.« (*Martin Buber*)

▷ In den *Fürbitten* müßten die Klagen derer, die verstimmt sind vor Gott oder derer, die Gott nicht als ansprechbares Du wahrhaben, stellvertretend vorgebracht werden.

Nachbemerkung

Ein anderer theologischer und existentieller Aspekt des Bildes vom Meerwurf des Jona ist möglich, wenn man das Boot mit dem Kreuzesmast allegorisch als *Bild der Kirche* im »bitteren Meer der Welt des Todes« auffaßt. Zahlreiche Anregungen dazu aus der Vätertheologie bei: *Hugo Rahner,* Symbole der Kirche. Die Ekklesiologie der Väter. Salzburg 1964, 239–564.

Kontexte

Mein Volk

Der Fels wird morsch,
Dem ich entspringe
Und meine Gotteslieder singe...
Jäh stürz ich vom Weg
Und riesele ganz in mir
Fernab, allein über Klagegestein
Dem Meer zu.

Hab mich so abgeströmt
Von meines Blutes
Mostvergorenheit.
Und immer, immer noch der Widerhall
In mir,
Wenn schauerlich gen Ost
Das morsche Felsgebein,
Mein Volk,
Zu Gott schreit.   *Else Lasker-Schüler*

Tretmühle

THEODOR EGGERS

→Helmut Bieber, Bd. 1, S. 56

Zielgruppen

I. Meditationsgottesdienst mit Jugendlichen zum Karfreitag »Golgotha – Hoffnung, die auf Gräbern wächst«

II. Anregungen zu Lerneinheiten mit Schülern des 9./10. Schuljahres »Die Ausgebeuteten weinen, und niemand tröstet sie«

1. Lerneinheit: »Und welchen Sinn hat das alles?« 2. Lerneinheit: »Lieber noch ein Straßenkehrer sein...« 3. Lerneinheit: »Abgeschoben«

I. Golgotha – Hoffnung, die auf Gräbern wächst

Ein Meditationsgottesdienst mit Jugendlichen zum Karfreitag

1. Vorbemerkung

Das nachfolgende Modell basiert auf einem Gottesdienst, der an einem Abend in der Karwoche 1979 gefeiert wurde.

▷ Als *Ort* wurde ein Raum im Pfarrzentrum gewählt; die *Stühle* waren in Hufeisenform so aufgestellt, daß alle Teilnehmer ungehindert auf die Leinwand an der Stirnseite des Raumes blicken konnten. Auf elektrisches Licht wurde verzichtet; statt dessen waren in der Mitte des Teilnehmerkreises kleine massive *Kerzen* aufgestellt. An *Medien* wurden benutzt: Diaprojektor, Dia des Holzschnittes »Tretmühle«, Schallplattenapparat (mit Tonarmlift), Schallplatte »ihr seid meine lieder« (Text: *Alois Albrecht,* Musik: *Peter Janssens,* Peter Janssens Musik Verlag Telgte, Best.-Nr. Pietbiet 1014, 1974), Gotteslob.

▷ Folgende *Modifikation* erscheint möglich: Während des Abspielens der drei Stücke von der Schallplatte ließe sich jeweils eine Christusdarstellung projizieren (z. B.: Daumier, Ecce homo; auch: Habdank, Ecce homo), ehe zu den Fürbitten wieder der Holzschnitt »Tretmühle« projiziert wird.

2. Der Gottesdienst

a) Nachdem alle Platz genommen haben, begrüßt der Vorsteher des Gottesdienstes die Teilnehmer und lädt dazu ein, sich von den Eindrücken des Tages freizumachen und innerlich und äußerlich zur Ruhe zu kommen. Dann werden die Kerzen angezündet.

▷ *Stille*

▷ Sprecher verliest den *Text* Mt 11,28–30: »Kommt zu mir alle, die ihr mühselig und beladen seid: Ich will euch erquicken. Nehmt mein Joch auf euch und lernt von mir, denn ich bin sanftmütig und demütig von Herzen, und ihr werdet Ruhe finden für eure Seelen. Denn mein Joch ist sanft und meine Last leicht.«

▷ Kürzere *Stille* zur *Textmeditation*

▷ Vorsteher leitet zur *Bildmeditation* ein: Wir sind zusammengekommen, um angesichts von Karfreitag, in der Erinnerung an das Leiden von Golgatha, unser Leben zu meditieren. Bild, Text und Musik sollen uns dabei helfen.

▷ Das *Dia* »*Tretmühle*« wird projiziert. Wahrscheinlich haben Sie ein anderes Bild erwartet. Ein Bild, das Ihren Gedankenverbindungen an Golgatha näher ist. Eine Kreuzesdarstellung. Ich gebe zu, dieser Holzschnitt – der Künstler Walter Habdank hat ihm den Titel »Tretmühle« gegeben – ist in diesem Sinnzusammenhang ungewohnt; vielleicht mag er sie zunächst gar erschrecken. Wir haben ihn bewußt gewählt. Wir meinen, diese Verfremdung könnte uns gut tun. Wir meinen, Golgatha könne so direkter und unverblümter als unsere eigene Situation und Erfahrung zur Sprache kommen.

Wir wollen uns eine Zeitlang in diesen Holzschnitt einsehen. Wir wollen unsere Gefühle und Empfindungen, unsere Gedanken und unser Erleben hochkommen lassen, ohne davon etwas zu verdrängen. Jeder mag sich überlegen, ob und wo er sich in diesem Bild ansiedelt. Anschließend wollen wir uns vor diesem Bild und zu diesem Bild aussprechen: weniger das Bild beschreibend, als vielmehr angesichts des Bildes von uns selbst redend – von unseren Gefühlen und Erfahrungen, unseren Ängsten und Wünschen, vielleicht auch von unseren Hoffnungen und unserem Glauben.

▷ *Bildbetrachtung*
(Während der Bildbetrachtung wurde bewußt auf das Abspielen meditativer Musik verzichtet, um den Betrachter zu konzentrieren und um die visuelle Konfrontation nicht abzuschwächen.)
▷ *Meditatives Gespräch* zum Holzschnitt

b) Sprecher verliest den *Text* Kohelet 4,1–4:
»Ich wandte meinen Blick auf all die Bedrückungen, welche geschehen unter der Sonne. Sieh nur die Tränen der Unterdrückten, sie haben keinen Tröster; von der Hand ihrer Bedrücker kommt Gewalt, und sie haben keinen Tröster! Da pries ich die Toten, die längst gestorben, glücklicher als die Lebenden, die noch am Leben sind, und höher als beide den, der noch nicht ins Dasein trat und das üble Geschehen nicht sah, das vorgeht unter der Sonne. Ich besah alle Mühe und alles erfolgreiche Schaffen: Eifersucht des einen ist es gegen den anderen. Auch das ist Wahn und Jagen nach dem Wind.«
▷ *Kürzere Stille* zur meditativen Betrachtung von Text und Bild.
▷ Gemeinde singt das *Lied* 308,1–3 Gotteslob im Wechsel von Vorsänger und Gemeinde:

Gott, mein Gott, warum hast du mich verlassen?
So sang einst König David, hörtest du ihn?
So schrie einst König David, halfest du ihm?
Gott, mein Gott, warum hast du mich verlassen?
Gott, mein Gott, warum gibst du keine Antwort?
So sang einst König David, so klage auch ich, ein Schatten und kein Mensch mehr; ferne bist du.
Gott, mein Gott, warum gibst du keine Antwort?
Gott, mein Gott, warum hast du mich verlassen?
So schrie der Welten Christus, blutend am Kreuz, ein Spott den Leuten allen, – hörtest du ihn?
Gott, mein Gott, warum hast du mich verlassen?

c) Die *Schallplatte* wird abgespielt; nach jedem Stück wird eine Pause zur Besinnung eingelegt.
▷ Im Anschluß daran formulieren die Teilnehmer in freier Form *Fürbitten;* sie werden jeweils zusammengefaßt in den *Kyrie-Rufen.*
▷ *Die dritte Stunde*
Der Tag brach in die dritte Stunde. Du nahmst den Balken, hartes Holz. Du faßtest an mit beiden Händen und stolpernd ging der Weg bergan.
Der Tag bricht in die dritte Stunde. Wir nehmen Sorge, hartes Holz. Wir fassen an mit beiden Händen und folgen dir den Weg bergan.
Der Tag schenkt uns die dritte Stunde. Du nahmst, wir fassen hartes Holz. Du bist mit uns, mit unsern Händen, und leichter wird der Weg bergan.
▷ *Stille*
▷ *Fürbitten*
Vorsteher und Gemeinde fassen die Fürbitten zusammen:
V Herr Jesus Christus, du hast die Last des Kreuzes für uns getragen: Herr, erbarme dich
G Herr, erbarme dich
V Herr Jesus Christus, du hast die Qualen der Kreuzigung für uns ausgehalten: Christus, erbarme dich
G Christus, erbarme dich

V Herr Jesus Christus, du bist für uns den Tod am Kreuz gestorben: Herr, erbarme dich

G Herr, erbarme dich

▷ *Die sechste Stunde*

Und als die sechste Stunde kam, erhöhten sie den Galgen. Du fielst in die Nägel mit ganzer Last: einer von uns geschunden. Und wenn die sechste Stunde kommt, erhöht sich des Tages Kurve. Wir fallen in Seile mit ganzer Last jeder von Arbeit geschunden.

Für dich, für uns die Stunde bringt: den Höhepunkt der Folter. Wir hängen am Kreuz mit ganzer Last in Schwäche und in Wunden.

▷ *Stille*

▷ *Fürbitten*

(Kyrierufe wie oben)

▷ *Die neunte Stunde*

Da war die neunte Stunde. Da brach dein Leib. Da standen deine Wunden still. Da brach dein Leib. Da gabst du deinen Geist in deines Vaters Hände.

Da ist die neunte Stunde. Da bricht unser Mut. Da stehen unsre Kräfte still. Da bricht unser Mut. Da sind wir erledigt. Und was ist schon viel getan?

Dies ist die neunte Stunde. Du starbst am Kreuz. Wir sterben dieses Tages Tod. Du starbst am Kreuz. Du hattest es vollbracht. Wir müssen weiterringen.

▷ *Stille*

▷ *Fürbitten*

(Kyrierufe wie oben)

▷ (Das Dia wird ausgeblendet)

d) Gemeinde singt *Lied 764* Gotteslob (Litanei von der Gegenwart Gottes)

▷ im Wechsel von Vorsänger und Gemeinde (ggf. in Auszügen):

Sei hier zugegen, Licht unsres Lebens...
Sei hier zugegen, damit wir leben...
Sei hier zugegen mit deinem Leben...
Oder bist du, o Gott, kein Gott der Menschen?...
Du bist uns nahe seit Menschengedenken...
Und deine Ohnmacht ist stärker als Menschen...
Wenn du nicht da bist, was soll ich auf Erden?...
Sei du uns genädig und laß uns hoffen...
Doch wir, die leben, rufen nach dir,...
Schrein deinen Namen und wollen dich sehen...
Laß uns nicht fallen zurück in den Staub...
Gib dieser Erde ein neues Angesicht...
An diesem Ort sei unser Friede...
Erscheine wieder und schaffe den Frieden...

e) Vorsteher spricht das *Abschlußgebet* und den *Segen*. »Golgatha ist nicht Vergangenheit. Golgatha ist auch unsere Gegenwart, bitter, beschwerlich, lebensbedrohend. Golgatha ist schließlich mehr als Erinnerung, mehr auch als ein Bild für Leiden und Verzweiflung. Golgatha ist der Anfang einer Zukunft: Hoffnung, die auf den Gräbern wächst.

In dieser Hoffnung und in der Kraft dieser Gemeinschaft wollen wir in den Alltag unseres Lebens zurückkehren. In dieser Hoffnung wollen wir Hand anlegen für eine bessere Welt, für mehr Glück und Zufriedenheit und Gerechtigkeit. Dazu segne uns der barmherzige Gott:
der Vater, der Sohn und der Heilige Geist. Amen.

Gehet hin in Frieden.«

II. Die Ausgebeuteten weinen, und niemand tröstet sie

Anregungen zu Lerneinheiten mit Schülern des 9./10. Schuljahres (drei verschiedene Lerneinheiten)

1. Vorbemerkungen

a) H. Biebers Interpretation (→Bd. 1, S. 56) hat die verschiedenen Dimensionen des Holzschnitts »Tretmühle« aufgedeckt. Didaktisch ergibt sich daraus die Chance, der *Mehrperspektivität* des Holzschnitts durch eine multifunktionale Verwendung in unterschiedlichen thematischen Zusammenhängen Rechnung zu tragen. Unter diesem Aspekt sind im folgenden drei unterrichtliche Verwendungssituationen skizziert.

b) Es hat sich gezeigt, daß die Auseinandersetzung mit den angesprochenen Themenkomplexen nicht nur im Rahmen des schulischen Unterrichts möglich ist. Sinnvoll kann sie auch geleistet werden innerhalb von *Schulendtagen;* die Einbindung in diesen Zusammenhang greift eine Anregung auf, wie sie von der Gemeinsamen Synode in ihrem Beschluß »Kirche und Arbeiterschaft« ausgesprochen worden ist (vgl. 3.4.2.). Solcherart könnte eine vertiefte Diskussion dieses Problems eingeleitet werden; innerhalb des schulischen Unterrichts sollte eine *Kooperation mit dem Fach(-lehrer für) Geschichte/Politische Bildung/Gesellschaftslehre* angezielt werden (Aspekt: Humanisierung der Arbeitswelt).

c) Die Anregungen zu den Lerneinheiten versuchen auf der methodischen Ebene, Möglichkeiten der subjektiven Auseinandersetzung des Schülers mit dem Lerninhalt zu schaffen. Dabei soll auch der *affektiv-emotionalen Komponente* Raum gegeben werden: einerseits, um dem expressiv-appellativen Charakter des Holzschnitts gerecht zu werden; andererseits aus der Überzeugung heraus, daß Lernprozesse, die Betroffenheit auslösen wollen, nicht in der Ebene der objektiven Distanziertheit verbleiben können.

2. Lerneinheit »Und welchen Sinn hat das alles?«

▷ *Besprechung des Gedichts »Sorgen« von Günter Kunert* (→Kontexte)
Für die Arbeit am Text hat es sich als hilfreich erwiesen, ihn auf Folie zu übertragen. Auf diese Art kann innerhalb des Interpretationsganges die formale Struktur farbig markiert werden.
▷ *Gespräch zum Holzschnitt »Tretmühle«*
Was ist dargestellt? Welche Wirkung wird beim Betrachter ausgelöst? Welche Absicht mag der Künstler damit verfolgt haben? Welche Antwort gibt der Holzschnitt auf die Fragen im Kunert-Gedicht?
▷ *Textproduktion zum Holzschnitt*
Die Schüler werden aufgefordert, in der Ich-Form einen Text zum Holzschnitt zu schreiben, d. h. sie sollen sich fiktiv mit der dargestellten Person identifizieren. – Die Texte werden an der Pinwand aufgehängt; jeder hat die Möglichkeit, die Texte nachzulesen. – Es findet ein Gespräch statt, in dem

sich die Schüler über ihre Empfindungen, Schwierigkeiten, Sperren, Aggressionen u. ä. austauschen, die sie während der Textproduktion gehabt haben.
▷ *Gespräch über »Lösungsmöglichkeiten«*
Ggf. haben die Schüler in ihren Texten bereits Konsequenzen angedeutet; sie sollten jetzt aufgegriffen und weitergeführt werden. – Drogen, Alkohol, Jugendreligionen, Selbstmord. – Partielle Sinnerfahrungen. Leben aus Glauben.
▷ *Anknüpfungsmaterialien:* Zielfelder ru 9 bzw. 9/10, Kap. 3 »Glück suchen«

3. Lerneinheit »Lieber noch ein Straßenkehrer sein...«

▷ *Auseinandersetzung mit dem Problem Automation* (Texte bei →Kontexten)
Die Schüler erhalten als Textabzug die Texte »Fließbandarbeit« von G. S. und H. Ford. In einem ersten Schritt werden die unterschiedlichen Interessen eruiert und die Vor- und Nachteile der Automation gegenübergestellt. – In einem zweiten Schritt sollen die Schüler in Gruppenarbeit ein Flugblatt entwerfen, in dem gegen die Fließbandarbeit Stellung bezogen wird.
▷ *Gespräch zum Holzschnitt »Tretmühle«*
Gleichzeitig mit dem Holzschnitt wird den Schülern ein Lexikonartikel zum *Stichwort* »Tretmühle« an die Hand gegeben. Im Vergleich zwischen Holzschnitt und Lexikonartikel sollen die unterschiedlichen Intentionen und Positionen der Autoren aufgedeckt werden: Der Lexikonartikel bleibt »objektiv« beschreibend, distanziert, auf den technischen Aspekt begrenzt. Der Holzschnitt wertet, ist appellativ, betont den menschlichen Aspekt, klagt an. – Vergleich mit den Aussagen der Autoren in den behandelten Texten. – Der Holzschnitt als Flugblattaufdruck.
▷ *Besprechung des Textes »Die Maschine« von Günter Kunert*
Herausarbeiten der Gegensätze, wie sprachlich charakterisiert wird. – Wer ist jenes »unansehnliche Teil«, jener »häßliche Zusatz«, der sich löst? – Mit welcher Absicht ist der Text geschrieben? – Welche Aussagen des Textes könnten die Autoren der bisherigen Texte / des Holzschnittes als Argumente für sich nutzen?

▷ *Anknüpfungsmaterialien:* Zielfelder ru 9, Kap. 1 »Erwachsen werden«. – Zielfelder ru 7/8, Kap. 10 »Stationen der Kirchengeschichte« (Kirche und soziale Frage). – Schülerarbeitsheft zu Zielfelder ru 7/8, Heft 8 A, S. 31.

4. Lerneinheit »Abgeschoben«

▷ *Besprechung des Textes von Günter Müller* (→Kontexte)

– *Erster Schritt:* Klärung des Sachverhaltes. Was passiert dem Arbeitnehmer X.? Was ist der wahre Grund? Wie wird versucht, dem Betroffenen die Maßnahme schmackhaft zu machen? Aus welchen Gründen versucht er abzulehnen? Mit welchen Mitteln setzt sich die Unternehmerseite durch? Wie ist das Verhalten der anderen Beteiligten zu bewerten?

– *Zweiter Schritt:* Lesen des Textes mit verteilten Rollen. Zwischentexte formulieren und sprechen lassen, in denen der betroffene Arbeitnehmer selbst Stellung nimmt.

– *Dritter Schritt:* Zusätzliche Rollen erfinden und ausgestalten, z.B.: Pfarrer, Gewerkschaftler.

▷ *Interpretation des Holzschnitts »Tretmühle«:* vgl. Lerneinheit »Und welchen Sinn hat das alles?«

▷ *Rollenspiel*

Vorgabe für die Gruppenarbeit: Der Arbeitnehmer X. stößt eines Tages auf den Holzschnitt »Tretmühle«. Er besorgt sich einen Druck und hängt ihn an seinem Arbeitsplatz auf. Kurze Zeit später entdeckt der Meister das Bild. Er stellt X. zur Rede... – Die Schüler planen ein Rollenspiel zwischen X. und dem Meister: Was will X. mit dem Bild ausdrücken? Wie verhält sich der Meister? – Kollegen, Betriebsrat kommen dazu. Wie äußern sie sich? – Die Sache kommt vor den Chef...

Kontexte

Die Maschine

Erhaben und in einsamer Größe reckte sie sich bis unters Werkhallendach; schuf sogleich die Vorstellung, Monument des Zeitalters zu sein und diesem gleich; stampfend, gefahrvoll, monoton und reichlich übertrieben. Und vor allem: Auch sie produzierte einzig und allein durch gegensätzliche Bewegung unterschiedlicher Kräfte...

Aber in diesem wundervollen System blitzender Räder, blinkender Kolben, sich hebender und sich senkender Wellen war ein unansehnliches Teil, das wie von Schimmel überzogen schien und das sich plump und arhythmisch regte. Ein häßlicher Zusatz an der schönen Kraft. Ein Rest von Mattigkeit inmitten der Dynamik.

Als um die Mittagszeit ein Pfiff ertönte, löste sich dieses Teil von der Maschine und verließ die Halle, während die Maschine hilflos stehenblieb, zweifach: in sich und am Ort. Plötzlich erwies sich, das billigste Teil und das am schlimmsten vernächlässigte war das teuerste und nur scheinbar ersetzlich. Wo es kaputtgeht, wird es nicht lange dauern, bis über den Beton Gras gewachsen ist.

Günter Kunert

Fließbandarbeit

»Bei den ersten Wagen, die wir zusammensetzten, fingen wir an, den Wagen an einem beliebigen Teil am Fußboden zusammenzusetzen, und die Arbeiter schafften die dazu erforderlichen Teile in der Reihenfolge zur Stelle, in der sie verlangt wurden, – ganz so wie man ein Haus baut... Der erste Fortschritt in der Montage bestand darin, daß wir die Arbeit zu den Arbeitern hinschafften, statt umgekehrt.« Dazu wurden Fließbänder benutzt, »um die zusammenzusetzenden Teile in handlichen Zwischenräumen an- und abfahren zu lassen... Nach Möglichkeit hat jeder Arbeiter ein und dieselbe Sache mit nur ein und derselben Bewegung zu verrichten... Die erste Bedingung ist, daß kein Arbeiter in seiner Arbeit überstürzt werden darf, – jede erforderliche Sekunde wird ihm zugestanden, keine einzige darüber hinaus... Die früher von nur einem Arbeiter verrichtete Zusammensetzung des Motors zerfällt heute in achtundvierzig Einzelverrichtungen (sogenannte Arbeitszerlegung) – und die betreffenden Arbeiter leisten das Dreifache von dem, was früher geleistet wurde.«

Henry Ford, Industrieller

Fließbandarbeit

»... Und dazu hatte ich noch das Glück, nicht am Fließband zu arbeiten ... Es bedeutet das größte Leiden für einen Menschen und die traurigste Demütigung seiner Arbeit. Ich persönlich könnte das keinen Tag lang ertragen. Ich habe viele meiner Kameraden erschöpft und verrückt werden sehen. Nein, niemand kann jemals ermessen, was es bedeutet, die besten Jahre des Lebens damit zu vernichten, unentwegt einen einzigen mechanischen Handgriff zu tun. Und wenn man noch nicht so abgestumpft ist, daß es einem nicht gelingt, das Denken abzuschalten, hat man unter einer noch schlimmeren Demütigung zu leiden, nämlich der, sich völlig nutzlos zu fühlen. Man hat nichts im Leben zustande gebracht. Den Handgriff könnte auch ein Hund tun. Lieber noch ein Straßenkehrer sein, da hat man wenigstens die Befriedigung, auf ein sauberes Stück Straße zurückzusehen und sich sagen zu können: das habe ich sauber gemacht.«

G. S., Automechaniker

Sorgen

Der zu leben sich entschließt
Muß wissen
Warum er gestern zur Nachtzeit erwachte
Wohin er heute durch die Straßen geht
Wozu er morgen in seinem Zimmer
Die Wände mit weißem Kalk anstreicht.

War da ein Schrei?
Ist da ein Ziel?
Wird da Sicherheit sein?

Günter Kunert

»Tretmühle«

Tretmühle, volkstümlich für Tretwerk; Sinnbild für eintönige Beschäftigung mit dem Zwang weiterzuarbeiten.
Tretwerk, eine Vorrichtung, bei der Menschen oder Tiere durch Emporsteigen auf einer beweglichen Bahn eine Drehbewegung verursachen, bes. in Gestalt von Treträdern, Trettrommeln, Tretscheiben.

Brockhaus Enzyklopädie

Aber die Sache war so

Pawel Nikolajewitsch drehte sich um. Er nahm das Handtuch vom Gesicht – wirkliche Dunkelheit herrschte noch immer nicht: vom Korridor fiel Licht ins Zimmer, man hörte Schritte, Spucknäpfe und Eimer klapperten. Er konnte nicht einschlafen. Die Geschwulst drückte ihn. Seine wohldurchdachte, geordnete und nützliche Existenz befand sich am Rande eines Abgrunds. Er tat sich selber leid. Noch ein winziger Anstoß, und er würde in Tränen ausbrechen. Dieser Anstoß kam von Jefrem. Auch in der Dunkelheit gab er keine Ruhe. Er erzählte Achmadschan eine ganz idiotische Geschichte:

»Warum wird der Mensch hundert Jahre alt? Wär' gar nicht nötig. Aber die Sache war so: Allah verteilte das Leben und gab jedem Tier fünfzig Jahre. Der Mensch kam als letzter an die Reihe, und Allah hatte nur noch fünfundzwanzig Jahre zu vergeben.«
»Ein Vierteljahrhundert also?« fragte Achmadschan.
»Ja, eben. Der Mensch jammerte: ›Das ist mir zuwenig!‹
Allah sagte: ›Das reicht.‹ Und der Mensch: ›Nein, viel zuwenig!‹ – ›Na‹, sagte Allah, ›dann mach dich auf den Weg, vielleicht hat jemand ein paar Jahre übrig und gibt sie dir ab.‹ Und der Mensch macht sich auf den Weg und begegnet dem Pferd. ›Hör mal‹, sagt er, ›ich habe zuwenig Lebensjahre, gib mir ein paar von den deinen.‹ ›Na schön‹, sagt das Pferd, ›du kannst fünfundzwanzig von mir haben.‹ Der Mensch geht weiter und begegnet einem Hund. ›Hör mal‹, sagt er, ›gib mir ein paar von deinen Lebensjahren!‹ – ›Na schön, nimm dir fünfundzwanzig‹, sagt der Hund. Der Mensch geht weiter, trifft einen Affen. Von dem bekommt er auch fünfundzwanzig Jahre. Dann kehrt er zu Allah zurück. Der sagt: ›Du hast es selbst so gewollt. Die ersten fünfundzwanzig Jahre wirst du wie ein Mensch leben. Die zweiten fünfundzwanzig Jahre wirst du arbeiten wie ein Pferd. Die dritten fünfundzwanzig Jahre wirst du bellen wie ein Hund. Und die letzten fünfundzwanzig Jahre wird man über dich lachen wie über einen Affen!‹«

Alexander Solschenyzin

Von einem, der dabei bleibt, weil er das Fürchten gelernt hat

(Kollege): Über seinem Platz hing noch die Girlande seines 40jährigen Arbeitsjubiläums, als er mir den Brief gab und mich lesen ließ, was ihm die Geschäftsleitung mitzuteilen hatte: »In Anerkennung Ihrer langjährigen Tätigkeit ... stets zu unserer vollsten Zufriedenheit ... haben wir uns entschlossen, Sie ab nächsten Ersten mit der Verwaltung des Altmaterials zu betrauen.«

»Na, gratuliere«, sagte ich, »prima Druckposten, was Ruhiges für die alten Tage.«

Der mir den Brief aus der Hand reißen, mich Arschloch nennen und aus der Halle rennen, war eins!

Wie der über den Fabrikhof raste, vor sich hinfluchte, dieses Stück Papier in der Hand knüllte, weder rechts noch links guckte und dann ohne Anklopfen rein zum Betriebsrat!

(Betriebsrat): Da stand er vor mir, knallte mir das ziemlich verknitterte Schreiben auf den Tisch und brüllte mich an: »Hast du davon gewußt?«

»Natürlich«, sagte ich, »und du erleidest keinen finanziellen Verlust, dafür haben wir gesorgt!«

Und wie der sich dafür bedankte, ich dachte, der haut mir die Glasplatte kaputt, wie der »Verrat« schrie und von »all' den Jahren« und daß er mir seine Stimme gegeben habe; und ich: »Kollege«, sagte ich, »sieh das doch mal realistisch«, und er: »das tue ich ja, aber nicht mit mir ... altes Eisen ... aber nicht ich ... ich will meinen alten Platz!« Und ich: »Kollege, du mußt doch verstehen«, und er: »nein, ihr Kollegen, ihr müßt verstehen!«

Wie der durch die Fabrik rannte, rot im Gesicht, mit Riesenschritten, den Kopf vorgestreckt zwischen den Schultern, dies Papier in der Hand schüttelnd, zum Meister!

»Was habe ich gemacht? – Womit habe ich das verdient? – Warum ich?«

(Meister): Ich blieb ganz ruhig: »Hören Sie erst auf, mit Ihrer Faust vor meinem Gesicht herumzufuchteln!«

Bevor ich ihn auffordern konnte, die Tür zuzumachen und Platz zu nehmen, knallte er die Tür schon wieder ins Schloß, von außen!

(Kollege): Wie lange kann einer das durchhalten; immer im Laufschritt, über den ganzen Hof, raus aus dem Tor, rein in sein Auto, ab mit Vollgas, als ginge es um sein Leben.

(Frau): Irgendwas war passiert. Aber wieder keinen Ton. Holte sich die Flasche, schaltete den Fernseher ein, ließ sich vollaufen, schlief auf dem Sofa.

Ich wollte nicht streiten.

(Kollege): Ich wußte, was Sache war: irgendwer mußte sich um ihn kümmern. Der Meister zeigte die Prospekte der neuen Maschine und daß es sich nicht lohne, ihn darauf anzulernen, für die paar Jahre, die er noch mache!

Ich versuchte nicht, ihm das klarzumachen; nur, daß sie ihn rausschmissen, wenn er auch den dritten Tag blaumache.

(Betriebsrat): Da war der wieder da, pünktlich wie eh und je, wollte unbedingt den Chef sprechen, der nahm sich sogar Zeit dafür!

Wie üblich wurde ich zu diesem Gespräch hinzugezogen. Der riskierte zuerst eine große Lippe, aber dann redet der Boß deutsch mit ihm, von wegen Kündigung, wer wohl wen eher könnte – die Firma ihn: ohne weiteres, aber er, wo er dann wohl hinkäme!

(Kollege): Dann ging er freiwillig, zum alten Eisen; sogar früher, als es festgelegt war. Was hatte das Ganze eingebracht: Vor allem Angst. – Angst vor allem.

Günter Müller

Aus dem Tagebuch einer Schnecke

Später mal, Franz, wenn du enttäuscht bist,
wenn du den Kehrreim des Liedchens »Zwecklos«,
der die Zeile »Hatjadochkeinenzweck« wiederholt,
mühsam gelernt, in Gesellschaft gesungen,
aus Trotz vergessen
und auf Abendschulen neugelernt hast,
später mal, Franz,
wenn du siehst,
daß es so und auch so und selbst so nicht geht,
wenn es dir schiefzugehen beginnt
und du die Mitgift Glauben verzehrt,
die Liebe im Handschuhfach liegen gelassen hast,
wenn sich die Hoffnung, ein gutwilliger Pfadfinder,
dessen Kniestrümpfe immerfort rutschen,
ins Aschgraue verloren hat,
wenn dir das Wissen beim Kauen schaumig wird,
wenn du fertig bist,
wenn man dich fix und fertig gemacht hat:
flachgeklopft entsaftet zerfasert –
jemand kurz vorm Aufgeben –
wenn du am Ziel – zwar Erster –
den Beifall als Täuschung,
den Sieg als Strafe erkannt hast,
wenn dir die Schuhe mit Schwermut
besohlt worden sind
und Grauwacke deine Taschen beutelt,
wenn du aufgegeben, endlich aufgegeben,
für immer aufgegeben hast, dann – Fränzeken –
nach einer Pause, die lang genug ist,
um peinlich genannt zu werden,
dann stehe auf und beginne dich zu bewegen,
dich vorwärts zu bewegen . . .   *Günter Grass*

Turbinen-Lied

Ich gleiche der Turbine,
vibriere in Routine.
Mich treibt der Wasserdruck der Zeit.
Und was als Zukunft in mich strömt,
verläßt mich als Vergangenheit.

    Ich rase wild im Kreise,
    Maschinenart und -Weise,
    erfülle meinen Zweck
    und freß das Leben weg.

Im stählernen Getriebe
zermahlen Haß und Liebe.
Gott wirbelt stumm herum.
Du fragst mich nach dem Sinn?
    Weißt du es denn, warum?   *Josef Büschner*

Mann am Fenster

GÜNTER LANGE

→Günter Lange, Bd. 1, S. 60

Zielgruppen
  I. Jugendarbeit (ein Wochen-
     ende)
  II. Erwachsenenbildung
  III. Hinweise für die Altenar-
      beit

Vorbemerkung

Die folgenden Ideen und Vorschläge umkreisen das Fenster-Motiv. Die Rolle des Mannes im Habdank-Holzschnitt, seine Gestik und Mimik, wird dabei gleichsam von den Adressaten übernommen. Sie versetzen sich in das Bild, nehmen (1. Vorschlag) es spielerisch in Besitz. Das Bild ist Anlaß und Anreiz zur *vertieften Selbsterkenntnis* der Teilnehmer. Selbstverständlich sollen mit dieser unkonventionellen Art des Umgangs nicht andere Weisen der Bilderschließung herabgesetzt werden. Die Besprechung des Bildes im 1. Band dieses Buches (S. 60) gibt genügend Hinweise und Impulse für eine regelrechte Bildinterpretation. Das Bild vom »Mann am Fenster« läßt mehr Freiheit als andere, weil ein zwingender biblischer Textbezug nicht vorhanden zu sein scheint. Das Bild ist jedenfalls leicht von Ps 42 ablösbar.

I. Fensterspiele mit Jugendlichen oder jungen Erwachsenen

Erinnerung an den 14.–16. Januar 1977 – ein freies Wochenende von Studierenden der Kath. Theologie aus Duisburg mit ihren Dozenten.

1. Die *Kleingruppe* besteht aus *Interessenten für musisches Tun,* für Kreativität, und wohl auch aus solchen, die am Wochenende der wissenschaftlichen Diskussion überdrüssig sind. Es soll »mal was ganz anderes« geschehen.
▷ Die Gruppe erhält große Bögen Papier (Tapete). *Aufgabe:* Jeder malt oder schreibt auf, welches für ihn persönlich der wichtigste-interessanteste-liebste-aufregendste Blick aus einem Fenster oder in ein Fenster ist, egal ob tatsächlich vorhanden oder erträumt.
▷ Anschließend werden die Produkte *vor-gestellt.* Jeder *erzählt* dabei von sich, aus seinem »Innenleben«, aus seiner Biographie. So lernt man sich gegenseitig kennen, und die Gruppenatmosphäre wird »angewärmt«. Zugleich wird bewußter gemacht, welche Vielfalt von Bedeutungen »Fenster« haben kann.

2. *Fenstertexte* werden vorgelesen und zwanglos miteinander besprochen, und zwar je nach der Eindringlichkeit, zu der das vorhergehende Gespräch führte, einer oder mehrere der folgenden Texte (→Kontexte):

▷ *Ilse Aichinger,* Das Fenster-Theater;
– *Dies.,* Alter Blick;
– *Franz Kafka,* Eine kaiserliche Botschaft.

3. *Fensterbilder:* Zunächst wird die Aufgabe gestellt, das Bild eines verschlossenen, vernagelten, verhängten, verschmutzten, vermauerten, mit Jalousien geschützten Fensters herzustellen, entweder zu malen, oder an einem von Sperrmüll mitgebrachten alten Fensterrahmen zu inszenieren.
▷ Welche *Erinnerungen – Empfindungen – Vermutungen* weckt der Blick auf ein solches Gebilde (falls zur Hand: zahlreiche Beispiele aus dem Katalog der Ausstellung »Einblicke – Ausblicke«. Fensterbilder von der Romantik bis heute, Ruhrfestspiele 1976).
▷ Dann kommt der *Habdank-Holzschnitt* zum Zuge: Wie wirkt das gegenüber dem Vorigen? Wozu dient das Fenster hier? Welche Empfindungen weckt die Urwelt draußen? Der Mann drinnen? In welcher Beziehung stehen sie zueinander?
▷ Könnte es auch eine Illustration sein zum Aichinger-Gedicht oder zur Kafka-Parabel?

4. Überlegungen zur *Metaphorik des Fensters* werden gemeinsam angestellt (vgl. auch die Bildbesprechung im 1. Band dieses Buches [S. 60] unter Nr. 2: Fensterbild).
▷ *Stichworte:*
– Ein Fenster hat gewöhnlich drei Funktionen. Es gewährt Licht-Luft-Ausblick (Wahrnehmung, Erkenntnis), dient also dazu, drei elementare Bedürfnisse zu befriedigen.
– Ein Fenster durchbricht die Wand, die ihrerseits abschirmt und Schutz gibt vor den Unbilden der Witterung, der Zudringlichkeit der »anderen«, vor dem unheimlichen oder feindlichen Draußen.
– Es läßt teilnehmen an der Tageszeit, am Klima, am Leben draußen, ohne daß der Mensch draußen sein muß.
– Es begrenzt und filtert, was von draußen kommt.
– Es läßt nur einen Ausschnittblick, nur eine bestimmte Perspektive zu.
– Das Fenster ist aber auch die »schwache Stelle« in der Mauer, möglicher Einlaß für Hitze und Kälte, Diebe oder die »böse Welt« überhaupt.
– Im Fenster wird die schwindelerregend-

chaotische Realität draußen auf einen Ausschnitt reduziert.
– Fensterblick: typisch für Stadtmenschen und Stadtkultur? Typisch bürgerlich? Typisch romantisch? In der Romantik bezeichnet der Fensterrahmen »die Schwelle zum Transzendieren der Gedanken«.
– Das Fenster wird Sehnsuchtsmotiv, Symbol für die Suche nach dem Unendlichen, Erhabenen. Zugleich wird es Sinnbild für das auf sich zurückverwiesene Individuum ...
– Das Fenster wird also zum »Topos für die moderne Subjektivität« (*B. Catoir,* in einer Besprechung der o. a. Ausstellung, FAZ 1. 6. 76, 23).
– Das Fenster bildet den Übergang vom Privaten ins Öffentliche.
– Zum Fenster gehört im Allgemeinen der erhöhte Standort: Wer aus dem Fenster blickt, ist dem Treiben entnommen, er hat die »höhere Warte«; Zuschauerhaltung statt Engagement.
– Wird das Drinnen als einengend und bedrückend empfunden, als ein Gefängnis, so eröffnet ein Fenster den Blick oder sogar den Weg in die Freiheit ...
(Fundgrube für alle diese Bedeutungen: *H.-J. Horn,* Respiciens per fenestras ..., Zur Typologie des Fensters in der Antike, in JbAC 10 [1967], 30–60; kürzer RAC 7, 732–743; einschlägig für das Fenstermotiv in der Kunst ist neuerdings: *C. Gottlieb,* The Window in the Art. The Story of a Symbol. London 1978; vgl. auch: *G. Neuhardt,* Das Fenster als Symbol. Versuch einer Systematik der Aspekte, in: Symbolon, Jahrbuch für Symbolforschung, Neue Folge Bd. 4, 1978; *M. Heyne,* Fenster. Mit einem Essay von *R. Gruenter,* München 1979.)

5. *Übertragung ins Theologische:* Diese Vielfalt von Bedeutung fungiert als Bildspender für eine Reihe von theologischen Metaphern.
▷ Z. B. der Theologe *Origenes* wendet den uralten Topos von den Augen als den Fenstern der Seele an:
»Wenn einer Eitles anhört ..., dann tritt der Tod durch das Fenster des Gehörs ein in die Seele. Wenn die Augen des Sünders mit begehrlichem Blick eine Frau anschauen ..., so ist der Tod durch die Fenster bereits in die Seele eingedrungen. Wenn aber die Seele,

die Ordnung des Weltalls betrachtend, aus der Schönheit der Geschöpfe Gott, den Urheber aller Dinge erkennt, seine Werke bewundert und deren Schöpfer preist,

▷ *Blick auf unser Bild*

so tritt auch zu dieser Seele das Leben durch die Fenster des Gesichts. Doch auch, wenn einer sein Ohr dem Worte Gottes zuneigt und sich an den Gründen seiner Weisheit und seines Wissens erfreut,

▷ *unser Bild*

so dringt zu ihm das Licht der Weisheit durch die Fenster seines Gehörs in die Seele« (zit. bei Horn, a. a. O. 54 f.).

Damit ist die Bedeutung des Fensters auf eine moralisch-spirituelle Ebene gehoben.

▷ Auf Jesus Christus bezogen heißt das: Er ist für den Glaubenden das lebendige »Fenster«, durch das sich Gott geoffenbart hat (vgl. die Tür-Metapher Joh 10,7.9; Apk 4,1; Ign Phil 9,1; vgl. Ps 118,19.20). Vor ihm hatten die Propheten die Funktion des Fensters, das Licht Gottes hereinzulassen, nach ihm die Apostel (vielleicht erscheinen deshalb Propheten und Apostel auf mittelalterlichen Kathedralfenstern?).

▷ Vorausgesetzt ist bei solchen *Übertragungen*, daß »Fenster« nicht nur den Blick in die Umwelt eröffnet, sondern daß es Fenster gibt, die den Blick in andere Dimensionen ermöglichen. Um zum Bild zurückzukehren: Die Ostkirche sieht in ihren Ikonen »Fenster« in die Welt Gottes, oder umgekehrt: sie sieht in der Ikone die Epiphanie der gemalten Heilsperson.

Ob man solche Eröffnung von Transzendenz auch in Habdanks Fensterbild finden kann?

6. *Martin Buber* charakterisiert seine Rolle als nichtsystematischer Denker, als Lehrer, so:

»Ich muß es noch einmal sagen: Ich habe keine Lehre. Ich zeige nur etwas. Ich zeige Wirklichkeit, ich zeige etwas an der Wirklichkeit, was nicht oder zu wenig gesehen worden ist. Ich nehme ihn, der mir zuhört, an der Hand und führe ihn zum Fenster. Ich stoße das Fenster auf und zeige hinaus.«
(*M. Buber*, Werke, Bd. 1, München 1962, 1114)

▷ Ist das übertragbar auf jeden guten Lehrer? Was wäre das Gegenteil? Warum Fenster statt Türen? Sehen Sie sich so als

Religionslehrer? Könnte unser »Mann am Fenster« das Inbild eines solchen Lehrers sein?

7. *Fenstergeschichten aus der Bibel:*

▷ Einzelne Teilnehmer schlagen nach, lesen und erzählen den anderen Teilnehmern:

– *Noach* schickt den Raben nach 40 Tagen aus dem Fenster, nicht etwa aus der Tür (Gen 8,6): »Während die Tür unmittelbar das ungastliche Außen in die Arche einließe, bleibt bei geöffnetem Fenster die Geborgenheit der Arche bestehen.« (*H. J. Horn*, RAC 7, 739).

– Der Philisterkönig *Abimelech* sieht durch das Fenster, wie Isaak seine Frau Rebekka liebkost (Gen 26,8).

– *Michal*, Sauls Tochter, schaut aus dem Fenster und sieht, wie der König David vor dem Herrn hüpft und tanzt (2 Sam 6,16).

– *Isebel* verhöhnt den Mörder ihres Sohnes Joram vom Fenster aus und wird hinabgestürzt (2 Kö 9,30–33).

– Der *Liebhaber* schaut durch das Fenster ins Innere des Hauses seiner Geliebten (Hld 2,9).

– Die Dirne *Rahab* läßt zwei israelitische Kundschafter mit einem Seil aus dem Fenster hinab (Jos 2,15).

– *Michal* ermöglicht David die Flucht vor Saul durch ein Fenster (1 Sam 19,12).

Wohl nicht zufällig sind es fast immer Frauen, die im Fenster erscheinen: gesellschaftlich bedingt!

– *Daniel* betet im Obergemach am offenen Fenster, nach Jerusalem gerichtet (Dan 6,11); im Spätjudentum ist es verboten, in einem Gebäude ohne Fenster zu beten.

– *Eutychius* hört im Fenster sitzend der Predigt des Apostels Paulus zu, schläft dabei ein und stürzt aus dem Fenster (Apg 20,9).

– *Paulus* flieht aus Damaskus, indem er durch ein Fenster in einem Korb die Stadtmauer hinabgelassen wird (2 Kor 11,33).

8. In einer *Schlußrunde* wird überlegt, was man von dem bisher Gespielten – Erlebten – Besprochenen – Erarbeiteten dem Plenum in einer »Abendveranstaltung« *mitteilen* und wie man die übrigen Teilnehmer der Wochenendveranstaltungen einbeziehen kann.

▷ Für den Schluß der Plenumssitzung wird noch ein *Gag* vorbereitet:

Ein altes, vor Schmutz undurchsichtiges Fenster wird auf einem Podest zwischen zwei dunklen· Vorhängen aufgestellt und in verschiedenen Beleuchtungen angestrahlt. Aus dem Publikum werden Vermutungen über das Fenster laut. Allmählich wird es dunkel im Raum, dafür aber wird es hinter dem Fenster heller, das Fenster wird von innen angestrahlt. Plötzlich wird von innen die Scheibe zerschlagen. Aus der so entstandenen Lichtöffnung fliegen Papierflugzeuge ins Publikum, auf denen Botschaften stehen, wie: Mache deine Fenster auf; Trage dein Herz durch mein Fenster ...

Nachbemerkung

Ohne daß es geplant war, bestimmte dieses *happening* mit seinen Motiven die ganze Tagung. In der Eucharistiefeier kreisten Schuldbekenntnis und Fürbitten spontan um die Fenster-Metapher.

II. Das Fensterbild für ältere Menschen

1. Das *Bild* wird *vorgestellt:*
▷ *Versetzen* Sie sich bitte *in die Stellung* und die Haltung dieses Menschen. Was tut er eigentlich am Fenster? Wendet er sich nach draußen oder nach drinnen? Weist er hin auf das Leben draußen, auf die grandiose Natur? Oder nimmt er Abschied? Ist für ihn ein Tag zu Ende? Oder noch mehr? Fallen Ihnen Erlebnisse und Erfahrungen ein, die dazu passen?

2. *Hören Sie bitte* die folgenden Gedichte mit Blick auf das Bild (→Kontexte):
– *M. Claudius,* Täglich zu singen;
– *Ders.,* Die Sternseherin Lise;
– *G. Keller,* Stille der Nacht;
– *J. v. Eichendorff,* Mondnacht;
– *A. v. Arnim,* Der Mensch ist bald vergessen;
– *J. v. Eichendorff,* Der Einsiedler.
▷ Die Texte sind nicht zum Bild gemacht, sie genügen sich selbst; sie passen aber wohl zur Stimmung des Bildes – das eine mehr, das andere weniger. Man sieht das Bild anders, wenn man ein Gedicht dazu hört, und man hört das Gedicht anders, wenn man das Bild dazu anschaut.

Lassen Sie dabei ruhig *Erinnerungen aufsteigen:* an Sternstunden, geglückte Augenblicke, Momente des Einverständnisses mit dem Dasein – oder an Versagungen, Enttäuschungen, einsame Stunden. Schämen Sie sich nicht Ihrer Stimmung. Bild und Gedichte verhelfen zu einer bestimmten Gestimmtheit. In der Tiefe leben und zehren wir mehr von solcher Gestimmtheit als von Formeln, Werbeslogans, Schlagzeilen, als von Verstand und Willensstärke.

3. Unser Bild vom »Mann am Fenster« kann eine *Gebetshilfe* sein. Dieser Mensch könnte ein Beter sein.
▷ Wer betet, ist nicht mehr eingeschlossen in sich selbst. Er sieht ab von sich selbst, er benutzt ein Fenster nach draußen, er durchbricht die Mauer des Alleinseins.
– Ps 31,2–6 (oder ganz): Gott ist wie ein Fels
– Ps 121: Gott behütet bei Tag und auch zur Nacht
– Ps 123: Vertrauensvoller Aufblick zu Gott
– Ps 125,1–2: Gott umhegt uns wie Berge die Stadt Jerusalem

4. Zum Beschluß volkstümliche *Abendlieder*

Kontexte

Das Fenster-Theater

Die Frau lehnte am Fenster und sah hinüber. Der Wind trieb in leichten Stößen vom Fluß herauf und brachte nichts Neues. Die Frau hatte den starren Blick neugieriger Leute, die unersättlich sind. Es hatte ihr noch niemand den Gefallen getan, vor ihrem Haus niedergefahren zu werden. Außerdem wohnte sie im vorletzten Stock, die Straße lag zu tief unten. Der Lärm rauschte nur mehr leicht herauf. Alles lag zu tief unten. Als sie sich eben vom Fenster abwenden wollte, bemerkte sie, daß der Alte gegenüber Licht angedreht hatte. Da es noch ganz hell war, blieb dieses Licht für sich und machte den merkwürdigen Eindruck, den aufflammende Straßenlaternen unter der Sonne machen. Als hätte einer an seinen Fenstern die Kerzen angesteckt, noch ehe die Prozession die Kirche verlassen hat. Die Frau blieb am Fenster.

Der Alte öffnete und nickte herüber. Meint er mich? dachte die Frau. Die Wohnung über ihr stand leer, und unterhalb lag eine Werkstatt, die um diese Zeit schon geschlossen war. Sie bewegte leicht den Kopf. Der Alte nickte wieder. Er griff sich an die Stirne, entdeckte, daß er keinen Hut aufhatte, und verschwand im Innern des Zimmers.

Gleich darauf kam er in Hut und Mantel wieder. Er zog den Hut und lächelte. Dann nahm er ein weißes Tuch aus der Tasche und begann zu winken. Erst leicht und dann immer eifriger. Er hing über die Brüstung, daß man Angst bekam, er würde vornüberfallen. Die Frau trat einen Schritt zurück, aber das schien ihn nur zu bestärken. Er ließ das Tuch fallen, löste seinen Schal vom Hals – einen großen bunten Schal – und ließ ihn aus dem Fenster wehen. Dazu lächelte er. Und als sie noch einen weiteren Schritt zurücktrat, warf er den Hut mit einer heftigen Bewegung ab und wand den Schal wie einen Turban um seinen Kopf. Dann kreuzte er die Arme über der Brust und verneigte sich. Sooft er aufsah, kniff er das linke Auge zu, als herrsche zwischen ihnen ein geheimes Einverständnis. Das bereitete ihr so lange Vergnügen, bis sie plötzlich nur mehr seine Beine in dünnen, geflickten Samthosen in die Luft ragen sah. Er stand auf dem Kopf. Als sein Gesicht gerötet, erhitzt und freundlich wieder auftauchte, hatte sie schon die Polizei verständigt.

Und während er, in ein Leintuch gehüllt, abwechselnd an beiden Fenstern erschien, unterschied sie schon drei Gassen weiter über dem Geklingel der Straßenbahnen und dem gedämpften Lärm der Stadt das Hupen des Überfallautos. Denn ihre Erklärung hatte nicht sehr klar und ihre Stimme erregt geklungen. Der alte Mann lachte jetzt, so daß sich sein Gesicht in tiefe Falten legte, streifte dann mit einer vagen Gebärde darüber,

wurde ernst, schien das Lachen eine Sekunde lang in der hohlen Hand zu halten und warf es dann hinüber. Erst als der Wagen schon um die Ecke bog, gelang es der Frau, sich von seinem Anblick loszureißen.

Sie kam atemlos unten an. Eine Menschenmenge hatte sich um den Polizeiwagen gesammelt. Die Polizisten waren abgesprungen, und die Menge kam hinter ihnen und der Frau her. Sobald man die Leute zu verscheuchen suchte, erklärten sie einstimmig, in diesem Hause zu wohnen. Einige davon kamen bis zum letzten Stock mit. Von den Stufen beobachteten sie, wie die Männer, nachdem ihr Klopfen vergeblich blieb und die Glocke allem Anschein nach nicht funktionierte, die Tür aufbrachen. Sie arbeiteten schnell und mit einer Sicherheit, von der jeder Einbrecher lernen konnte. Auch in dem Vorraum, dessen Fenster auf den Hof sahen, zögerten sie nicht eine Sekunde. Zwei von ihnen zogen die Stiefel aus und schlichen um die Ecke. Es war inzwischen finster geworden. Sie stießen an einen Kleiderständer, gewahrten den Lichtschein am Ende des schmalen Ganges und gingen ihm nach. Die Frau schlich hinter ihnen her.

Als die Tür aufflog, stand der alte Mann, mit dem Rücken zu ihnen gewandt, noch immer am Fenster. Er hielt ein großes weißes Kissen auf dem Kopf, das er immer wieder abnahm, als bedeutete er jemandem, daß er schlafen wolle. Den Teppich, den er vom Boden genommen hatte, trug er um die Schultern. Da er schwerhörig war, wandte er sich auch nicht um, als die Männer schon knapp hinter ihm standen und die Frau über ihn hinweg in ihr eigenes finsteres Fenster sah.

Die Werkstatt unterhalb war, wie sie angenommen hatte, geschlossen. Aber in die Wohnung oberhalb mußte eine neue Partei eingezogen sein. An eines der erleuchteten Fenster war ein Gitterbett geschoben, in dem aufrecht ein kleiner Knabe stand. Auch er trug ein Kissen auf dem Kopf und die Bettdecke um die Schultern. Er sprang und winkte herüber und krähte vor Jubel. Er lachte, strich mit der Hand über das Gesicht, wurde ernst und schien das Lachen eine Sekunde lang in der hohlen Hand zu halten. Dann warf er es mit aller Kraft den Wachleuten ins Gesicht.

Ilse Aichinger

91

Eine kaiserliche Botschaft

Der Kaiser – so heißt es – hat Dir, dem Einzelnen, dem jämmerlichen Untertanen, dem winzig vor der kaiserlichen Sonne in die fernste Ferne geflüchteten Schatten, gerade Dir hat der Kaiser von seinem Sterbebett aus eine Botschaft gesendet. Den Boten hat er beim Bett niederknien lassen und ihm die Botschaft ins Ohr zugeflüstert; so sehr war ihm an ihr gelegen, daß er sich sie noch ins Ohr wiedersagen ließ. Durch Kopfnicken hat er die Richtigkeit des Gesagten bestätigt. Und vor der ganzen Zuschauerschaft seines Todes – alle hindernden Wände werden niedergebrochen und auf den weit und hoch sich schwingenden Freitreppen stehen im Ring die Großen des Reichs – vor allen diesen hat er den Boten abgefertigt. Der Bote hat sich gleich auf den Weg gemacht; ein kräftiger, ein unermüdlicher Mann; einmal diesen, einmal den andern Arm vorstreckend schafft er sich Bahn durch die Menge; findet er Widerstand, zeigt er auf die Brust, wo das Zeichen der Sonne ist, er kommt auch leicht vorwärts, wie kein anderer. Aber die Menge ist so groß; ihre Wohnstätten nehmen kein Ende. Öffnete sich freies Feld, wie würde er fliegen und bald wohl hörtest Du das herrliche Schlagen seiner Fäuste an Deiner Tür. Aber statt dessen, wie nutzlos müht er sich ab; immer noch zwängt er sich durch die Gemächer des inneren Palastes; niemals wird er sie überwinden; und gelänge ihm dies, nichts wäre gewonnen; die Treppen hinab müßte er sich kämpfen; und gelänge ihm dies, nichts wäre gewonnen; die Höfe wären zu durchmessen; und nach den Höfen der zweite umschließende Palast; und wieder Treppen und Höfe; und wieder ein Palast; und so weiter durch Jahrtausende; und stürzte er endlich aus dem äußersten Tor – aber niemals, niemals kann es geschehen – liegt erst die Residenzstadt vor ihm, die Mitte der Welt, hochgeschüttet voll ihren Bodensatzes. Niemand dringt hier durch und gar mit der Botschaft eines Toten. – Du aber sitzt an Deinem Fenster und erträumst sie Dir, wenn der Abend kommt. *Franz Kafka*

Die Sternseherin Lise

Ich sehe oft um Mitternacht,
Wenn ich mein Werk getan,
Und niemand mehr im Hause wacht,
Die Stern am Himmel an.

Sie gehn da, hin und her zerstreut,
Als Lämmer auf der Flur
In Rudeln auch, und aufgereiht
Wie Perlen an der Schnur,

Und funkeln alle weit und breit,
Und funkeln rein und schön;
Ich seh die große Herrlichkeit
Und kann mich satt nicht sehn...

Dann saget unterm Himmelszelt
Mein Herz mir in der Brust:
Es gibt was Bessers in der Welt
Als all ihr Schmerz und Lust.

Ich werf mich auf mein Lager hin
Und liege lange wach,
Und suche es in meinem Sinn
Und sehne mich danach.
Matthias Claudius

Alter Blick

Ich habe mich gewöhnt an dieses Fenster
und daß der Schnee durch meine Augen fällt.
Aber wer ist den Verlorenen nachgegangen
durch das offene Gartentor,
wer besiegelte, was da war,
die Regentonne
und den Mond als Mond,
alle gefrorenen Gräser?
Wer schaukelte vor dem Morgen,
daß die Stricke krachten,
wer legt die Wachshand auf das Küchenfenster,
ließ sich im Weißen nieder
und nahm mich selber auf?
Ilse Aichinger

Stille der Nacht

Willkommen, klare Sommernacht,
Die auf betauten Fluren liegt!
Gegrüßt mir, goldne Sternenpracht,
Die spielend sich im Weltraum wiegt!

Das Urgebirge um mich her
Ist schweigend, wie mein Nachtgebet;
Weit hinter ihm hör ich das Meer
Im Geist und wie die Brandung geht.

Ich höre einen Flötenton,
Den mir die Luft von Westen bringt,
Indes herauf im Osten schon
Des Tages leise Ahnung dringt.

Ich sinne, wo in weiter Welt
Jetzt sterben mag ein Menschenkind –
Und ob vielleicht den Einzug hält
Das viel ersehnte Heldenkind.

Doch wie im dunklen Erdental
Ein unergründlich Schweigen ruht,
Ich fühle mich so leicht zumal
Und wie die Welt so still und gut.

Der letzte leise Schmerz und Spott
Verschwindet aus des Herzens Grund;
Es ist, als tät der alte Gott
Mir endlich seinen Namen kund.

Gottfried Keller

Der Einsiedler

Komm, Trost der Welt, du stille Nacht!
Wie steigst du von den Bergen sacht,
Die Lüfte alle schlafen,
Ein Schiffer nur noch, wandermüd,
Singt übers Meer sein Abendlied
Zu Gottes Lob im Hafen.

Die Jahre wie die Wolken gehn
Und lassen mich hier einsam stehn,
Die Welt hat mich vergessen,
Da tratst du wunderbar zu mir,
Wenn ich beim Waldesrauschen hier
Gedankenvoll gesessen.

O Trost der Welt, du stille Nacht!
Der Tag hat mich so müd gemacht,
Das weite Meer schon dunkelt,
Laß ausruhn mich von Lust und Not,
Bis daß das ewge Morgenrot
Den stillen Wald durchfunkelt.

Joseph von Eichendorff

Mondnacht

Es war, als hätt der Himmel
Die Erde still geküßt,
Daß sie im Blütenschimmer
Von ihm nun träumen müßt.

Die Luft ging durch die Felder,
Die Ähren wogten sacht,
Es rauschten leis die Wälder,
So sternklar war die Nacht.

Und meine Seele spannte
Weit ihre Flügel aus,
Flog durch die stillen Lande,
Als flöge sie nach Haus.

Joseph von Eichendorff

Täglich zu singen

Ich danke Gott und freue mich
Wies Kind zur Weihnachtsgabe,
Daß ich bin, bin! und daß ich dich,
Schön menschlich Antlitz! habe;

Daß ich die Sonne, Berg und Meer
Und Laub und Gras kann sehen,
Und abends unterm Sternenheer
Und lieben Monde gehen;

Und daß mir denn zu Mute ist,
Als wenn wir Kinder kamen
Und sahen, was der heilge Christ
Bescheret hatte, Amen!

Matthias Claudius

Der Mensch ist bald vergessen,
Der Mensch vergißt so bald,
Der Mensch hat nichts besessen,
Er sterb jung oder alt.

Der Mensch ist bald vergessen,
Nur Gott vergißt uns nicht,
Hat unser Herz ermessen,
Wenn es in Schmerzen bricht.

Wir steigen im Gebete
Zu ihm wie aus dem Tod,
Sein Hauch, der uns durchwehte,
Tat unserm Herzen not.

Achim von Arnim

Song of Yourself

Du liegst dir auf der Hand
das ist klar
Du leuchtest dir ein – wenige
das ist klar
leuchten dir so ein
wie du

Das ist klar
Das leuchtet ein

Du hast braune (blaue) Augen
schmale   vornehme   (kräftige   arbeitsame)
   Hände
Du kannst zupacken (hast es nicht nötig
   zuzupacken)
Bist was Besonderes
Das ist klar

Das ist klar
Das leuchtet ein

Du hast die richtige Einstellung
zu Gott
zu Autos
zu Juden/Ariern/Pferden
zu Sex
zur Ewigkeit
zur Todesstrafe
(das ist hoffentlich klar
das leuchtet vermutlich ein)

Die in Palästen wohnen
das ist klar
sind Schurken
sind Leute ohne Sensibilität
ohne Lebensberechtigung
Das ist klar
Das leuchtet ein

Die in Hütten wohnen
das ist klar
sind Faulpelze
Neger
Analphabeten die es nicht besser verdienen
die sich mehr anstrengen sollen
wie du
Das ist klar

Alles ist klar
Alles ist klar und alles ist gut

Alles was gut für dich ist
ist gut
   Regen im März wenn dein Rasen wachsen
      soll
Schönes Wetter im September wenn du nach
      Mallorca fliegst

All das
ist gut
Das ist klar

Soweit ist alles gut alles klar
alles bestens geordnet
Der Mond (zum Beispiel)
wenn du abends
über eine dunkle Wiese gehst
der Mond
            wie romantisch
            wie sinnvoll
            wie schön *und* wie nützlich
der Mond
ist eine Laterne
                  aufgehängt
                        wie poetisch
                  am Zweig
      einer Föhre
   eigens
für dich

Das ist klar
Das leuchtet ein
Weniger
weniger leuchtet ein
daß du eines Tages abtreten sollst
Das leuchtet dir nicht ein
Das ist dir nicht klar

Das erscheint dir
   Kirchgänger
   Weltkriegsteilnehmer
   Beefsteakesser
als höchst ungerecht
als unvergleichlich amoralisch
als himmelschreiend brutal

Hans-Jürgen Heise

Betlehem

FRANZ TRAUTMANN

→Helmut Bieber, Bd. 1, S. 64

Zielgruppen
  I. Assoziations-, Schreib- und Metapher-
     meditation für die Religionslehrer an
     Grund- und Hauptschulen und für die
     kirchliche Katechese (ältere Jugendliche
     und Erwachsene)
 II. Unterrichtsskizze mit drei Tonbandtexten
     und einem Tafelschema für das 4. Schul-
     jahr (und für höhere Schuljahre)

Vorbemerkung

Im folgenden werden vier Elemente von *Fortbildungsveranstaltungen* vorgestellt, die für *Religionslehrer an Grundschulen (und Hauptschulen)* Verwendung fanden. Der Holzschnitt »Betlehem« ist dabei jeweils unterschiedlich methodisch eingesetzt. Der *Unterrichtsentwurf* ist für ein *viertes Schuljahr* konzipiert; er kann für höhere Schuljahre leicht verändert werden.

Den *Assoziationsstern* (1.), die *Schreibmeditation* (2.) und die *Metaphermeditation* (3.) kann man mit entsprechenden Veränderungen auch in der *kirchlichen Katechese* (ältere Jugendliche und auch Erwachsene) einsetzen.

(Mit diesen drei didaktischen Elementen läßt sich fernerhin auch bei verschiedenen Bildern arbeiten; Schreibmeditation und Assoziationsstern erfordern aber ein gewisses Spannungsverhältnis zwischen Bild, formalen Lehrformeln oder Glaubenssätzen und Alltagserfahrungen. Diese Elemente eignen sich etwa bei *Seesturm:* Wunder–Not, *Jona wird befreit:* Ostern–Auferstehung–Zukunft, *Kain und Abel:* Mord–Sünde-Selbstbehauptung u. a. m.)

I. Assoziations-, Schreib- und Metaphermeditation

1. Assoziationsstern

▷ Großes Tonpapier; in die Mitte ist der Holzschnitt »Betlehem« eingeklebt. Von den Teilnehmern (je 5–7) mit Filzstift in Stille Assoziationen eintragen lassen. Nur jeweils eine Person schreibt. Dauer: 25 Min. Hier: überarbeitetes/ergänztes Ergebnis.
▷ In einem 2. methodischen Schritt folgt Ordnen/Gewichtung der Beiträge. Dient als Einstieg in die Tagung.

Gottessohn: gefeiert / toter Funke im lockigen Haar

hoffentlich gibt es 'weiße' Weihnachten

Kanonendonner und tote Kinder

Spaziergang im Winterwald

was soll ich dem Großbäuslein von Ochs und Esel sagen?

elektrische Eisenbahn / Kriegsspielzeug unter dem Christbaum

Skiurlaub in den Dolomiten

Jesus = Erlöser von...

Weihnachtsoratorium

"Transeamus" beim Kirchenchor

Nach Weihnachten werde ich verstärkt ...und das WORT ist Fleisch geworden

Familienkrach

Weihnachtseinkäufe

Glatteis

"Licht" für die Welt?

stille Nacht, heilige Nacht

trautes Familienglück

Hektik

Alleinstehende und Verzweifelte am Hl. Abend

Weihnachtssingen im Altersheim

Jesu Geburt - Freudigung

Vergangenheit!!

Weihnachtsgratifikation

Weihnachtsmette

Besuch von Oma/Opa

Ferien

verstopfte Autobahnen und Unfälle

heile Familie und zerrüttete Ehen

nach Weihnachten kommt der Schulrat

klappt unser Krippenspiel

Weihnachtserzählung mit? Tatsachenbericht oder?

2. Schreibmeditation

▷ Teilnehmer sitzen im Halbkreis. Vorne seitlich: Holzschnitt »Betlehem«. An der Tafel: Merksatz »Die Menschwerdung Gottes...« und Frage/Antwort/Kommentar.
▷ Die Teilnehmer werden gebeten, wortlos zu Holzschnitt/Merksatz ihre Einfälle an die Tafel zu skizzieren. Nur jeweils eine Person schreibt. Dauer: 20 Min. Diese Methode zwingt zur (für viele fast unerträglichen) Konzentration und persönlichen Stellungnahme.
▷ Nach der »Schreibmeditation« ist die inhaltlich-theologische Aufarbeitung unter Führung des Tagungsleiters notwendig (die Spannung zwischen dogmatischem Wissen/Katechismus und biblischem Erzählen/Holzschnitt wird deutlich).

> »Die Menschwerdung Gottes in Jesus Christus ist ein Werk der allein wirksamen Gnade Gottes. Dies kommt am sichtbarsten in seiner Geburt aus der Jungfrau zur Erscheinung.«

(Merksatz aus: Botschaft des Glaubens. Ein katholischer Katechismus, 157)

Frage:	*Antwort:*	*Kommentar:*
1 Spricht/denkt so heutige Theologie?	2 Dies ist gestrige Katechismustheologie.	4 Auch Familie hat mit Gnade etwas zu tun!
5 Wie ist »Jungfrauengeburt« gemeint?	3 Wichtig ist, wie ich mich in diesem Satz/Bild religiös finde.	6 »Jungfrauengeburt« kann (theologisch-)biologisch oder (literarisch-übertragen-)theologisch verstanden werden.
7 Kommt nicht Gott im öffentlich auftretenden Jesus am sichtbarsten zur Erscheinung?	10 Nicht in theologischen Merksätzen, sondern über biblische Texte!	
8 Wie vertragen sich Jungfrauengeburt und Familienbild?	12 Dafür brauche ich keinen Merksatz, sondern biblisches Erzählen!	11 Daß Gott in Jesus Christus sichtbar wird, ist evtl. die wichtigste Aussage des NT.
9 Wie sollen wir »Menschwerdung Gottes«, »allein wirksame Gnade« und »Jungfrauengeburt« den Schülern klarmachen?	14 Merksätze lassen sich leicht einprägen und helfen dem Schüler später.	15 Aber nur, wenn sie verstanden worden sind!
13 Was soll dann dieser Merksatz?	17 RU zielt auf »Haltungen« und »Wissen«.	16 Entsprechend leben ist wichtiger als einen Merksatz sagen können.

(Die Ziffern geben die Reihenfolge der Äußerungen durch die Teilnehmer an der Schreibmeditation an)

3. Metaphermeditation

▷ Vor den Teilnehmern hängt der Holzschnitt »Betlehem«, als Hintergrundmusik: »Noel« von J. Chr. Michel.
▷ Die von den Teilnehmern formulierten Metaphern einsammeln, langsam vorlesen, ohne sie zu bewerten.
Geburt in Betlehem ist für mich wie
– ein Märchen aus uralten Zeiten;
– der flackernde, anheimelnde und beruhigende Schein einer im dunklen Raum strahlenden Kerze;
– ein leerer Bildrahmen; das dazugehörige Bild verschwimmt immer mehr aus der Erinnerung;
– eine melancholisch-verstaubte Erinnerung aus vergangener Kinderzeit;
– ein fernes Wetterleuchten am Himmel;
– ein unvermutetes Zucken eines grellen Blitzes am Himmel;
– ein hochprasselndes Lagerfeuer an einem kalten und schon dunklen Abend, um das wir nahe herumstehen;
– ein strahlender Sonnenaufgang auf einem Berggipfel, unter dem eine dichte Wolkendecke ruht;

– eine verfallene Burgruine, die unter hochschießendem Gras und wildem Gebüsch immer mehr in Vergessenheit gerät;
– der Wegweiser zu Beginn eines langen Wanderweges in einer mir unbekannten Gegend;
– ein leuchtender Stern in einer dunklen Nacht;
– ein Licht in der Dämmerung;
– ein Mantel, der mir Schutz und Wärme gibt;
– ein dichter Nebel, bei dem ich nicht weiß, was dahinter steckt;
– ein Sonnenstrahl, der an einem verregneten Tag durch die Wolken bricht;
– ein Wegweiser im Straßendschungel;
– eine offene Tür;
– ein Beifahrer im Pkw, der mir neue Wege und Gegenden zeigt;

– ein »x« in einer (zu) schwierigen Rechenoperation;
– ein Fragezeichen.
▷ *Methodische Alternative:*
Bereits formulierte Metaphern auf einem Arbeitsblatt den Teilnehmern vorlegen mit einem der drei Arbeitsaufträge:
a) Wählen Sie drei Metaphern aus, denen Sie am ehesten zustimmen können.
b) Welchen dieser Metaphern können Sie nicht zustimmen? Begründen Sie! Welche Einstellung, welches persönliche Problem will vermutlich der Verfasser dieser Metaphern damit ausdrücken?
c) Wählen Sie zwei Metaphern aus, die nach Ihrer Meinung zwei Gegensätze darstellen. Begründen Sie Ihre Auswahl.

II. Unterrichtsskizze für das 4. Schuljahr (und höhere Schuljahre)

Thema: *Lukas sucht eine Erzählung über die Geburt Jesu.*
Dauer: 2–4 Stunden. Tonband: als literarische Ursprungserzählungen.

1. Verlaufsplanung

Didaktischer Kommentar	*Inhaltlicher Verlauf*
a) *Anknüpfung:*	
▷ Wiederholung	*L/S:* Je nach dem Inhalt der vorausgehenden Std.
▷ Überleitung	*L:* ...
b) *Problemfindung*	
▷ Hinführung zur Problemstellung	*L.:* Wir stellen uns vor, wir sind in Griechenland vor ca. 2000 Jahren. Wir sind in einer Gemeinde von Christen. Jesus ist bereits seit etwa 50 Jahren gestorben. Die Christen treffen sich öfter. Dabei belauschen wir zwei Christen, worüber sie sich unterhalten. Es handelt sich um Nikos, einen griechischen Christen, und Ismael, der gerade aus Jerusalem gekommen ist.
▷ Tonband 1	→*Nikos:* Heil dir, Ismael! ...
▷ Problemfragen	*S:* ...
(Seiten-Tafel)	– Wo ist Jesus geboren?
	– Wann ist Jesus geboren?
	– Wer waren seine Eltern?
	– Wo lebte er mit seinen Eltern?
▷ Tafel/Overheadfolie	Lukas fragt→Was kann ich über die Geburt Jesu schreiben?

c) Problemlösung/Erarbeitung:
1. Teilziel: Von der frühchristlichen Verkündigung bis zur Entstehung des Lk-Evangeliums

▷ Tonband 2 | *L:* In der darauffolgenden Woche trifft Lukas den Ismael. Wir hören jetzt, was sie besprechen.
| →*Lukas:* Ich freue mich ...
▷ Aussprache | Spontane S-Äußerungen ...
▷ Arbeitsblatt | →Niederschrift der Tonbandszene
▷ Arbeitsaufträge | 1. Warum schreibt Lk ein weiteres Ev?
(Stillarbeit/Partnerarbeit) | 2. Wie kommt Lk zu seinen Erzählungen über Jesus?
| 3. Was erzählten die Jünger den Juden von Jesus?
▷ Berichte | Aussprache
▷ Erkenntnis | →Tafelbild
(Tafel/Overheadfolie) |
▷ Zusammenfassung | *S:* erklären die Pfeile des Tafelbildes ...
▷ Ausblick | *L:* Mk hat vom Kind Jesus nichts geschrieben ...
| *S-Vermutungen:* ... weil ... Lk will ...

2. Teilziel: Die lukanischen Vorgeschichten

▷ Tonband 3 | *L:* Jetzt hören wir den 2. Teil des Gesprächs zwischen Lukas und Ismael.
| →*Ismael:* Du hast mir jetzt ...
▷ Aussprache | Spontane S-Äußerungen ...
▷ Arbeitsblatt | →Niederschrift der Tonbandszene
▷ Arbeitsaufträge | 1. Bei den Kindheitserzählungen sind zwei Namen besonders wichtig. Welche?
| 2. Suche die fünf Teile der Erzählung über Johannes und Jesus. Gib ihnen eine Überschrift!
| 3. Ismael vergleicht Johannes mit Jesus. Unterstreiche diese Stellen im Text!
▷ Berichte | Aussprache
▷ Erkenntnis | →Tafelbild
(Tafel/Overheadfolie) |
▷ Zusammenfassung | *S:* erklären die Pfeile des Tafelbildes ...

d) Ausweitung

▷ Holzschnitt, Stille | »Betlehem«
▷ Impuls | *L:* Ich sehe mir das Bild an (→Bildinterpretation von H. Bieber, Bd. 1, S. 64)
▷ Meditatives L-S-G ohne | – Kind, Frau, Mann, Ochs und Esel;
kognitive Erkenntnisgewin- | – Jesus, Maria, Josef, Ochs und Esel;
nung | – obere Bildhälfte: rot, hellbraun;
| – untere Bildhälfte: schwarz, dunkel;
| – oben: großes rotes Viereck;
| – unten: ein Halbrund von unten rechts über links nach Mitte oben;
| – die drei Menschen schauen sich an ...
| – die Hände sind beieinander;
▷ Impuls | *L:* Das Bild kann mir manches sagen.
| – In Betlehem ist der ›Höchste‹ als Kind geboren;
| – dieses Kind strahlt Helligkeit und Wärme aus;
| – die beiden Tiere und die drei Menschen gehören ganz eng zusammen;

99

                               – die fünf Abgebildeten fühlen sich wohl;

                               – ich möchte mit der großen Hand in der Mitte des Bildes nach Jesus greifen;

       – Jesus schaut uns an, wendet sich uns zu;

       – die Geburt in Betlehem ist etwas zum Wohlfühlen;

       – was andere Krippen darstellen, ist manchmal unwichtig;

       – mit großen Augen Jesus anschauen...

▷ Lehrerbeitrag

L: Dieses Bild wurde von Walter Habdank vor ca. 15 Jahren aus einem Holzstück herausgeschnitten, mit Farbe eingestrichen und auf Papier gedruckt... Es heißt »Betlehem«... Der Künstler hat vieles der üblichen Krippendarstellungen weggelassen: Hirten, Schafe, Engel u. a.... Die linke Hand des Kindes zeigt auf das Dunkle, in das es geboren wurde, nahe einer Futterstelle,... Christen glauben: Jesus ist der helle Höhepunkt. Er ist nicht weit weg, ist ganz nahe...

e) Fortsetzung der Unterrichtseinheit je nach Lehrplan

2. Tonbandtexte

▷ *Tonband 1*

Nikos: Heil dir, Ismael! Gut, daß ich dich schon so bald treffe. Du bist ja erst gestern aus Jerusalem bei uns in Griechenland mit dem Schiff gelandet.

Ismael: Ja, Nikos. Schalom. Es dauert schon eine Zeit, bis man hier in eurer Stadt ankommt. Ein paarmal mußte ich mein Schiff wechseln. Aber sag mir, du bist so aufgeregt. Warum?

N: Ich will bald mal mit dir über Lukas sprechen; ihn kennst du ja gut. Er schreibt nämlich gerade ein Evangelium von Jesus und sammelt Geschichten und Worte von Jesus, wie es auch Markus getan hat. Ich habe jetzt leider wenig Zeit, dir mehr von Lukas und seinem Plan zu erzählen. Eines will ich dir noch sagen: Lukas interessiert sich besonders für Geschichten von der Geburt Jesu. Darüber schreibt ja Markus in seinem Evangelium überhaupt nichts. Kannst du zu unserem nächsten Gottesdienst in die Wohnung des Philipp in der Hafengasse kommen? Dann kann ich dich einiges fragen. Vielleicht ist auch Lukas selber dabei. Auf Wiedersehen.

I: Der hat es aber eilig. – Ich möchte ja wissen, wie das Evangelium des Lukas aussehen wird. Was möchte Lukas wohl über die Geburt Jesu wissen?

▷ *Tonband 2*

Lukas: Ich freue mich, dich hier kennen zu lernen. Heil dir, Ismael!

Ismael: Schalom dir, Lukas!

L: Es ist schön, daß du den Gottesdienst in unserer Gemeinde besuchst. Inmitten der übrigen Griechen, die ihre Götter verehren, sind wir Christen nur eine recht kleine Gruppe. Dir hat Nikos schon von meinem Vorhaben erzählt!

I: Setzen wir uns doch. Ja, du willst ein neues Evangelium schreiben und sammelst dazu Geschichten und Worte von Jesus.

L: Ja, du weißt, Markus hat vor mehreren Jahren sein Evangelium geschrieben. Es ist bekannt geworden über Rom hinaus bis nach Griechenland und wird auch in Palästina, der Heimat Jesu, gelesen. Dieses Evangelium von Markus gefällt mir. Aber auf meinen Reisen habe ich weitere Geschichten über Jesus kennengelernt und auch kurze Sätze von Jesus gehört, ja sogar von einer ganzen Sammlung von Sprüchen Jesu erfahren. Sie hatte Markus noch nicht gewußt und deshalb nicht in seinem Evangelium niedergeschrieben.

I: Ich weiß auch einige Ereignisse und Erzählungen über Jesus, die nicht im Evangelium des Markus stehen. Ich habe sie in unserer Gemeinde in Jerusalem gehört.

L: Oh prima. Die mußt du mir genau erzählen. Ich habe vor, alles aufzuschreiben, was wir noch von Jesus wissen. Ich sitze bereits seit einigen Tagen an meinem Schreibtisch, habe das Markusevangelium vor mir und auch eine ganze Rolle von Sprüchen und viele Erzählungen von Jesus, die ich auf meinen Reisen gesammelt habe.

I: Du hast also wirklich ernsthaft vor, ein Evangelium zu schreiben!

L: Ja. Ich hoffe, es gelingt mir. Dabei habe ich noch ein großes Problem. Meine Freunde hier in Griechenland fragen sehr viel danach, wie es mit Jesus als Kind begann. Freilich war es nach dem Tod Jesu für Petrus und die übrigen Jünger zuerst wichtig zu predigen, daß Jesus bei seinem Tod von Gott auferweckt worden ist. Sie haben ja in Jerusalem gemerkt, daß Jesus lebte und bei Gott war. Sie erzählten auch, wie es bei Jesu Leiden war, bei seiner Kreuzigung und seinem Tod. Und sie berichteten überall, was Jesus während seines Lebens gesagt und getan hatte. Sie erzählten von seiner Botschaft vom Reiche Gottes, von Gott als Vater, daß Jesus auch die Sünder liebt, und vieles mehr.

I: Ja, all dies war für die ersten Christen wichtig. Dies hatte später Markus in seinem Evangelium niedergeschrieben. Wir können es immer nachlesen.

▷ *Tonband 3*

Ismael: Du hast mir jetzt von deinem Wunsch erzählt, ein Evangelium für deine Landsleute zu schreiben.

Lukas: Meine Freunde und ich wollen aber noch mehr von Jesus wissen als Markus in seinem Evangelium schreibt. Markus erzählt nur vom erwachsenen Jesus. In meinem Evangelium sollte auch stehen, wer die Eltern Jesu sind, wie seine Heimatstadt heißt, wo er geboren ist, ob es sich nicht schon bei seiner Geburt zeigte, welch große Bedeutung Jesus später als Erwachsener haben würde. Ich habe aber in den Gemeinden, die ich besucht habe, nie etwas darüber gehört.

I: Mhm; ich glaube, ich kann dir helfen, Lukas. Ich erinnere mich, daß in unseren Gottesdiensten in Jerusalem eine längere Erzählung darüber vorgetragen wurde. Sie wird dich interessieren.

L: Erzähle doch, Ismael. Ich bitte dich darum.

I: Damit du diese Erzählung, die von der Geburt und den ersten Jahren Jesu handelt, verstehst, muß ich dir aber vorher noch von Johannes erzählen.

L: Du meinst den Bußprediger, auch Täufer genannt? Aber hat er denn mit deiner Geschichte von der Geburt Jesu etwas zu tun?

I: Oh ja. Zu unseren Gottesdiensten in Jerusalem kommen auch Leute, die früher Jünger dieses Johannes waren. Von ihnen hörten wir eine längere Erzählung von den Ereignissen vor und nach der Geburt des Johannes. Diese Geschichte hatten einige von uns hergenommen und mit Erzählungen aus der Kindheit Jesu erweitert.

L: Aber stimmt denn dann die Erzählung von der Geburt Jesu?

I: Beruhige dich! Natürlich wissen wir nicht mehr viele Einzelheiten von den ersten Jahren Jesu. Dafür sind schon mehr als 70 Jahre vergangen, obwohl du einiges aus dieser Erzählung durchaus in Israel, der Heimat Jesu, noch nachprüfen kannst. Diese Geschichte sagt aber, was wir von Jesus glauben, nämlich: Johannes der Täufer war ein bedeutender Gottesmann; ihn müssen wir auch heute noch achten; Jesus aber ist der Höchste, der Bedeutendste der Gottesmänner. Er ist viel größer und wichtiger als alle vor ihm. Er ist selbst bedeutender als Johannes der Täufer! Das will diese Geschichte von Johannes und Jesus sagen.

L: Ich verstehe so langsam. Deine Erzählung zeigt also, was wir von Jesus glauben sollen.

I: Genau! Ich will dir weiter erzählen. Unsere Erzählung vom Kind Jesus hat fünf große Teile.

L: Du meinst: Vom Kind Johannes und vom Kind Jesus.

I: Du hast recht. Im ersten Teil der Geschichte wird erzählt, wie die Geburt der beiden Kinder angekündigt wird: Wie dem Vater des Johannes ein Engel erschienen sein soll, als er gerade im Tempel arbeitete, und wie der Mutter Maria von einem Engel gesagt wird, daß sie das Kind Jesus bekommen würde. Dann wird erzählt, daß die beiden Mütter, Elisabeth und Maria, sich begegnen: Maria geht nämlich zu Elisabeth zu Besuch, mit ihr ist sie ja verwandt. Dort freuen sich beide besonders über die baldige Geburt des Jesus. Nun endlich wird von der Geburt des

Johannes erzählt; wichtiger allerdings ist dann die Erzählung von der Geburt des Kindes Jesus, den wir ja als den Messias verehren. Schließlich folgt noch die Erzählung von der Beschneidung der beiden Kinder, Johannes und Jesus. Das ist ein jüdischer Brauch. Dabei erhalten die Kinder ihren Namen. In der fünften und letzten Erzählung steht nichts mehr über Johannes. Sie ist von Christen in Jerusalem an den Schluß angehängt worden. Sie erzählt, daß Jesus mit 12 Jahren den gelehrten Männern im Tempel zeigte, wie weise er war, als er ihnen Fragen stellte zu den jüdischen Heiligen Schriften und äußerst kluge Antworten gab.

L: Das also sind die fünf Teile der Erzählung. Dabei wird in den ersten vier Teilen immer gleichzeitig von Johannes dem Täufer und Jesus erzählt.

I: Aber vergiß nicht, jeder Teil dieser großen Erzählung will zeigen, daß Jesus über dem Johannes steht, daß Jesus uns mehr bedeutet als Johannes.

L: Du spannst mich aber ganz schön auf die Folter, Ismael. Du hast mir bis jetzt nur die kurze Inhaltsangabe erzählt. Erzähl mir doch endlich eure ganze Geschichte.

I: Das will ich gerne tun. Ich kann mir vorstellen, daß diese unsere Erzählung sehr gut für den Anfang deines neuen Evangeliums paßt.

L: Ja, erzähle endlich. Wichtig ist für mich zu wissen: aus welcher Familie stammt Jesus? wo ist er geboren? wie ist er aufgewachsen? haben die Erwachsenen damals schon vermutet, daß er ein besonderes Kind war? Besser ist natürlich, wenn ich schreibe, daß wir Christen jetzt nach 70 Jahren nach seiner Geburt glauben, daß er seit seiner Geburt der Messias ist. Davon berichtet deine Erzählung doch, nicht wahr?! Erzähle endlich!

I: Also höre: ...

3. Tafelschema

▷ Evtl. als Überdeckfolien, bei denen zuerst nur die leeren Zeilen und Kästchen gezeichnet sind, während die verschiedenen Elemente des Tafelbildes auf einzelnen Overheadfolien darübergelegt werden.

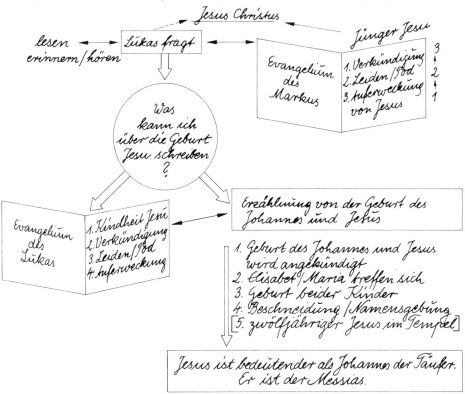

Kontexte

Maria

Die Nacht ihrer ersten Geburt war
Kalt gewesen. In späteren Jahren aber
Vergaß sie gänzlich
Den Frost in den Kummerbalken und rauchenden Ofen
Und das Würgen der Nachgeburt gegen Morgen zu.
Aber vor allem vergaß sie die bittere Scham
Nicht allein zu sein
Die dem Armen eigen ist.
Hauptsächlich deshalb
Ward es in späteren Jahren zum Fest, bei dem
Alles dabei war.
Das rohe Geschwätz der Hirten verstummte.
Später wurden aus ihnen Könige in der Geschichte.
Der Wind, der sehr kalt war
Wurde zum Engelsgesang.
Ja, von dem Loch im Dach, das den Frost einließ, blieb nur
Der Stern, der hineinsah.
Alles dies
Kam vom Gesicht ihres Sohnes, der leicht war
Gesang liebte
Arme zu sich lud
Und die Gewohnheit hatte, unter Königen zu leben
Und einen Stern über sich zu sehen zur Nachtzeit.   *Bertolt Brecht*

Dezembernacht

Feldhüter haben in einem Geräteschuppen
(Steckrübenacker, Pflaumenbäume, Flußwind)
Eine Geburt aufgespürt, hier unzulässig.
Flüchtlinge gehören ins Lager und registriert.
Der Schafhirt kam dazu, ein junger Mann,
Der ging mit einem Stecken übers Mondfeld.
Sein Hund mit Namen Wasser sprang an der Hütte hoch.
Ein Alter drinnen gab Auskunft, er sei nicht der Vater.
Die Feldhüter verlangten Papiere. Das Neugeborene schrie.
Die Schafe versperrten die Straße. Drei Automobile
Ein Mercedes, ein Bentley, eine Isetta hielten an.
Drei Herren stiegen aus, drei Frauen, schöner als Engel,
Fragten, wo sind wir, spielten mit den Lämmern.
Spenden Sie etwas, sagten die Feldhüter.
Da gaben sie ihnen
Ein Parfüm von Dior, einen Pelz, einen Scheck auf die Bank von England.
Sie blieben stehen und sahen zu den Sternen auf.
Glänzte nicht einer besonders? Ein Rauhreif fiel,
Die kleine Stimme in der Hütte schwieg.
Ein Mercedes, ein Bentley, eine Isetta fuhren an
Und summten wie Libellen. Der Hirte schrie
Fort mit euch Schafen, fort mit euch Lämmern.
Ist das Kind gestorben? Das Kind stirbt nie.   *Marie-Luise Kaschnitz*

103

Als alle die Hütte verlassen hatten

Als alle die Hütte verlassen hatten –
Als die Könige fortgeritten waren,
Wie benommen von dem Erstaunlichen, doch mit einem
Blick des Einverständnisses: wir werden schweigen –
Als die Hirten zu ihren Schafen auf den Hügeln zurückkehren mußten
(Auch der jüngste Hirt, Nathanael, jener, der so gerne
Bei den dreien geblieben wäre, um das Kind zu schützen,
Auch er ging, obgleich zögernd) –
Als alle, wer immer es war, alle fortgegangen waren
Und das Gesumm der Anbetung erloschen,
Als nur noch der Himmel, Nacht und Sterne
Mit der Erde über das Ereignis sprachen,
Ging ich,
Ja, auch ich ging dorthin, zurückhaltend, ich gestehe es: aber ich ging,
Durch Schnee wanderte ich, der dem kalten Schnee von Rußland glich, vor Jahren,
Über Felder, die vor nicht langer Zeit sich gehoben hatten in riesigen Zuckungen.
Durch die Vorräume, Kammern und Hallen der Zeit ging ich,
Durch viele Stimmen, an vielen Gesichtern vorbei –
Bis ich in Stille trat,
Bis ich zum Stall kam im Morgengrauen. Er hatte sich nicht verändert.
Nein, nichts hatte sich verändert.
Dann stand ich im Schatten der Hütte und sah hinein.
Um zu sehen, was die Könige und Hirten gesehen hatten,
Nicht weniger, nicht mehr.
Ich konnte die beiden erblicken, sie schliefen nun. Wie seltsam:
Sie glichen meinen Eltern, wie ich sie von verblichenen Bildern kannte.
Ich sah das Kind. Auch das Kind schlief. Wie erstaunlich:
Es glich dem Kinde meiner Nachbarn.

Walter Bauer

Mein Jahrhundert

Mein Jahrhundert
hat den Mond als Schießbudenscheibe
in den Weltraumjahrmarkt gehängt -
Mein Jahrhundert
hat das Dach der Welt gesprengt –
jetzt füttert es die Angst der Menschen
mit abgestorbenen Phrasen der Menschlichkeit
(oder mit Schlaftabletten aus Phrasen)
Glocken werden gegossen
(zur Gemütsberuhigung)
Kunst experimentiert Treibsätze des Geistes ins Weltall –
Stacheldraht, Grenzmauern experimentieren mit Menschen
zerbrechen Herzen, morden
die Besäufnis wächst
Weihnachten sind die Kirchen überfüllt, Atome ruhen
Heilandsgeburt rührt noch immer

Ursula Adam

Seesturm

FRITZ WEIDMANN

→Helmut Bieber, Bd. 1, S. 68

Zielgruppen

I. Hauptschule und weiterbildende Schulen, 7. und 8. Jahrgang (vgl. Zielfelderplan 5–10, München 1973, Thema Wunder und Wundergeschichten im 7. Schülerjahrgang). Zeitbedarf: 1–2 Unterrichtsstunden

II. Vorschlag für eine Fortbildungsveranstaltung von Lehrern oder: Einkehrtag mit jungen Erwachsenen. Zeitbedarf: ca. 90 Minuten (verschiedene Modell-Ansätze)

I. »Seesturm« im Religionsunterricht

1. Vorüberlegungen

a) In sachlicher Hinsicht

(Vgl. dazu »Blindenheilung«, Bd. 2, 1a, erster und zweiter Absatz.) Hier wird etwas erzählt, das nach unserer Erfahrung menschliche Fähigkeiten und Möglichkeiten übersteigt. Eine Beherrschung der Naturkräfte in diesem Ausmaß ist nach unserer Erfahrung nicht möglich. Jesus handelt hier so, wie es uns in unserer Welt nicht möglich ist. Er handelt außerhalb unserer Möglichkeiten und Wahrscheinlichkeiten.

Die Größe des beschriebenen Augenblicks liegt nun nicht primär darin, daß die Jünger den Herrn als jemanden erfahren, der ihnen in ihrem Schrecken, ihrer Angst und Todesnot Hilfe bringt, sondern sie ist darin zu erblicken, daß das der urchristlichen Tradition geläufige Bild des »Exorzisten Jesus [...] mit dem Überbietungsmotiv im Blick auf Ps 107,29 gesteigert« wird. In Jesus handelt vielmehr Gott. Die Stillung des Sturms und das Glätten der Wogen sind nach alttestamentlicher Vorstellung »die Prärogative Gottes« (*R. Pesch,* Das Markusevangelium, I. Teil, Freiburg–Basel–Wien 1976, 272).

Derjenige, der hier handelt, ist also nicht irgendein Handelnder, sondern jemand, der im Glauben als »Sohn Gottes« und als »Gott« erkannt und anerkannt wird. Die als Chorschlußfrage gestaltete Akklamation der Jünger (Mk 4,41) verdeutlicht dies nochmals. Sowohl die Jünger als Zeugen des Rettungswunders als auch die Adressaten und späteren Hörer dieser Erzählung können nur antworten: Der, dem Wind und Meereswogen gehorchen ist mehr als nur Jona. Er handelt in Jahwes Kraft und Namen selbst und ist damit der Herr über das Chaos.

b) Im Blick auf den Heranwachsenden

(Vgl. dazu die Ausführungen »Blindenheilung«, Bd. 2, 1b, erster mit dritter Absatz.) Das vorliegende Bild des Seesturms kann den Heranwachsenden einladen, sich mit den Jüngern im Boot sowie deren Rollen und Lebensschicksalen zu identifizieren. Das Bild »spricht« die Heranwachsenden dann besonders eindringlich an, wenn es aus der Perspektive der Jünger betrachtet und nachempfunden wird. Gerade Jugendliche dieses Alters können in ihrem persönlichen Lebensbereich wie auch im Leben Gleichaltriger immer wieder die Erfahrung der Angst, der Bedrohung, der existentiellen Not, des Verlassen- und Alleinseins, der Ausweg- und Hoffnungslosigkeit, des »Untergehens« machen. Verschärfend kommt hinzu, daß ihnen auf ihre vielen Hilferufe häufig keine überzeugende und rettende Hilfe (von ihrer Mitwelt) zuteil wird. Darüber hinaus scheint ihnen, daß auch Gott nicht selten schweigt und versagt. Eine Erfahrung, die sich im Resignieren und der inneren Verunsicherung vieler Jugendlicher angesichts des nicht zu erkennenden Sinns ihres Lebens dokumentiert.

Mittels dieses Bildes könnte daher dem Jugendlichen auf meditative Weise erschlossen werden, daß eine endgültige und dauerhafte Rettung aus solchen Situationen existentieller Gefährdung nur im Übereignen des eigenen Geschicks an Jesus, dem in göttlicher Kraft und Vollmacht handelnden Retter, erfolgen kann. Wobei zugleich deutlich wird, daß dieser Jesus mit der Errettung aus der Gefahr und Bedrohung stets auch die Frage nach dem Glauben als dem zu erbringenden Verhalten verbindet.

2. Lernziele

a) Grobziel
Die Schüler sollen den Holzschnitt vom Seesturm als Anruf an ihren Glauben erkennen

b) Feinziele
1. Die Schüler sollen befähigt werden,
– optische Eindrücke verbalisieren zu können;
– durch intensives Betrachten die Formen, Linien und das Spannungsgefüge des Bildes deuten zu können;
2. Die Schüler sollen erkennen, daß
– in diesem Bild nicht nur eine Deutung der Seesturmperikope durch den Künstler zum Ausdruck gebracht wird, sondern daß sie selbst durch das Bild zu neuen Deutungen im Glauben angeregt werden können;
3. Die Schüler sollen verstehen, daß
– Wind, Sturm und Wellen bildhaft die Gefährdung, das Verlorensein, die Verzweiflung, Hilflosigkeit und Ohnmacht menschlichen Lebens darstellen sollen;
– Jesus in Gottes Vollmacht handelt;
4. Die Schüler sollen erahnen und verspüren, daß
– Jesus den Glauben seiner Jünger und der ihm Folgenden fordert;
– die Rolle der Jünger im Boot auf das eigene Leben übertragbar ist;

3. Geplanter Unterrichtsverlauf

Methodisch-didaktische Hinweise	Unterrichtsgeschehen
a) Einstieg Angestrebt wird ein Konzentrations- und Kommunikationsvorgang, der den Schülern die Erfahrung eines *»Gemeinsam-vor-dem-Bild-Seins«,* eines gemeinsamen Schauens des Bildes ermöglicht.	▷ Stilles Betrachten des (nach Möglichkeit großformatigen) Bildes durch die Schüler (ca. 3 Minuten). *L:* Für dieses Bild können wir eine Überschrift, ein Thema finden. *S:* Jesus schläft … Jesus und die Jünger im Boot … Der Seesturm … usw.

b) Bildbetrachtung

1. Teilziel: Wahrnehmen und Betrachten der Bildeinzelheiten und Eindringen in die Formen, Farben und das Spannungsgefüge des Bildes:

▷ gelenktes Unterrichtsgespräch	*L–S:* Wir versuchen, uns zunächst die Gesamtansicht des Bildes zu vergegenwärtigen und dann dessen Einzelheiten aufzuzeigen.

S: Jesus – die Jünger – das Boot – die hereinbrechenden Wellen – der Bootsmast (Kreuz!) – das Segel . . .

▷ Eingehendes Betrachten der dargestellten Einzelheiten *(Partner- oder Gruppenarbeit)* mit anschließendem Einbringen und Auswerten des Erarbeiteten im *Klassengespräch*

L: Achtet bei den Personen besonders auf ihren Gesichtsausdruck, ihre Hände!
S: Jesus schläft, ruht . . . im Boot.
Seine Augen sind geschlossen.
Sein Kopf ist auf seine gekreuzten Arme gesunken.
Seine großen Hände ruhen. Sein Gesicht ist friedlich und entspannt . . .
Das dunkle, modrig-moorige Grün, das nahezu das gesamte Bild beherrscht, ist auf dem Gesicht Jesu durch helle Farbtöne aufgelöst und durchbrochen . . .
S: Im Gegensatz hierzu die Gesichter der Jünger: Sie werden von dem dunklen, fast trostlosen Grün beherrscht.
Auf ihren zerfurchten Gesichtern und in ihren weit aufgerissenen Augen spiegeln sich Todesangst, Furcht, Entsetzen und Verzweiflung. Ihre mächtigen, erhobenen, bittenden, ausgestreckten Hände bilden fast einen Kreis um den Kopf und die Hände des ruhig Schlafenden.
S: Die Wellen brechen in das Boot hinein. Ein Teil des Bootes scheint bereits von den Wellenbrechern verschlungen zu sein. –
Es treibt wie eine Nußschale im tosenden, brandenden Meer. –
Das Segel hat sich losgerissen. Es ist zerrissen. –
Mast und Quermast ragen in Kreuzesform über den Jüngern (symbolhafte Darstellung für die Befindlichkeit der Jünger Jesu – *Leben unter dem Kreuz!)*
– Schiffsbug, Mast und Quermast bilden zugleich auch die Form eines Ankers (ein urchristliches Symbol der *Hoffnung!)*

▷ *Teilzusammenfassung* als stichpunktartige Tafelanschrift der wichtigsten Ergebnisse

2. Teilziel: Erschließung des diesem Bild zugrunde liegenden Schrifttextes
▷ *Vorlesen* des Textes Mk 4,35–41 (vgl. auch Lk 8,22–25) durch den Lehrer oder einen Schüler
▷ *Herausarbeiten* der bedeutsamsten Aussagen des Textes in *Gruppenarbeit* und zusammenfassendem

Klassengespräch unter folgenden
Gesichtspunkten:

▷ *Die handelnden Personen und ihre Beziehungen:*
– Am Anfang bildet Jesus mit den Jüngern eine
geschlossene Gruppe.
– Diese Einheit wird trotz räumlicher Nähe dadurch
aufgehoben, daß Jesus sich isoliert, indem er ein-
schläft...
– Die Jünger geraten nun in Gefahr, sie werden dem
Sturm ausgesetzt...
– Die Wende in Gefahr und Not wird nicht durch
Jesus eingeleitet, sondern durch die Jünger, durch
ihren Hilferuf: »Meister, kümmert es dich nicht, daß
wir zugrunde gehen?« (Mk 4,38) – »Meister, Meister, wir gehen zugrunde!« (Lk 8,24).
– Jesus wendet sich zunächst an den Sturm und die
Wellen, dann erst wendet er sich an die Jünger – nicht
mit einer Antwort, sondern mit einer für die Jünger
entscheidenden Frage: »Was seid ihr so furchtsam?
Warum habt ihr nicht Glauben?« (Mk 4,40) – »Wo ist
euer Glaube?« (Lk 8,25).
– Die Jünger gehen auf die Frage nicht ein. Sie
fragen vielmehr ihrerseits – nicht Jesus, sondern
einander: »Wer ist wohl der, daß sogar der Wind und
der See ihm gehorchen?« (Mk 4,41).

▷ *Die räumliche und zeitliche Sicht des Ereignisses:*
– Das Ereignis spielt sich in einem Boot auf einem
See ab. – Ein kleiner, umschriebener Ort in der
großen Weite der Natur.
– Aber die kleine Gruppe der Jünger ist anscheinend
unabsehbaren Gefährdungen ausgesetzt. – Der enge,
kleine Raum und die Nähe, in der man sich geschützt
und geborgen meinte, werden plötzlich durch über-
mächtige Gefahren aufgebrochen...
(Eine Erfahrung, die wir nahezu täglich in unserem
Leben machen können!)
– Zeitlich geschah dieses Ereignis an irgendeinem
Tag und war der Erzählung nach bald beendet. – Für
den heutigen Leser, Hörer, Jünger ist es jedoch nicht
beendet und vorbei – es gilt weiter...

▷ *Die Interpretation des Textes:*
– Die anfängliche Zusammengehörigkeit Jesu und
der Jünger wird einmal durch die äußere Bedrohung
(Untergang...) und dann aber grundlegend durch
die innere Verunsicherung (Furcht, fehlenden Glauben...) der Jünger durchbrochen und gestört.
– Dem scheinbar gerechtfertigten Hilferuf (-schrei)
setzt Jesus die Frage nach dem Glauben als das
geforderte Verhalten gegenüber.

– Jesus kann dies, da in ihm Gott handelt und sich offenbart. (Verweis auf Ps 107,23–31: Gott stillt den Sturm und beruhigt die Meereswogen – Ps 104,7: Vor Gottes drohendem Wort und seiner donnernden Stimme weichen die Fluten zurück.)
– Daraus folgt das abschließende erschreckte Staunen der Jünger (in der Chorschlußfrage), das Faszination und Bekenntnis zugleich darstellt.

▷ *Vergleich des Bildes mit dem Text:* Durch Unterstreichen einzelner Passagen bzw. Details des Textes sind von den Schülern die Aussagen kenntlich zu machen, die im Bild vom Künstler besonders herausgearbeitet und gestaltet wurden.

3. Teilziel: Transfer der Inhalte des Bildes und der Schriftstelle auf das Leben der Schüler.

▷ Es geht dabei um das Vernehmen eines persönlichen Angesprochenwerdens durch das Bild (affektivemotionaler Bereich).

Einzel- oder Partnerarbeit mit anschließendem *Klassengespräch:* Die Mitteilung der verschiedenen Eindrücke und »Sichtweisen« der Schüler soll dem einzelnen auch eine Erweiterung der Möglichkeiten bieten, das Bild für sein Leben verhaltenswirksam aufzunehmen.

L: Jetzt sehen wir das Bild vielleicht viel »tiefer« (unter neuen Gesichtspunkten...) als beim ersten Betrachten...
Das Bild kann uns, jeden von uns, ganz persönlich ansprechen...
Was kann es uns sagen?
Was kann es für mich, mein Leben ... bedeuten?
S: – Das Boot ist Bild (Symbol...) für unser Leben, für unseren Lebensweg, auch für die Kirche...;
Benennen möglicher Situationen aus dem individuellen und sozialen Lebensbereich wie auch aus der erfahrenen und erfahrbaren Kirche, in denen Zweifel, Angst, Furcht, Versagen, Kleinglaube ... anzutreffen sind.
– Der »schlafende« (der zurückgezogene, verborgene, isolierte, scheinbar abwesende...) Jesus (Gott) wird auch von uns (den Christen als Jüngern) tagtäglich als belastend und notvoll erfahren... (Erfahrung des *deus absconditus*)
(Solches wird auf dem Bild in den Gesichtern, den hilfesuchenden Händen und dem im Boot kauernden Häuflein der Jünger eindrucksvoll zum Ausdruck gebracht.)
– In aller Angst, Gefährdung, Not und Zweifel an Jesus (an Gott) nehmen die Jünger dennoch in ihrem kleinmütigen, schwankenden und verzagten Glauben ihre Zuflucht an Jesus...

– Unserem Bild liegt nicht nur eine Erzählung vom Angst-Haben und Hilfe-Suchen, sondern auch eine vom Gerettet-Werden zugrunde. Ein Gerettet-Werden *aus dem* und *im* Glauben. – Benennen möglicher Situationen im menschlichen Leben, in denen solcher Glaube von einem gefordert wird. (Dabei dürfte nicht verschwiegen werden, daß es Situationen gibt, in denen Menschen keine Rettung erfahren und in denen sie ihren Glauben nicht mehr einbringen können und wollen.)

c) Meditativer Ausklang bzw. Abschluß
Das Bild sollte noch einige Minuten in Stille betrachtet werden.
▷ Dabei lassen sich in das schauende Schweigen folgende Sätze in Anlehnung an den Chorschluß des Schrifttextes bei Markus bzw. Lukas, in deutlichen Pausen voneinander abgehoben, sprechen:

L: »Wer ist wohl dieser, daß sogar der Wind und das Meer ihm gehorchen?« ...
»–, daß er sich so selbstverständlich und unmittelbar auf Gott als seinen Vater beruft?« ...
»–, daß er mit Zöllnern und Sündern ißt?«
»–, daß er Fischer und einfache Menschen zu seinen Jüngern beruft?«
»–, daß er in der Kraft Gottes die Kranken und Besessenen heilt und die Toten auferweckt?«
»–, daß er nach Jerusalem hinauf geht, obwohl ihn dort Kreuz und Tod erwarten?«
»–, daß er ...«

▷ Anstelle dieser Chorschlußparaphrase eignet sich auch der Text »Der Sturm auf dem Meere« von *Margot Scharpenberg* (→Kontexte) als meditativer Ausklang.

II. Vorschlag für eine Fortbildungsveranstaltung von Lehrern oder einen Einkehrtag mit jungen Erwachsenen

Adressaten: Junge Erwachsene (Einkehrtag, Jugendführerschulung usw.); *Religionslehrer* (Fortbildungsveranstaltung); *Zeitbedarf:* ca. 90 Minuten
Lernziel: Die Teilnehmer sollen – durch das Bild angeregt – befähigt werden, die Seesturmperikope im Blick auf ihr Leben aus dem Glauben zu deuten.

1. Begegnung mit dem Bild
▷ Das großformatige Bild ist an die Wandtafel geheftet oder auf dem Hintergrund eines großformatigen Packpapiers an der Wand befestigt. (Die Möglichkeit zum Schreiben um das Bild sollte gegeben sein.)

▷ Stilles Betrachten des Bildes durch die Teilnehmer; Herausarbeiten der dem Bild zugrunde liegenden Grundmotive wie Angst, Furcht, Verzweiflung – Glaube, Vertrauen, Hoffnung... (evtl. anhand der →Ausführungen 3b, 1. Teilziel im vorausgehenden Unterrichtsvorschlag)

2. Verknüpfen mit den eigenen Lebenserfahrungen

▷ Nun schreiben die Teilnehmer mit Kreide oder Filzschreibern ihre Assoziationen zu diesen Grundmotiven rund um das Bild. – Dabei entsteht ein großer *Assoziationsstern* (vgl. F. Trautmann, →Betlehem I 1.).
U. a. sind hier Erfahrungen aus folgenden Lebensbereichen anzuschreiben:
a) mikrosozialer Bereich: Mißerfolge, Einsamkeit, Nicht-verstanden-Werden, Ablehnung, Verkanntwerden, Enttäuschungen, unerfüllte Erwartungen und Hoffnungen, Lieblosigkeiten, Verachtung, Krankheit, vermeintliche Sinnlosigkeit des eigenen Lebens...
b) makrosozialer Bereich: Armut, Hungersnot, Naturkatastrophen, Krankheiten, Kriege, Verbrechen...
▷ Zu thematisieren und in Form von Stichpunkten anzuschreiben wäre ferner,
– daß wir manchmal Menschen finden, die uns Mut machen, die uns Vertrauen geben, wenn wir in Bedrängnis und Not sind, wenn wir Angst haben...; die unser Leid mit uns zu teilen versuchen...; die uns Trost und Hoffnung in unseren Ängsten und Sorgen schenken...
– daß wir mitunter aber scheinbar völlig verlassen sind, daß niemand da ist, der uns hilft und tröstet, aufrichtet, uns Gelassenheit zuspricht, uns Hoffnung gibt...

3. Ordnen dieser Assoziationen in theologischem Kontext
unter folgenden *Zuordnungsschemata:*

Die Angst und der Kleinmut der Jünger

das Wunder der Erlösung und Rettung aus dem Glauben ← → Zuflucht zu Jesus trotz Verzweiflung und Verzagtheit

meine (der Menschen) Verzweiflung

vom Sinn des Leides ← → und Gott schweigt?

meine (der Menschen) Ängste

das Kreuz als Lösung und Erlösung ← → Vertrauen auf den Herrn

4. Den Abschluß bildet eine Metaphermeditation, die in Einzel- oder Partnerarbeit erstellt wird

▷ Es handelt sich hierbei um eine geeignete Form, persönliche und existentiell betroffen machende Erfahrungen zur Sprache zu bringen. Dabei können auch in einer größeren Gruppe persönliche Erfahrungen so unter dem Anspruch der Religion und des Glaubens mitgeteilt werden, daß der persönliche Bereich des einzelnen geschützt bleibt.
Zugleich wird dabei aber auch eine Möglichkeit des Bekennens und damit des Betens eröffnet.

Gott ist für mich wie
– ein guter Freund, dem ich alles anvertrauen kann, der für mich immer da ist, der mir immer hilft.
– eine Mutter, die immer dann da ist, wenn ich sie am notwendigsten brauche.
– ein Vater, zu dem ich mit allen meinen Sorgen und Ängsten kommen kann.
– ein erfahrener Bergführer, der mich sicher ans Ziel bringt, wenn ich mich ihm anvertraue.
– ein guter Arzt, der in allen Zweifeln und Nöten mir seinen Rat gibt und mir helfen will.
– eine Gemeinschaft von Gleichgesinnten und Freunden, in der ich angenommen werde und mich geborgen fühle.
– die Hand, die einen Ertrinkenden aus der Flut und dem Wasser herauszieht und rettet.
– ein offenes Ohr.
– der sehnlichst erwartete Sonnenschein nach Tagen des Regens und des Trübsinns.
– eine Quelle frischen Wassers nach einer langen und ermüdenden Wanderung.
– eine Oase in der Wüste, ohne die ich nicht leben kann.
– usw.
Da Metaphern stets persönlich Erfahrenes wiedergeben, sollten sie während der Meditation weder diskutiert noch bewertet werden.

▷ Während eines abschließenden stillen Betrachtens des Bildes »Der Seesturm« können diese Metaphern in Form eines Gebetes durch einen Teilnehmer langsam mit kurzen Pausen vorgetragen werden.

5. Alternative

Als Alternative bietet sich auch an, daß jeder Teilnehmer ein Blatt Papier (DIN A 4) erhält, in dessen Mitte das Seesturmmotiv in Kleinformat geklebt ist.

▷ Um das Bildmotiv herum sind dann in Form eines *Assoziationssterns* die Metaphern zu schreiben, die vom einzelnen Teilnehmer der Meditation selbst gefunden wurden und die – von anderen Teilnehmern gefunden – persönlich bejaht und als zutreffend erachtet werden (→F. Trautmann, Betlehem).

6. Gesamtzusammenfassung

▷ Tafelanschrift bzw. Überschrift über das großformatige Bild:
»Er ruft mich an, und ich erhöre ihn; in jeder Not bin ich ihm nah.«   (Ps 90,14)

Kontexte

Der Gang auf dem Seil

Einmal saßen die Chassidim in brüderlicher Gemeinde beisammen, als Rabbi Israel, die Pfeife in der Hand, zu ihnen trat. Da sie ihn so nah und vertraut vor sich sahen, redeten sie ihn an:
»Sagt uns doch, lieber Rabbi, wie sollen wir Gott dienen?«
Er verwunderte sich und antwortete:
»Weiß ich's denn?«
Aber sogleich fuhr er fort zu sprechen und erzählte:
»Es waren einst zwei Freunde, die wurden eines gemeinsamen Vergehens halber vor dem König angeklagt. Da er sie aber liebte, wollte er ihnen eine Gnade erweisen. Lossprechen konnte er sie nicht, denn auch das königliche Wort besteht nicht gegen die Satzung des Rechts. So sprach er das Urteil, es solle über einem tiefen Abgrund ein Seil gezogen werden, und die zwei Schuldigen sollten es, einer nach dem anderen, beschreiten; wer das jenseitige Ufer erreiche, dem sei das Leben geschenkt. Es geschah so, und der eine der Freunde kam ungefährdet hinüber. Der andere stand noch am selben Fleck und schrie: ›Lieber, sage mir doch, wie hast du es angestellt, um die fürchterliche Tiefe zu überqueren?‹ ›Ich weiß nichts‹, rief jener zurück, ›als dieses eine: Wenn es mich nach der einen Seite riß, neigte ich mich auf die andere.‹«

Martin Buber

Der Sturm auf dem Meere

Hier ist der Ort
von dem er sagte
es gäbe ihn nicht

weder Grube noch Nest
für den Menschensohn
da legt er sein Haupt hin

die Jünger sind bange
wie ehemals Jonas
im Walfischbauch

auch sie trägt ein Untier
und peitscht die Wellen
mit seinem Schweif

nur zum Schein
sind Segel und Ruder
in ihre Hände gelegt

unten und oben
Meer und Himmel
ineins

auch ich
wär ich bei ihnen
wäre voll Furcht

ob er nicht weiß daß die Seinen
schon untergehen

im Auge des Sturms
hält er die Augen geschlossen

Feindliches soll er
das Meer
und unsern Kleinmut bedrohen

verlangen wir ihm
das Wunder ab

es ist Zeit es ist keine
Zeit mehr
wir müssen ihn wecken

Margot Scharpenberg

Während des Sturms

Das Boot ist klein und das Meer ist groß,
Die Woge wirft uns zum Himmel hin,
Der Himmel stößt uns zurück in den Schoß,
Am Maste beten wir auf den Knien.

Vom Grabe trennt uns ein dünnes Brett,
Da schlafen wir, vielleicht heute Nacht,
Auf kaltem Leinen im bittern Bett,
Vom Schaum bekränzt, von Blitzen bewacht.

Du Blume des Paradieses, Marie,
So gut den Schiffern in Todes Not,
Den Wind und die Wogen, besänftige sie
Und stoß mit dem Finger heim das Boot.

Wir bieten, wenn Du uns rettest, zum Dank
Ein Kleid aus Silberpapier Dir an,
Eine Kerze, vier Pfund schwer, mit Blumengerank,
Und für Deinen Sohn einen kleinen Johann.

Hermann Burte

Fischfang

KARL VÖLK

→Paul Neuenzeit, Bd. 1, S. 72

Zielgruppen
I. *Studierende* eines (bibel-)theologischen Seminars, Kirchliche Jugend- und Erwachsenen-Katechese
II. *Religionsunterricht in der Sekundarstufe II* (auch als Anregung zu einem *Alternativ-Modell* gleicher Altersgruppe)

Vorbemerkung

Im Verlauf der Übung »Methoden im Religionsunterricht« wurde von den Studenten die Möglichkeit, Schüler an der Unterrichtsplanung zu beteiligen, zunächst bezweifelt, weil jene gar nicht in der Lage seien, ihre Lernbedürfnisse zu artikulieren. Auch seien Inhalte und Ziele des Unterrichts durch Lehrpläne festgeschrieben. Andererseits war klar, daß eine Beteiligung der Schüler an der Planung Vorteile mit sich bringt, die der »herkömmliche« Unterricht nicht erreicht. So wurde der Vorschlag verwirklicht, die Suche eines für die Gruppenmitglieder bedeutsamen Themas zum Inhalt der Übung zu machen.

Beim zweiten Adressatenkreis werden Schülern der Reformierten Oberstufe Kursentwürfe des kommenden Semesters zur Mitte des laufenden Halbjahres vorgelegt bzw. mit den Schülern erarbeitet und zwar im Rahmen des festliegenden Kursthemas. Das Rahmenthema des vorliegenden Kurses heißt »Jesus Christus«.

I. Finden eines bedeutsamen Themas für die kirchliche Katechese

Adressatenkreis: Studenten des Faches Katholische Theologie

Wie kann die Gruppe eine emotionale und existentielle Beziehung zu Themen und Zielen (für den Religionsunterricht) entwickeln, die auch sachbezogen sind, sich also nicht nur unmittelbar aus Erfahrungen und Problemen in der Gruppe ergeben?

Die Teilnehmer sollten Gelegenheit haben, die eigenen Lernbedürfnisse einzubringen und das Arbeitsprogramm frei zu bestimmen. Eingangs wurde festgestellt, daß Ziele und Inhalte (des Religionsunterrichts) Kommunikationsfähigkeit in der Lerngruppe voraussetzen. Arbeits- und Gesprächsformen, die Kommunikation und Kooperation fördern, waren eingeübt (vgl. *Bernhard Grom,* Methoden für Religionsunterricht, Jugendarbeit und Erwachsenenbildung, Düsseldorf 1976, 20ff.), Artikulationsschwierigkeiten und Hemmungen abzubauen.

1. Lernziele

– Der Einsatz des Farbholzschnittes »Fischfang« soll der Lerngruppe mehr oder weniger latente Fragen und Interessen bewußt machen.

– Damit wird dem Farbholzschnitt »Fischfang« nicht von vornherein eine ekklesiologische Aussage unterlegt, es unterbleibt auch der Hinweis auf die Wundergeschichte vom reichen Fischfang (Lk 5,3–9).

– Dem Betrachter soll an dem Holzschnitt eine durchdringende Möglichkeit des Sehens der Welt und eine ihm zukommende Modifikation des Denkens eröffnet werden. Somit bietet »das Kunstwerk wegen der Radikalität seiner Suche nach Wahrheit und Sinn der Welt« (*Doedens*, Bildende Kunst und Religionsunterricht, Stuttgart/München 1972, 61) eine Deutung von Welt an, die der Suche der Gruppenmitglieder nach einem existentiell bedeutsamen Thema entspricht.

– *Negativ:* Religionslehrer setzen Bilder im Unterricht oft ein, um den biblischen Text, der »dahintersteckt« plausibel zu machen. Sie reduzieren damit ein Kunstwerk auf die Funktion, einen bestimmten Bibeltext zu bestätigen. Dieser Einsatz bietet sich vordergründig auch bei den Bibelholzschnitten W. Habdanks an. Wenn aber der Einwand ernstgenommen wird, daß das Kunstwerk dann eigentlich überflüssig wird, wenn es nur noch das aussagt, was im Bibeltext ohnehin schon formuliert ist (*Doedens*, S. 16), dann wird man ein Bild dem Betrachter zunächst ohne Vorinformation vorlegen.

– *Positiv:* Es geht also darum, unbeeinflußte Anregungen aus dem Holzschnitt zu holen, um ein Thema zu finden, das nach der Meinung als Aussage des Kunstwerkes interpretiert werden kann. Das hat aber auch zur Folge, daß andere Gruppen durch die je verschiedene Vorprägung der Gruppenmitglieder zu unterschiedlichen Ergebnissen kommen können.

(Das anschließende Modell wurde mit Studierenden in Hildesheim entwickelt und erprobt.)

2. Verlauf

Schritt 1 – Betrachten des Farbholzschnittes
▷ Eingangs wird vereinbart, zunächst (ca. 10 Min.) stillschweigend und unbeeinflußt von anderen den Holzschnitt zu *betrachten*. Ein Hinweis auf Künstler, Titel und Schriftzusammenhang wird nicht gegeben.
▷ Jeder soll seine Eindrücke, Einfälle, Erinnerungen, Fragen oder Gedanken notieren.

Schritt 2 – Gespräch
Beim Gespräch über die Eindrücke kommt erstaunlicherweise (Studenten des Fachs Theologie!) kein Hinweis auf die Wundergeschichte vom reichen Fischfang.
▷ Auf *Befragen* werden als *Stichworte* genannt:
– Anstrengung, Mühsal, schwere Arbeit, Kraft, Überleben, rauhes Leben;
– tägliches Brot, Erntearbeit, Spannung, Faszination, Risiko, Ausgesetztsein, Freude, Zufriedenheit, Fröhlichkeit, Hingabe, Gemeinschaft, gemeinsames Ziel.
Der Holzschnitt ist also *vieldeutig* und jede Interpretation hat ihre Berechtigung.
▷ In einer zweiten Runde werden aus den Stichworten wichtige *Grundfragen* als Anliegen formuliert: Gebe ich in der Arbeit mein Leben auf? – Wie finde ich Spaß an Mühsal und Anstrengung!? –
– Wie sieht mein und unser gemeinsames Ziel aus?
– Gibt es in meinem Leben etwas, das mich fesselt wie diese Männer?
– Was brauchen wir wirklich?
– Wann macht Gemeinsamkeit stark?
– Wann empfinde ich Freude und Glück? –
▷ Wie kann die Gruppe sich nun darauf einigen, welches der verschiedenen Themen zuerst behandelt werden soll oder steckt hinter diesen Fragen gar eine *gemeinsame Grundfrage?*

Schritt 3 – Entscheidung für ein Thema
▷ Die Teilnehmer bilden *Kleingruppen* (etwa je 4 Gruppenmitglieder), und besprechen die Liste der Fragen/Themen (ca. 30 Min.), wobei sie sich eine Prioritätenliste aufstellen sollen. Dies geschieht nach den Richtlinien des *NASA-Spiels* (*Grom*, 1976, 70).

▷ Nach der *Gruppenentscheidung* stellen die Studenten im Plenum fest, daß alle Themen die Frage nach dem *Sinn des Lebens* enthalten und in die Grundfrage münden, die am ehesten ihren Lernbedürfnissen entspricht: Wann bin ich wirklich glücklich?

3. Kommentar zu den einzelnen Schritten

Zu 1: Da der Holzschnitt ohne Kommentar vorgelegt wird, ist der Betrachter auch durch das Schweigen auf sein subjektives Empfinden angewiesen; alle Auslegungen sind zugelassen. Mit der Aufforderung, Einfälle und Erinnerungen zu notieren, wird dargestellte Wirklichkeit – der reiche Fischfang – festgestellt und sogleich befragt, ob sie nicht auch doppeldeutig und symbolträchtig ist. Es wird also zunächst Neugier angeregt, da ein Farbholzschnitt nicht zur visuellen Kost des Alltags gehört. Die übliche Erwartung, eine Deutung mitgeliefert zu bekommen, wird

durchbrochen und der Betrachter ist auf sich selber zurückgeworfen, die Wirkung auf die eigene Person gefragt.

Zu 2: Durch das Gespräch kommen die Teilnehmer zu einer Erweiterung ihrer eingeschränkten subjektiven Sichtweise. Da die visuellen Eindrücke vorrangig Emotionen und Assoziationen auslösen, lassen sich die Erfahrungen am leichtesten in Stichworten ausdrücken. Die zweite Phase des Gesprächs versucht dann auf die eigene Lage des Betrachters einzugehen. Damit wird vermieden, sich zu sehr in Vermutungen über die abgebildeten Personen zu »verrennen« (vgl. Schritt 1/2 *Grom,* 1976, 113 ff.).

Zu 3: Mit Hilfe des NASA-Spiels wird die Kommunikationsbereitschaft und -fähigkeit gefördert. Durch die Beschäftigung mit den Argumenten, für die Placierung der verschiedenen Themen lernen die Teilnehmer auch die Beweggründe zu den Themenvorschlägen verstehen. Selbst für das an letzter Stelle genannte Thema kann danach mit Interesse gerechnet werden.

II. Welche Aspekte eines Themas entsprechen den Interessen und Lernbedürfnissen der Schüler?

Adressatenkreis: Schüler der reformierten Oberstufe an einer Gesamtschule

In der Sekundarstufe II kann der Religionslehrer davon ausgehen, daß die Schüler, die den Kurs »Jesus Christus« gewählt haben, an der Person Jesu aus unterschiedlichen Gründen interessiert sind. Um diese intrinsische Motivation zu erhalten, sollten zu Beginn die Ausgangslage der Schüler erhoben und die Aspekte sondiert werden, die den Lernbedürfnissen entsprechen.

In dieser Unterrichtssequenz wurde versucht, die Interessen der Schüler am Thema »Jesus Christus« mit Hilfe des Farbholzschnittes »Fischfang« zu erheben. Doch eignet sich dazu dieses Bild? Man muß hier nicht gleich mit dem »Inkongruenzprinzip« (vgl. *H. Schiedele,* Anreizmotivation als didaktisches Prinzip, in: WPB 1975, 412f.) argumentieren. Der Aussagegehalt des Motivs vom Fischfang erschöpft sich nicht in dem, was Lukas ohnehin formuliert hat. Auch die dem Bild eigene ekklesiologische Aussage ist nur eine unter möglichen anderen.

1. Lernziele

Den Schülern sollten durch den meditativen Umgang mit dem Holzschnitt die Fragen kommen:

– Was bewirkt dieser Jesus bei den Fischern, bei den Menschen seiner Zeit?
– Was bewirkt dieser Jesus heute noch?
– Was interessiert uns heute an diesem Jesus?

2. Verlauf

Schritt 1 – Meditative Bildbetrachtung
▷ *Die Schüler betrachten* den großformatigen Farbholzschnitt, *notieren* sich ihre spontanen Eindrücke und Einzelbeobachtungen und *äußern* diese nach einer angemessenen Stille-Pause.
▷ *Der Lehrer ergänzt* die Schülerbeobachtungen zur formalen Eigenart des Werkes.
▷ Die Schüler versuchen eine *Gesamtdeutung* aus den gemeinsamen Äußerungen.

Vielleicht erinnert einer auch an die Wundergeschichte vom reichen Fischfang.

Schritt 2 – Arbeitsaufgaben zu Lk 5,1–11
▷ Ein *Schüler liest den Text* vor.
▷ Die *Arbeitsaufgaben* zum Text werden an die Tafel geschrieben:
– Was wird in diesem Text über die Person Jesu gesagt?
– Was bewirkt dieser Jesus bei den Menschen seiner Zeit?

Schritt 3 – Nichtbiblische Leseimpulse (vgl. Grom, 1976, 216)
▷ *Die Schüler lesen* die auf einem Umdruck vervielfältigten Aussagen (vgl. *Grom,* 1976, 220, hier:→Kontexte, am Ende dieses Modells) vom Menschen unserer Tage über Jesus Christus durch und lassen sie auf sich wirken.
▷ Sie sollen sich für die sie am ehesten ansprechende *Aussage entscheiden.* Nach einer Pause soll jeder benennen, welches Zitat ihn am meisten betroffen gemacht hat und warum er es für so aussagekräftig einstuft.

Schritt 4 – Formulierung zentraler Interessen der Schüler
▷ Aus diesem Gespräch ergibt sich die gemeinsame Formulierung zentraler Anliegen der Schüler, die als Themen der *Unterrichtsreihen* unter dem Rahmenthema »Historischer Jesus – verkündeter Jesus« behandelt werden können:
– Umwelt Jesu (politisch, sozial, religiös);
– Entstehung der Evangelien;
– Wunder;
– Bergpredigt;
– Kreuz und Auferstehung;
– Nachfolge Jesu (Gottesreich und Entscheidung);
– Jesu ureigene Worte;
– Aktualität der Verkündigung Jesu.

3. Kommentar zu den einzelnen Schritten

Zu 1: Es werden Lernanreize geschaffen; der Farbholzschnitt erregt Neugier, da dieses Medium in der Schule selten eingesetzt wird. Die Füttererwartung der Schüler wird durchbrochen. Erst die Äußerungen der einzelnen ergeben, zusammengenommen, den Aussageinhalt.

Zu 2: Einsichten aus der vorhergehenden Phase werden nun bestätigt. Neue Erkenntnisse über den bisher noch nicht aufgetretenen Jesus werden durch die Fragestellung ermöglicht. Der Kreis der Fischer wird erweitert auf eine große Volksmenge, die anscheinend ebenso fasziniert ist von diesem Jesus wie die vier Männer im Boot.

Zu 3: Die Konfrontation mit den Aussagen der Leseimpulse regt die Schüler zum Vergleich mit den Deutungen an, die sie selber aus Bild und Bibeltext gezogen haben. Manche mögen überrascht sein, daß heutige Menschen zu solchen »Bekenntnissen« noch fähig sind und daß auch Mitschüler von Aussagen angesprochen werden, mit denen sie selbst wenig anfangen können. Die Begründung der Zitatenauswahl löst ein Gespräch aus, das zu Auseinandersetzung mit den Impulsen führt. Die Schüler werden sich bewußt, daß jeder bestimmte Vorstellungen, Wertungen und Verhaltensweisen zu der Person Jesu mitbringt. Auch sie selber sind durch feste Einstellungen eingeschränkt und können nur schwer neue Erfahrungen und Informationen aufnehmen.

Zu 4: Durch diese Bewußtmachung der mitgebrachten Einstellungen (Vorurteile) und die Auseinandersetzung mit heutigen Aussagen anderer zu diesem Jesus, entsteht eine aufgeschlossene Atmosphäre, um die gewohnten Klischees zu geplanten Unterrichtsvorhaben in Frage zu stellen. Die Schüler werden so motiviert, auch den Fragen ihrer Mitschüler Interesse entgegenzubringen.

4. Funktion des Farbholzschnittes

Insgesamt gesehen ist die Abfolge der einzelnen Schritte so gegliedert, daß dem Schüler zunächst durch einen visuellen Eindruck eine Situation vorgeführt wird, in der vier Männer bestimmte Grunderfahrungen machen, die auch aus dem Bericht des Lukas und in den nichtbiblischen Leseimpulsen herauszuhören sind: Dieser Jesus bewirkt Erstaunen und Vertrauen und verändert Menschen. Das Bild läßt den Schüler in einer überschaubaren Situation einer Momentaufnahme, die Betroffenheit der Fischer nachempfinden. Diese Betroffenheit benennt auch der Lukastext bei den mit Namen benannten Fischern und den vielen Menschen, die den unerwarteten Fischfang beobachtet hatten: Die Betroffenen ziehen Konsequenzen, verlassen alles und folgen diesem Jesus. Menschen unserer Tage erweitern – in den Leseimpulsen – diese Erfahrungen und zeigen, daß dieser Jesus auch heute noch Menschen ansprechen, betroffen machen und zur Verhaltensänderung motivieren kann.

Das Bild ist durch den Lukastext und die Leseimpulse mit neuen Augen zu betrachten und umgekehrt. Der Farbholzschnitt wird hier nicht als Aufhänger, sondern als »tragende Wand« benutzt. Er ermöglicht Einsichten und Einstiege in den Bibeltext *und* in Aussagen von Menschen unserer Tage. Letztlich aber qualifiziert er die Schüler zur Auswahl der Aspekte des »Unterrichtsgegenstandes« Jesus Christus, die den Lernbedürfnissen der Schüler am ehesten entsprechen.

Kontexte

Wenn wir Freunde wären

Wenn wir Freunde wären,
wir alle, die wir in Fabriken und Gruben,
am Pflug, in Büros und dumpfen Arbeitsstuben
unser Herz mit dem Bild einer glücklichen Erde nähren,

wenn wir Freunde wären,
Freunde im Denken,
Freunde im Handeln,
o wie könnten wir das Gesicht dieser Erde wandeln
und der Menschen Geschick zu hellen Gestaden lenken.

Da wär' kein Kind, dem eine Wiege fehlt,
kein Kriegsruf, der zum Sterben treibt,
kein Mensch, der weniger als andere zählt,
kein trüber Tag, der ohne Freundschaft bleibt.

Hans Dohrenbusch

Leben eines Mannes

Gestern fuhr ich Fische fangen,
Heut bin ich zum Wein gegangen,
– Morgen bin ich tot –
Grüne, goldgeschuppte Fische,
Rote Pfützen auf dem Tische,
Rings um weißes Brot.

Gestern ist es Mai gewesen,
Heute wolln wir Verse lesen,
Morgen wolln wir Schweine stechen,
Würste machen, Äpfel brechen,
Pfundweis alle Bettler stopfen
und auf pralle Bäuche klopfen,

– Morgen bin ich tot –
Rosen setzen, Ulmen pflanzen,
Schlittenfahren, fastnachtstanzen,
Netze flicken, Lauten rühren,
Häuser bauen, Kriege führen,
Frauen nehmen, Kinder zeugen,
Übermorgen Kniee beugen,
Übermorgen Knechte löhnen,
Übermorgen Gott versöhnen –
Morgen bin ich tot.

Werner Bergengruen

Nichtbiblische Leseimpulse zum Thema »Jesus Christus«

– Er bedeutet für mich Vertrauen und Zuflucht in Angst und Gefahr. Er ist ein Teil meines Lebens. Er ist der einzige, dem ich mich anvertrauen kann.

Krankenpflegeschülerin auf die Frage:
Wer ist Jesus für mich?

– Das Leben mit Jesus war wie das Leben mit einem Freund, der mich bestätigte, wenn ich selbst mich aufzugeben geneigt war; der mich in Frage stellte, wenn ich meiner zu sicher wurde; der mir Augen und Herz öffnete für Menschen, die mir zuwider waren; der Widerwillen eingab, wo Menschen mir schmeichelten. *Pastor*

– Ich glaube, es gibt kein Wort im Evangelium, das auf mich einen tieferen Eindruck gemacht und mein Leben mehr verwandelt hätte als dieses: ›Alles, was ihr einem dieser Geringsten tut, das habt ihr mir getan.‹ ... mit welcher Kraft fühlt man sich dann gedrängt, Jesus in den Geringsten zu suchen und zu lieben und alle seine geistlichen Mittel zu ihrer Bekehrung, alle seine materiellen Mittel zur Linderung ihres Elends einzusetzen! *Charles de Foucauld*

– Bei diesem Menschen (Jesus) mußte die Liebe militant und subversiv sein, sonst wäre er als der Erste nicht gekreuzigt worden.
R. Garaudy

– Mit allen Seienden, die mich umgaben, fühlte ich mich von einer höheren Bewegung gefangen, die die Elemente des Universums durcheinanderrührte und sie in einer neuen Ordnung gruppierte. – Nun, als mir die Augen geöffnet wurden, wohin diese blendende Trift individueller Schönheiten und teilweiser Harmonien strebte, bemerkte ich, daß sich alles in einen Punkt einer Person zentrieren würde – in Deiner ... Jesus!
Teilhard de Chardin

– Die Geißelungssäule in der Wieskirche steht für ihn, jeder Mitmensch steht für ihn, die Menschheit steht für ihn. Pantokrator ist er ›für mich‹ nicht, auch nicht ›kosmischer‹ Christus, wohl aber eine Mutation der Menschheit und Geschichte, in deren Anfänge wir hineingerufen sind und die wir in ihm und er in uns vollenden wird.
W. Dirks

– Ein nur allmächtiger, allwissender, erhabener, ewiger Gott ließe mich mit meinen Fragen und Zweifeln, die angesichts dessen, was in der Welt, um mich her und in mir selbst geschieht, allein, ließe mich vielleicht auch irrewerden an so vielem. Aber in Jesus von Nazaret hat Gott mir gesagt, daß er bei mir ist, überall und immer, daß er mitmacht, daß er mein Verbündeter ist, mein Waffenbruder, mein Gefährte. Und daß es sich lohnt, daß es einen Sinn hat – trotz allem.
Ordensschwester

(Als biblische Leseimpulse zum gleichen Thema eignen sich die Stellen: Lk 2,11; Joh 14,6; 8,12; Jes 9,6; Lk 9,58; Mk 14,36; Joh 1,14; Kol 2,9; Mt 28,18.)

Alter Fischer

ROMAN MENSING

→Theodor Eggers, Bd. 1, S. 76

Zielgruppen
 I. Ordensschwestern; Meditation und ge-
    meinsames Gespräch. *Zeitaufwand:*
    1 Stunde.
II. Religionsunterricht in der gymnasialen
    Mittelstufe. *Zeitaufwand:* 45 Minuten.

I. Meditation und Gespräch mit Ordensschwestern

Das Bild könnte für einen alternden Schwesternkonvent, dem der Nachwuchs mangelt, eine Gesprächsgrundlage sein. Viele Ordenskonvente stehen vor dem Problem, ohne zu resignieren, den Weg zu Ende zu gehen und auf diese Weise nicht nur »alle Gerechtigkeit zu erfüllen« (Mt 3,15), sondern gelassen und beharrlich Zeugnis zu geben und gerade so neue Lebensimpulse zu bewirken, möglicherweise auch für den eigenen Orden. Solche Gedanken zu entfalten und zu erwägen, ist abgesehen von dem Sinn den jeder einzelne in der schlichten Betrachtung des Bildes finden mag, die Zielvorstellung der Gesprächsstunde.

▷ Mitte der Betrachtung über die gesamte Dauer des Gesprächs soll der *Holzschnitt* sein, *als Dia* projiziert. Die →Interpretationshilfen von Theodor Eggers (im Bd. 1 dieses Werkes) werden als weiterführende Denkanstöße einbezogen, zunächst der →Text *Ich möchte dieser Fischer nicht sein* aus den Versuchen mit Jugendlichen (Kontexte am Ende dieser Modelle) und zum Abschluß *Psalm 90.*

1. So ist insgesamt folgender Aufbau konzipiert:

a) Einführung: Holzschnitte von Walter Habdank; Verständigung über das Vorgehen
b) Stille Betrachtung des Bildes
c) Meditationsgespräche
d) Einbeziehung des ersten Textes »Ich möchte dieser Fischer nicht sein«; Anschlußgespräch
e) Einbeziehung des zweiten Textes Psalm 90 mit Anschlußgespräch
f) Zusammenfassung und Ausklang

2. Die Betrachtung und das Gespräch nahmen etwa folgenden *Verlauf:*
a) Nach den technischen Vorbereitungen wurde hingewiesen auf die »Holzschnitte zur Bibel« von Walter Habdank.

▷ *Habdank* wurde als zeitgenössischer Künstler *vorgestellt,* dessen Holzschnitte sich mit biblischen Motiven befassen, ohne in jedem Fall eine konkrete biblische Textstelle darzustellen. Die Eigenart des kolorierten Holzschnitts wurde erwähnt und der Stil Habdanks angedeutet, der inhaltlich äußerst sparsam eine Szene gestaltet, zuweilen nur einen wesentlichen Teil herausgreift *(pars pro toto),* auf Grundelemente reduziert und oftmals Gesichter oder Hände expressionistisch vergrößert auszeichnet.

Es zeigte sich, daß einzelnen Schwestern bereits Habdank-Drucke von Briefkarten bekannt waren, besonders die Illustration zu Noah. So weckte die Ankündigung des Bildes »Alter Fischer« Interesse und Erwartungen.

▷ Um einem irritierenden Suchen in der Erinnerung vorzubeugen, wurde noch darauf hingewiesen, daß das zu betrachtende Bild *keine Illustration* einer konkreten Bibelstelle sei.

b) Man verständigte sich dann;
▷ zunächst das *Bild* eine Weile *still zu betrachten* und anschließend unaufgefordert Beobachtungen, Eindrücke, Gedanken und Fragen zu äußern und gegebenenfalls die *Einzeläußerungen in ein Gespräch übergehen zu lassen.* Die spätere Hinzuziehung der Texte wurde in Aussicht genommen.

c) Nach einer Weile sagte eine ältere Schwester unvermittelt: »Der ist umgeben von seinem Fiasko.« Ihre Kennzeichnung fand murmelnde Zustimmung und zugleich einige unzufriedene Bewegung, die nach Ergänzung der Aussage verlangte.
▷ Die folgenden *Gesprächsbeiträge – Bildassoziationen* charakterisierten dann den alten Fischer näher:
– Er greift nicht mehr zu – er ist müde – gelassen – weise geworden – hat weite, gute Augen – schaut aus – erwartend, aber seine Hoffnung geht nicht mehr auf eigenes Tun. Jemand bemerkte das beinahe schmunzelnde Gesicht, und eine andere Schwester brachte das Wort Humor ins Gespräch:
– Humor, der die eigene Unzulänglichkeit und Erfolglosigkeit kennen und belächeln könne, statt zu verzweifeln, weil er tiefer blicke, Hoffnung habe und wisse, daß nicht er selbst alles ins Lot bringen müsse.
▷ Dann werden *Beobachtungen zur Darstellung und Komposition* geäußert:
– Die Hände bilden die Diagonalen, sie liegen wie überkreuz, wie gefesselt – er sitzt in einem viel zu kleinen Boot, er braucht keinen Raum mehr – die Schultern sind hochgeschoben durch den Bootsrand.
– Das Boot wirkt wie eine Mandorla, die ihn umgibt, dunkel zwar, aber eben doch eine Mandorla – die Linie des Bootes wird von dem Fischgerippe aufgenommen – die Linienführung des toten Gerippes zeigt Bewegung, Schwung – auch der Fischschnabel schmunzelt, wie der Mund des Fischers – der hochaufgerichtete Schwanz steht wie eine Standarte aufrecht neben ihm.
▷ Später wandte sich das *Gespräch wieder mehr* der *Deutung* zu:
– Hemingway, *Der alte Mann und das Meer*, wurde zitiert und die Vermutung geäußert, daß der Text zu dem Bild Pate gestanden habe.
– An *Diogenes*, den genügsamen griechischen Weisen in seiner Tonne wurde erinnert.
– Der alte Fischer erschiene *vertrauenerweckend, hilfreich*, weil er viel durchgemacht hat und bei seinem Mißerfolg ein so gutes Gesicht hat. Er erträgt das Ende ohne zu resignieren. Sein Blick dringt tief.
– Eine jüngere Schwester äußerte, sie würde ihm gern zuhören, wenn er erzähle. Aber der wird kaum etwas sagen; wenn der sich äußert, könnte es sehr überraschend sein, wurde geantwortet.
– Einige hatten solches *Vertrauen zu dem Bild* gefaßt, daß sie es sich nicht nur für eine Meditation, sondern als ständigen Begleiter wünschten.
– *Biblische Bezugspunkte* kamen ins Gespräch: Der Prophet Jona am Ende seines Lebens; Ijob und Tobias.

d) Dann wurde der *Text des Jugendlichen* vorgelesen. »Ich möchte dieser Fischer nicht sein.«
▷ Es gab spontane *Äußerungen der Betroffenheit:* – Warum sieht der die *Hoffnung* nicht? Warum bemerkt er nur *Resignation?*
– Eine Schwester widersprach: Ich habe die Gelassenheit in den Zügen des alten Mannes gesehen, die Erwartung und Hoffnung. Aber als ich den Text des Jugendlichen hörte, habe ich die Resignation gesehen, die Leere und das Hoffnungslose. Das ist beides in dem Bild. Man kann die Hoffnung darin nur sehen, wenn man etwas davon in sich hat.
– An dieser Äußerung entzündete sich ein Gespräch zur *Glaubenssituation der jungen Generation.* Vermutungen und Fragen wurden geäußert, warum diese Generation es zu schwer habe.
– Die *Verantwortung der älteren Generation* kam in den Blick: Warum fehlt so oft die Antenne für das Nicht-Machbare? Warum

haben wir von dem, was uns Mißerfolge durchtragen läßt, so wenig vermitteln können?

– Vermutungen zu *Extremen katechetischer Unterweisung* wurden vorgebracht: vom individualistischen Supranaturalismus des »Rette deine Seele« der Pendelausschlag zum »Du kannst die Welt verändern«. Was bleibe, wenn die Weltveränderung nicht gelinge? Was solle jemand tun, der desillusioniert sei, ohne Hoffnung zu haben?

– Einige Schwestern, die im Schuldienst stehen, reizte es, *mit Schülern das Bild* zu *meditieren* und seine Dimensionen zu erschließen. Andere fragten nachdenklich nach unserem eigenen Zeugnis.

▷ *Bemerkung:* Die Interpretation des Textes des Jugendlichen erscheint mir ergänzungsbedürftig. Sie braucht nicht unbedingt ein Zeichen der Hoffnungslosigkeit zu sein. Der Text könnte bewußt einseitig formuliert sein aus der Perspektive der Selbsterfahrung und Selbstfindung. Er ist offensichtlich in seiner Aussage stark von der wiederholten Gliederungsformel bestimmt. Er könnte – stellt man sich Schüler vor – auch ein bewußter Versuch des Widerspruchs sein: die andere Seite hervorzuheben.

e) Das *Vorlesen des Psalmes 90* lenkte das Gespräch in neue Richtungen.

▷ Der *Gedanke der Vergänglichkeit* war schon zuvor geäußert worden, jetzt war von dem Vertrauen des Psalmbeters die Rede, der aber auch die Freude des Erfolges kennt und menschlich genug ist, gerade darum zu bitten, daß Gott »das Werk unserer Hände« gedeihen lasse.

– Das Bild des alten Fischers veranschaulichte die vertrauende Gelassenheit, mit der der Psalmist diese Bitte vortragen kann.

▷ Man fand sich nicht mehr zu einer Einzelinterpretation, sondern wandte sich *neutestamentlichen Ausdeutungen des Bildes* zu.

– Von *Petrus* wurde gesprochen, der die Vergeblichkeit des nächtlichen Fischfangs kannte (Joh 21,3 ff.). Dann schien der alte Fischer plötzlich ein Gefährte des Petrus zu sein: »Wenn er bei Petrus im Boot gesessen hätte bei dem Seewandel (Mt 14,28 ff.), er hätte gesagt: ›Geh mal, Junge, wirst's schon merken!‹«

II. Erarbeitung im Mittelstufenunterricht

1. Vorbemerkung zu Habdank-Bildern bei Schülern

Bilder haben zumeist ein breites Ausdrucksspektrum, so daß unterschiedliche Betrachter je nach ihrer Aufnahmefähigkeit verschiedene Aspekte aufnehmen und in ihre Welt einbeziehen können. Sie können auf unterschiedlichen Ebenen wahrnehmen und mit dem Bild und seinem Mythos in Kommunikation treten. Habdanks Holzschnitte, jeweils von einer zentralen Person bestimmt, Gesicht und Gestalt mit einfühlender Geduld ausgeformt, in sparsamer Ausfüllung der Motive geschnitten, überzeugend expressiv und mit wenigen Farben ausgeführt, sind offenbar in der Lage, Menschen aller Altersstufen anzusprechen. Da die Holzschnitte biblische Motive nicht illustrieren, sondern verfremdend Gestalt werden lassen, sind auch Jugendliche meist spontan interessiert und bereit, sich mit einer solchen Darstellung zu beschäftigen. Für Mittelstufenschüler, die auf der Suche nach sich selbst sind, können manche dieser Bilder zu einer Begegnung werden, die die Selbstfindung im Gespräch mit einem Zeugen des Glaubens einen Schritt weiterbringt.

In diesem Zusammenhang ist der Versuch zu sehen, *Mädchen eines 9. Jahrgangs* im Gymnasium den Holzschnitt »Alter Fischer« vorzustellen. Das Ziel einer solchen Unterrichtsstunde muß bescheiden bleiben, verglichen mit dem Gesprächsniveau der vorstehenden Ordenskatechese.

2. Lernziel

– Es geht darum, das *Bild zu betrachten und Freude daran zu haben.* Die Schülerinnen üben einmal mehr, sehen zu lernen, minutiös zu beobachten und Beobachtungen und Eindrücke klar und angemessen in Sprache umzusetzen.

– Wenn sie sich auf dieses Bild einlassen, kann die Betrachtung bewirken, daß sie ein Stück mehr aufgeschlossen werden für die *Dimension des Nicht-Machbaren,* des nicht Großartigen.

– Das Gespräch mit dem »Alten Fischer« kann sie veranlassen, die Frage nach dem Sinn für sich selbst neu und unter einem vielleicht noch nicht bedachten Aspekt zu stellen: *Kann der Erfolglose seinen Sinn erreichen?* Angesichts der in Politik und Gesellschaft genährten Erwartungen und Illusionen von Selbstverwirklichung ist das für diese Generation eine lebenswichtige Frage.

– Darüber hinaus kann dieses Bild eine *Hoffnung* zeigen, die auch da besteht, wo am Ende der Erfolg vorenthalten blieb; die Hoffnung, die nicht zuschanden wird, weil sie *aus der biblischen Verheißung* lebt (Röm 5,4).

– Es geht also um eine *Hilfe zur Selbstfindung in der Pubertät.* Glaubensaussagen und erst recht Glaubensformeln bleiben dabei unausgesprochen, wo sie nicht von den Schülerinnen selbst erfragt werden.

3. Stundenaufbau

Für die Stunde ist folgende Gliederung vorgesehen:

a) Kurze Einführung und Verständigung über das Vorgehen
b) Stille Betrachtung des Holzschnittes »Alter Fischer« *(Dia)*
c) Beschreibung der Darstellung
d) Sammeln von Eindrücken und Beiträgen zur Deutung des Bildes
e) Identifikation und Distanzierung Zusammenfassende Auseinandersetzung mit dem Holzschnitt

a) Die Bildbetrachtung fand nicht innerhalb einer Unterrichtsreihe, sondern als *einzelne Vertretungsstunde,* allerdings in einer bekannten Klasse statt.

▷ Die Einführung mußte darum nicht nur mit einigen Sätzen mit dem Künstler und seinen Holzschnitten bekanntmachen, sondern auch eine Verständigung über Ziel und Aufteilung der Stunde und die Arbeitsweise enthalten. Die Sache fand Anklang, und das Bild selbst sprach die Mädchen direkt an, wie spontanes Gemurmel und Äußerungen nach der Stunde bewiesen. Die Arbeitsschritte wurden ohne Schwierigkeiten recht genau eingehalten.

▷ Während der 3–4 Minuten der *Betrachtung des Bildes* herrschte nahezu völlige Stille.

b) Die *Bildbeschreibung* zeigte, daß die Schülerinnen solche Arbeit durchaus gewohnt waren.

▷ Hervorgehoben wurden:
– das enge, kleine Boot – die knochigen Hände des Fischers – die kaum zum Stehen geeigneten Füße,
– die Entsprechung zwischen Fischkopf und dem Kopf des alten Mannes – die schwungvolle Bewegung von Bootsrand und Fischgerippe.

c) Besonderen Eindruck machte die steil aufgerichtete Schwanzflosse des Fisches, die sogleich zu *Deutungen* herausforderte:
– Das Gesicht des Fischers wurde in fast allen Beiträgen positiv gedeutet. Als eine Schülerin den Ausdruck »verbittert« nannte, erhielt sie sogleich Widerspruch. Es wurde wohl von harten Erfahrungen und von Müdigkeit gesprochen.
– Die Deutungen bei einem Teil der Mädchen waren stark beeinflußt von der *Hemingway-Verfilmung,* die mehrere aus dem Fernsehen kannten. Eine radikale Erfolglosigkeit liegt jenseits der Erfahrung der Mädchen dieses Alters. Sie konnten sich eine ähnlich belastende Situation teilweise auch nur schwer vorstellen. So wurde die Aussage des Bildes von manchen verharmlost – oder vielleicht richtig gesagt: nur zum geringeren Teil ausgelotet.

e) Im letzten Teil der Stunde, nachdem sich zuvor ein lebhaftes Gespräch mit zahlreicher Beteiligung entwickelt hatte, wurde noch einmal *still* gearbeitet.

▷ Die Schülerinnen waren gebeten, ihre *Gedanken zu dem Bild aufzuschreiben* und, wenn es ihnen recht war, das Blatt mit ihren Ausführungen *(anonym)* abzugeben.

▷ Zur *Strukturierung der eigenen Schülerarbeit* wurden *drei Überschriften* angeboten, unter denen sie ihre Gedanken aufschreiben sollten:
1) Ich möchte dieser Fischer nicht sein.
2) Ich möchte dieser Fischer sein.

3) Gespräch mit dem alten Fischer.
– Diese Überschrift wurde von den Mädchen korrigiert: »Der läßt einen warten«; »der sagt nichts«, war der vom Bild her sicher berechtigte Einwand, auf den hin die 3. Überschrift abgewandelt wurde in:
– Meine Gedanken, wenn ich neben dem Fischer sitze.

▷ *Ergebnis:*
1) Für *das erste Thema* hat sich keines der Mädchen entschieden.
Die Gründe dafür mögen vielfältig sein. Vielleicht war das vorausgehende Gespräch bestimmend, das allen einen Zugang ermöglicht hatte. Vielleicht war das neu formulierte dritte Thema, das die Möglichkeit bot, der Entscheidung auszuweichen, bequemer.
2) *Das zweite Thema* hat etwa ein Viertel der Schülerinnen gewählt.
– Die Texte zeigen in auffälliger Häufigkeit *Hinweise* auf *den bevorstehenden Tod* des Fischers und seine *Gelassenheit.* Man kann wohl nicht ausschließen, daß hier auch die zuweilen erschreckende Resignation und Todessehnsucht anklingt, die in dieser Generation so häufig ist. Die Sorge, einen eigenen Lebensplan zu fassen, ebenso wie die Angst, das Leben möglicherweise nicht bewältigen zu können, mögen hinter den Ausführungen der Schülerinnen stehen.
– Die *Furchtlosigkeit des alten Fischers* beeindruckt, ebenso das Leben ohne materiellen Wohlstand. Die Fragwürdigkeit materiellen Erfolges und Wohlstandes scheint allen offenbar zu sein – ohne daß sie daran denken, zu verzichten. Fragen des Glaubens, des Lebens nach dem Tode werden nur von einigen formuliert, häufiger finden sich *moralische Überlegungen:* der Fischer hat sich nichts vorzuwerfen, er hat ein gutes Gewissen, er hat nie aufgegeben.
▷ Unter den Darstellungen, die das zweite Thema gewählt hatten, überwiegen die *ethischen Aspekte.* In allen wird der *Aspekt der Selbstfindung* offenbar. Zur Verdeutlichung der Aussagen werden nachfolgend einige im Wortlaut abgedruckt.
– »Ich habe mir absichtlich die Frage ausgesucht: Möchtest Du der Fischer sein?, denn dieser alte Mann verkörpert meine Wünsche, mal genauso zufrieden zu sein wie er. Es ist genau zu erkennen, mit wieviel Wärme und Liebe er über sich und sein Leben nachdenkt. Ich habe schrecklich Angst, wenn ich mir überlege, daß ich auch mal irgendwo alleine sitze und über mich nachdenke, daß mir erst dann einfällt, was ich falsch gemacht habe, und mich eine Reue überfällt mit dem Gedanken, meine Fehler nie wieder gut machen zu können.«
– »Ich möchte gern der Mann sein... Ich möchte schon kurz vor dem Ende des Lebens sein, und wissen können, daß man etwas im Leben erreicht hat, nicht in materieller Hinsicht. Obwohl ich doch gerne lebe, wüßte ich doch ganz gerne, ob sich mein Leben lohnt, oder ob es nur ein Dahinleben von einem Tag auf den anderen war. Der alte Mann hat sein Lebensziel erreicht, und so kauert er sich in das Boot, den Gegenstand, an dem seine ganzen Erinnerungen hängen, sein ganzes Leben. Ich weiß nicht, oder besser ich muß befürchten, daß es nicht viele Menschen gibt, die einen solchen Gegenstand haben. Ich weiß auch noch nicht, ob ich jemals einen solchen Gegenstand haben werde. Aber der Fischer hat ihn, dieser arme Mann, der kurz vor dem Ende seines Lebens steht, er hat ihn, und so meine ich, daß sein Leben ganz erfüllt und lohnend war.«
– »Ich glaube, dieser Fischer könnte einem viel sagen ohne zu reden. Wenn man ihn anschaut, merkt man, daß er zufrieden ist. Für ihn zählen im Leben nicht die materiellen Werte, sondern das seelische Ausgefüllt-Sein im Leben. Sein ganzes Leben war die Fischerei und obwohl der Ertrag nur ein Gerippe war, möchte er auch mit der Fischerei und dem Meer sterben. Sein Gesichtsausdruck macht deutlich, daß er nicht über sein Leben reden möchte. Er denkt über die positiven und negativen Erfahrungen seines Lebens nach. – Es würde mich zufrieden stimmen, nur neben ihm zu sitzen und seinen Gesichtsausdruck und seine Haltung zu beobachten. Meer, Fisch, Boot und alles was mit der Fischerei zu tun hat, umringen sein Leben. Er will keine materiellen Werte mit in den Tod nehmen, sondern die ganze Ausgefülltheit seines Lebens. Ich glaube, er könnte seine Zufriedenheit nicht gut in nüchterne Worte kleiden. Sein Ausdruck zeigt mehr als er durch Worte klarmachen könnte.«
– »Ich glaube, dieser Mann ist mit sich und dem Leben zufrieden. Er hat zwar auch

einiges Schlechte erfahren und trotzdem ist er zufrieden. Er hat keine Angst vor dem Tod. – Der Fisch war der Ertrag seines Lebens, vor allem die materiellen Dinge. Das Gerippe ist das, was er mit in den Tod nehmen kann, nichts. Er kann nichts an materiellen Dingen mitnehmen, das weiß er und er ist damit zufrieden. Das Boot ist sein Leben, es ist ausgefüllt, er kann nicht noch mehr hineintun, sein Leben ist zu Ende. Er hat sein ganzes Leben mit der Fischerei auf dem Meer zugebracht, nun ist er am Ufer, am Ufer, am Ende seines Lebens. Er hat viele Erfahrungen gemacht und er möchte gern wissen, ob er diese Erfahrungen auch noch nach dem Tod gebrauchen kann.«

▷ Hinweise für den Religionsunterricht

– *Zielfelder ru 5/6*, Problemskizze (Thema) 8: Härte im Leben; im Materialteil Nr. 1: *L.-J. Suenens*, Das Wagnis; Nr. 29: *H. Oosterhuis*, Ich glaube; Nr. 35: Ich habe Krebs; Nr. 36: Talita kum; Nr. 79: *A. Exeler*, Ein Glaubensbekenntnis

– *Zielfelder ru 7/8*, Ausgabe B, Nr. 35: Wozu?; Nr. 41: Wenn nichts mehr geht; Nr. 46: *Günter Grass*, Aus dem Tagebuch einer Schnecke; Nr. 81: *E. Cardenal*, Es gibt kein Glück für mich außer dir (Psalm 15); Nr. 239: *Bertolt Brecht*, Hymne an Gott (Die Texte Nr. 41 und Nr. 239 finden sich auch in der Ausgabe A.)

– *Zielfelder ru 9*, Nr. 5: *Ernst Klee*, Mit achtzehn am Ende; Nr. 23; Nr. 62: *Carl Friedrich von Weizsäcker*, Augenzeugenbericht; Nr. 75; Nr. 77: *Maurice Sendak*, Nie genug; Nr. 78: *Alexander Solschenizyn*, Lebenserwartungen; Nr. 81; Nr. 93; Nr. 111; Nr. 112; Nr. 116; Nr. 136; Nr. 139; Nr. 146; Nr. 149; Nr. 162: *Alois Albrecht*, Ein neuer Mensch werden; Nr. 169: *Wilhelm Willms*, Sonntagsruhe

– *Zielfelderplan* für die Sekundarstufe, Themenfelder »Härte im Leben«, »Der Mensch erfährt seine Grenzen«, »Die Frage nach dem Sinn«, »Passionsgeschichte«, »Gebet«

Kontexte

Ich möchte dieser Fischer nicht sein
(Aus Versuchen mit Jugendlichen)

Ich möchte dieser Fischer nicht sein. Ich kann mir denken, was er fühlt . . .

Hinausfahren aufs Meer. Sich den Gefahren der See aussetzen. Hoffen, daß man einen guten Fang macht. Dann tatsächlich den großen Fisch an der Angel haben. Einziehen. Aufs Land zurückkehren. Feststellen müssen, daß *alles umsonst* war. Kein Fisch, nur ein abgefressenes Skelett. Wie gewonnen, so zerronnen.

Ich möchte dieser Fischer nicht sein. Ich kann mir denken, was er fühlt . . .

Wozu die ganze Arbeit?! Es hat ja doch alles *keinen Zweck*. Du siehst doch, was dabei herausgekommen ist. Da strengt man sich an, und was hat man schließlich davon? *Nichts.*

Ich möchte dieser Fischer nicht sein. Ich kann mir denken, was er fühlt . . .

Da arbeitet man sich den Rücken lahm und die Hände wund. Und *wozu* das alles? »Nach getaner Arbeit ist gut ruhn«? Daß ich nicht lache! Ich habe die Nase voll. Laßt mich in Frieden. Es bringt nichts ein. Der *Schein* trügt. Was sich wie ein Erfolg anläßt, entpuppt sich als *Mißerfolg.* Ich werde die Hände in den Schoß legen . . .

Ich möchte dieser Fischer nicht sein. Aber wer sagt mir, daß ich es nicht bin?

Ich werde mein Möglichstes tun. Ich will alles versuchen. Ich glaube, ich kann es schaffen. Und dann die *Enttäuschung*. Nichts. Es blieb beim Versuch. Aber war es den Versuch überhaupt wert? Ich habe mein Mögliches getan. Aber es war nicht genug. Mir kommen doch langsam Zweifel, *Verzweiflung.*

Ich möchte dieser Fischer nicht sein. Aber ich weiß, daß ich es bin . . .

Da sitze ich nun. Spüre jede Faser meines Körpers von den Anstrengungen, die ich unternommen habe. Und was hat es gebracht? *Nichts.* Wozu es noch einmal versuchen? »Es wird schon schiefgehen.« Wie oft habe ich das schon gesagt, leicht dahin gesagt, lachend. Ohne mir viel dabei zu denken. Nur so eine Redensart. Es ist schiefgegangen. Jetzt ist mir nicht mehr zum Lachen zumute. Ich könnte heulen . . .

Berichtet von Theodor Eggers

Der Greis

Die bösen Tage sind kommen;
Da sind sie nun, die Jahre,
Von denen ich sagen muß:
Leer sind sie mir von Freuden!
Sonne, Licht, Mond und Sterne
Dunkeln um mich; ich sehe nur Wolken
Und höre nur rasselnden Regen.
Die Hüter meiner Leibeshütte, die Hände, zittern.
Es krümmen sich die Starken, meine Füße.
Meine Zähne, die Mühlenmägde,
Haben Feierabend gemacht.
Aus den Fenstern der Augen blicken nicht mehr
Freundlich lächelnde Geister.
Verschlossen sind die Türen nach der Straße,
Denn vergebens horcht das Ohr nach Vogellaut;
Verstummt sind ihm die Töchter des Gesangs.
Schwindelnd fürcht ich mich auf dem Hügel
Und schrecke beim Tritte auf ebenem Wege.
Gleich dem Mandelbaume blüht mein Scheitelhaar.
An meinem Stabe zusammengekrümmt,
Bin ich der Heuschrecke gleich.
Vertrocknet ist mir die Lust.
Bald werd ich beziehen mein ewiges Haus –
Und die Kläger werden beflort gehen auf den Gassen.

Doch einst wird des Lebens Silberstrick wieder geflochten,
Neugeschaffen mein Herz, die güldene Kugel.
Dann rasselt wieder am Rade des Brunnens der Eimer
Und schöpft aus der Quelle lebendes Wasser.
Geselle dich immer zur Erde, mein Staub;
Bist ja mit ihr verwandt.
Du aber, mein Geist,
Fleugst auf zu Gott, der dich gegeben hat.

Christian Friedrich Daniel Schubart

Du Sohn, pflege deinen Vater, wenn er alt ist.
Betrübe ihn nicht, solange er lebt.
Und wenn er kindisch wird, halte es ihm zugute,
verachte ihn nicht, weil du stärker bist.
Wer seinen Vater im Stich läßt,
ist wie einer, der Gott lästert,
wer seiner Mutter Leid zufügt,
trennt sich von Gott.

Sirach 3,12 f.16

Deuter

WOLFGANG RIESS

→Helmut Bieber, Bd. 1, S. 80

Zielgruppen
 I. Katechese mit Eltern von Firmlingen
II. Altenkatechese

I. Glauben heißt Deuten

Adressaten: Eltern von Kindern, die sich auf die Firmung vorbereiten
Handlungsfeld: Katechese im Rahmen der Elternabende während der Firmvorbereitung

1. Vorüberlegungen

Das Wortfeld »Deuter, Deutung, deuten« weckt *widersprüchliche Assoziationen.* Für ein naturwissenschaftlich-technisch orientiertes Denken signalisiert es Unsicherheit, Fragwürdigkeit, zumindest aber Vorläufigkeit und Überholbarkeit der so gekennzeichneten Phänomene. Eine Übernahme des Wortfeldes in die Theologie und seine Beziehung zum Glauben ist daher nicht unproblematisch. Auch ein bestimmtes theologisches Verständnis des Glaubens selbst macht Einwände gegen die Formulierung »Glauben heißt Deuten« geltend. Nach dieser theologischen Tradition stellen die Inhalte des Glaubens *objektive, überzeitliche und unumstößliche Gegebenheiten* dar. Glaubensinhalte dagegen als Elemente einer zumindest auch subjektiven, situativen und überholbaren Deutung anzusehen, wird dann leicht als unzulässige Relativierung abgelehnt.

In einer anderen Perspektive zeigt sich aber, daß gerade im Wortfeld »Deuten« Aspekte enthalten sind, die sich eignen, das Wesen des christlichen Glaubens zu verdeutlichen. Das Ganze der Wirklichkeit kann nämlich nicht im distanziert analysierenden Zugriff erschlossen werden, sondern es fordert die deutende Subjektivität des Menschen heraus. *Erst im Engagement zeigt sich die Wahrheit,* die aber auch dann nie endgültig erschlossen ist, sondern in jeder neuen Situation der erneuten Deutung bedarf.
Bei der Glaubensvermittlung in der *Familie* – besonders im Verhältnis der Eltern zu ihren älteren Kindern – zeigt sich erneut die Ambivalenz des Wortes »Deutung«. Ein Selbstverständnis der Eltern, bei dem diese sich als Deuter des Glaubens ihrer Kinder begreifen, könnte von manchen als Anzeichen für die geringer werdende Fähigkeit der christlichen Familien betrachtet werden, den Glauben der jüngeren Generation wirksam

zu vermitteln. Zugleich ist es aber möglich, aus der Gleichsetzung von Glauben und Deuten neue Einsichten für die Glaubensvermittlung in der Familie zu gewinnen. Die *Jugendlichen im Firmalter* reagieren in besonders sensibler Weise auf Erziehungsziele und -stile, die die langsam bewußter werdende Freiheit des Jugendlichen nicht respektieren. Scheinsicherheiten werden durchschaut, der Wille zur eigenen Lebensdeutung wird wach. Glaubensvermittlung als Deutungsangebot kann in dieser Situation einerseits die Grenze zur Eigenständigkeit der Jugendlichen achten und durch die mögliche Erfahrung, daß Eltern und Kinder gemeinsam vor der nie endgültig gelingenden Aufgabe der Deutung der Welt stehen, neue Gemeinsamkeit stiften.

Diese Überlegungen finden einen Anhalt in diesem Bild. Habdank selbst verweist auf das alttestamentliche *Prophetentum* und besonders auf *Jes 40,3–5*. Während dort aber ein siegessicherer Herold eine Botschaft verkündet, die auch politische Implikationen (Rückkehr aus dem Exil) enthält, trägt das Bild selbst den Titel »Deuter«, und die dargestellte Gestalt hat eigentlich gar nichts von einem überlegenen Künder. (So ist z. B. der Mund geschlossen.) Das, natürlich falsche, Klischee von den Propheten des Alten Testaments als unerschrockenen und unerbittlichen Herolden des absolut unbezweifelbaren Willens Gottes wird im Holzschnitt eben nicht umgesetzt. Vielmehr wird der *Prophet zurückgenommen auf den »Deuter«*, der eher vorsichtige Hinweise gibt, der aus innerer Einsicht gewonnene Deutungen anbietet, der als Person tiefe Einsicht und Weisheit ausstrahlt, der zugleich aber auch die mögliche Ablehnung seiner Deutungen

einzukalkulieren und zu akzeptieren scheint. Das wiederum entspricht der besonderen gesellschaftlichen und psychologischen Situation der Jugendlichen im Firmalter. Die Grundfrage der religiösen Erziehung in dieser Phase lautet: Wie kann in einer Zeit, in der die Loslösung vom Elternhaus geprobt und das wachsende Freiheitsbewußtsein auch auf die Inhalte und Anforderungen des Glaubens bezogen zu werden beginnt, der Glaube der Eltern an die Jugendlichen wirksam vermittelt werden? Hier könnte den Eltern ein Verständnis des *Glaubens als Deutung* und damit der Holzschnitt Habdanks als Impuls dazu dienen, sich selbst als Deuter im Glauben für ihre Kinder zu verstehen.

2. Lernziele

Einsicht gewinnen, daß

– die christlichen Glaubensinhalte nicht als objektive Gegebenheiten im Sinne eines naturwissenschaftlichen Wirklichkeitsverständnisses verstanden und vermittelt werden dürfen;

– »Glaube« eine Deutung des Ganzen der Welt ist, die nie an ein (innerweltliches) Ende kommt;

– Deutung wesentlich an den Menschen als Deuter gebunden ist;

– der Deuter durch seine Existenz die Wahrheit der Deutung verbürgen muß;

– Deutung auch Unsicherheit einschließt und immer Angebotscharakter hat;

– in der Erfahrung, daß das »Deuten« gemeinsame Aufgabe von Eltern und Jugendlichen ist, neue Gemeinsamkeit zwischen ihnen entstehen kann.

3. Verlaufsplanung

Verlaufsschritte	Didaktische Hinweise
	▷ Teilnehmer sitzen möglichst im Kreis.
a) Einstieg:	
▷ Katechet:	▷ *Blatt* mit den beiden Fragen ist vorbereitet und wird verteilt.
Ohne große Einleitung möchte ich Ihnen ein Blatt mit zwei Meinungen geben. Die beiden Meinungen zeigen zwei Möglichkeiten der religiösen Erziehung auf. Welcher dieser	Die beiden Meinungen lauten: »Die heutige religiöse Unterweisung in Familie, Schule und Kirche krankt daran, daß

Verlaufsschritte	Didaktische Hinweise

beiden Meinungen würden Sie sich eher anschließen. Bitte kreuzen Sie diese Meinung an.

den Kindern kein klares Glaubenswissen über die kirchlichen Dogmen und Gebote mehr vermittelt wird.«
»Die heutige religiöse Unterweisung sollte viel stärker die Vielfalt der Religionen und Weltanschauungen berücksichtigen und es den Kindern freistellen, einen eigenen Glaubensstandpunkt einzunehmen.«

▷ Freies Gespräch

▷ *Überlegenspause:* 2 Minten
Verteilung der Meinungen wird erfragt. Zwischen beiden so entstandenen Gruppen kann das Gespräch sich entwickeln. Begründungen sollen erarbeitet werden, aber auch die Begrenztheit beider Meinungen soll sich herausstellen.

▷ *Tafelbild*

Zur Weiterführung oder Zusammenfassung des Gesprächs kann der Katechet das Tafelbild abschnittsweise an die Tafel zeichnen.

b) Problemstellung
▷ Katechet: Glaube ist weder ein objektives, unbezweifelbares System von absolut klaren Wahrheiten noch ein unsicherer Standpunkt neben vielen anderen Standpunkten. Aber was ist er dann?

▷ In das *Tafelbild* wird zwischen die beiden Alternativen ein *Fragezeichen* gemalt.

c) Problemlösung
▷ Bild

Bild an die Wand heften als *stummen Impuls, Betrachtungspause*

▷ Katechet: Welchen Titel würden Sie diesem Bild geben?
▷ *Rundgespräch*

Alle Teilnehmer befragen, Antworten an der *Tafel* rechts außen festhalten.

▷ Katechet:
Das Bild heißt »Deuter«. Bitte versuchen Sie nun, mit einigen Stichworten den Deuter des Bildes zu charakterisieren. Welche Eigenschaften strahlt er Ihrer Meinung nach aus? Was ist das für ein Mensch?
▷ *Einzelarbeit*
▷ *Rundgespräch* über die Ergebnisse der Einzelarbeit

▷ *Vorbereitete Blätter* verteilen, Arbeitszeit 15 Minuten

An der *Tafel* in einer Spalte festhalten. Platz für eine weitere Spalte freihalten.

d) Zusammenfassung und Verknüpfung mit
der Problematik der religiösen Erziehung:
▷ Katechet:
Glauben ist nach dem Bild eine Art von
Deutung. Jede Deutung aber ist an einen
Deuter gebunden. Den Deuter des Bildes
zeichnet aus ... (mit den Ergebnissen der
Einzelarbeit ergänzen).
Wie läßt sich nun das auf unsere Situation
übertragen?
▷ *Freies Gespräch*

Tafelbild ergänzen: Anstelle des Frage-
zeichens das Wort *Deutung* anschreiben, dar-
unter einen *Pfeil* und dann das Wort *Deuter*
anfügen.

Entlang der an der *Tafel* notierten *Eigenschaften des Deuters* kann nach Übertra-
gungsmöglichkeiten (und ihren Grenzen
evtl.) gefragt werden. Ergebnisse können
parallel in einer zweiten Spalte notiert
werden.

▷ *Anwendung:*
Katechet: Bitte versuchen Sie nun, dem
Deuter einen wichtigen Satz in den Mund zu
legen, den Sie an Ihr Firmkind weitergeben
möchten.
e) Abschluß
▷ Katechet formuliert *freies Gebet*. Zen-
tralgedanken: Gott möge den Eltern helfen,
glaubwürdige Deuter für ihre Kinder zu sein,
und zwar Deuter,
– die selbst noch auf Deutungen aus sind,
– die auch andere Deutungen im Glauben
akzeptieren,
– die für die eigenen Deutungen mit ihrer
Person einstehen,
– die den christlichen Glauben in seiner
befreienden Wirkung sichtbar machen.

Rundgespräch. Über die Verschiedenartig-
keit der Sätze kann, muß aber nicht ein *freies
Gespräch* beginnen.

II. Die Vermittlung von Lebenserfahrungen an die jüngere Generation

Adressaten: Ältere Leute, Großmütter, Großväter
Handlungsfeld: Kirchliche Katechese im Rahmen der Seniorenarbeit

1. Vorüberlegungen

Der Wunsch, im Laufe des Lebens gemachte
Erfahrungen und gewonnene Erkenntnisse
an die kommende Generation *weiterzugeben,* ist ein überall aufzeigbares Phänomen
und Ausdruck eines tiefen menschlichen
Bedürfnisses. Daß gewonnene Lebensein-
sichten manchmal von den Jüngeren ange-

nommen werden und deren Leben besser
gelingen lassen, gibt dem eigenen, sich auf
das Ende zubewegenden Leben *tieferen Sinn*
und kann eine Form der Hoffnung auf ein
Weiterleben implizieren.
Historisch gesehen kann die Bedeutung der
Weitergabe von Erfahrungen für den Bestand und die Entwicklung menschlicher
Existenz kaum überschätzt werden. Lernen

war lange und ist auch heute noch weithin Übernahme und Aneignung der *Tradition*. Auch wenn also heute noch wesentliche Bildungsbereiche durch die Beschäftigung mit der Tradition geprägt sind – z. B. die Sprachvermittlung – so ist doch unverkennbar in anderen Bereichen eine *Krise* der Traditionsvermittlung zu beobachten. Besonders die Übermittlung von Lebenserfahrungen von einer Generation auf die andere scheint zunehmend problematisch zu werden. Gemessen an den Kriterien der Objektivität und Überprüfbarkeit, wie sie beim naturwissenschaftlich-technischen Lernen gültig sind, erscheinen subjektive Erfahrungen von Menschen als einseitig, unsicher und suspekt. So läßt sich von einer Krise zwischenmenschlichen Erfahrungsaustausches sprechen.

Viele *Gründe* lassen sich dafür anführen:
– durch das Auseinanderrücken der Generationen in getrennte Wohn- und Lebensbereiche wird die Kommunikation seltener oder unterbleibt ganz;
– der schnelle Wechsel des naturwissenschaftlich-technischen Wissensbestandes legt die Frage nahe, ob es den menschlichen Lebenserfahrungen nicht ähnlich gehen sollte;
– die Einsicht in die Geschichtlichkeit des Menschen läßt die Werte und Normen der Vergangenheit situativ und von Ideologien beeinflußt erscheinen;
– eine auf das Erziehungsziel der Selbständigkeit ausgerichtete Pädagogik muß den Freiheitswillen der jüngeren Generation, der sich auch im Willen äußert, eigene möglicherweise schlechte Erfahrungen machen zu wollen, akzeptieren;
– in der Art und Weise, wie ältere Leute Lebenserfahrungen weitergeben wollen, stecken manche Implikationen, die den Erfolg der Weitergabe selbst häufig fraglich machen.

Die *Folgen* dieser Situation sind bedenklich. Zum einen ist ein *Verlust von Sinnerfahrung* für die älteren Menschen zu konstatieren. Gefühle des Überflüssig- und Abgeschriebenseins nehmen zu und verstärken so die Probleme einer gesellschaftlichen Gruppe, die zahlenmäßig an Bedeutung zunimmt, gesellschaftlich aber leicht in die Isolierung geraten kann. Zum anderen ist die Wert- und Normübermittlung selbst wesentlich auf den zwischenmenschlichen Kontext verwiesen. Die mehr rationale Analyse von ethischen Werten (Begründungen und Folgen), wie sie z. B. im Ethik- und Religionsunterricht erfolgt, garantiert keineswegs die faktische Übernahme dieser Werte durch die Schüler. Erst wenn *Werte von anderen vorgelebt* und Normen so in ihrem Lebenswert praktisch erfahren werden, können sie übernommen werden. Durch eine völlige Ausklammerung zwischenmenschlicher Erfahrungsweisheit muß die Wert- und Normübermittlung notwendig in eine Krise geraten.

2. Lernziele

– Sich der Inhalte bewußt werden, die man im eigenen Leben als zentral erkannt hat und die man deshalb an die kommende Generation weitergeben möchte;
– Die Inhalte, die man weitergeben möchte, selbstkritisch darauf durchsehen, ob man sich selbst daran gehalten hat, oder ob sie reine Forderungen an andere ohne Existenzbezug sind;
– Erkennen, daß Weitergabe von Lebenserfahrungen auch die Weitergabe der schmerzlichen Erfahrungen und eigenen Versäumnisse einschließt;
– Bejahen, daß jeder Mensch seine eigenen Erfahrungen machen will;
– Erkennen, daß auch ältere Leute noch Lernende sind und nicht nur Lehrer der Lebensweisheit;
– Erkennen der *Bedingungen* für die Vermittlung von Erfahrungen: konkrete Beispiele, Anschaulichkeit, Warten auf den rechten Augenblick, Selbstkritik den eigenen Motiven gegenüber (Bedürfnis nach Macht? Neid auf die Lebensaussichten der Jüngeren?); Orientierung an der Form des Gesprächs (keine Monologe).

3. Verlaufsplanung

Verlaufsschritte	Didaktische Hinweise
a) Erster Einstieg ▷ Katechet: Viele von Ihnen werden sich sicher noch an den einen oder anderen Satz Ihres Vaters oder Ihrer Mutter erinnern, den Sie bis heute nicht vergessen haben und der Ihnen in manchen Situationen eine Hilfe gewesen ist. ▷ *Rundgespräch*	▷ Teilnehmer sitzen im Kreis. Die Impulse des Katecheten sind nicht als wörtliche Anweisungen, sondern als variierbare Hinweise gemeint. Möglichst viele Teilnehmer zu Wort kommen lassen
▷ *Zusammenfassung* Katechet: So wie Sie es beschrieben haben, verlief in früheren Zeiten ein gutes Stück der Erziehung. Die Erfahrungen der Älteren wurden auf die Jüngeren weitergegeben und die so überlieferten Weisheiten halfen, das Leben zu bewältigen. ▷ *Entspannung und Überleitung* Lied »Tradition« aus dem Musical Anatevka	*Plattenspieler* vorbereiten, *Schallplatte* »*Anatevka*« (Decca 6. 21409 As)
▷ *Zweiter Einstieg* Katechet: Die meisten von Ihnen werden nun längst selbst Kinder und Enkel haben und Sie werden Ihnen schon viele Hinweise und auch ernste Ermahnungen gegeben haben. Wenn Sie sich nun vorstellen, Sie könnten noch einen Satz aus Ihrer Lebenserfahrung an Ihre Kinder und Enkelkinder weitergeben, was würden Sie dann sagen? Was ist die wichtigste Einsicht, an die die Jüngeren sich unbedingt halten sollten? ▷ *Rundgespräch*	▷ *Überlegungspause:* 3 Minuten Möglichst viele Teilnehmer zu Wort kommen lassen. Katechet notiert sich einige Beispiele
b) Problemstellung ▷ Katechet: Nun wissen wir alle: schöne Worte sind eine gute Sache, aber ob die Kinder sich danach richten, ist eine ganz andere Sache. Wahrscheinlich haben Sie alle schon manche Enttäuschungen erlebt. Da redet man und redet man, aber keiner scheint sich darum zu kümmern. Vielleicht hat es schon mancher aufgegeben, irgend etwas zu sagen. »Die lassen sich doch nicht reinreden, die machen was sie wollen.« Obwohl jeder von uns noch gerne gefragt sein will, wird man unsicher: Will mich noch jemand hören, sind meine Erfahrungen noch gefragt? Nun ist es wahrscheinlich schon immer so gewesen, daß die Alten alles besser wußten und die Jungen sich nicht darum kümmerten.	

Aber heutzutage scheint die Entfremdung zwischen den Generationen noch stärker als früher zu sein.

▷ *Katechet:*
Ein bißchen könnte die Schuld aber auch bei uns liegen. Unsere Lebenserfahrungen mögen alle richtig sein, aber es kommt ja auch darauf an, sie so weiterzusagen, daß der andere sie annehmen kann. Das ist also unser Problem: Wie kann ich Lebenserfahrungen so weitergeben, daß der andere sie annehmen kann?

c) Problemlösung
▷ Katechet: Ich habe ein Bild mitgebracht, das einen Menschen zeigt, der anderen seine Erfahrungen weitergibt und der zugleich zeigt, *wie* man das machen kann.

▷ *Katechet:*
Wir wollen das Bild in Ruhe betrachten

▷ *Gelenktes Gespräch*
Ziel der Interpretation: Die Gestalt des Bildes gibt Hinweise,
– die wichtige Dinge des Lebens betreffen (keine Bagatellen),
– die in tiefer Einsicht (Augen) begründet sind (keine oberflächlichen Erfahrungen),
– die eher wortkarg, stumm und indirekt vorgetragen werden (nicht geschwätzig und den anderen bedrängend),
– die die Freiheit der Annahme lassen, ja die Ablehnung fast einkalkulieren (kein Zwang),
– die die Wahrheit der Erfahrungen in der Person des Deuters konkret werden lassen (nicht bloßes Gerede also),
– die Güte und Sorge Gottes durchschimmern lassen (keine selbstherrlichen Drohungen).

d) Anwendung:
▷ Katechet: Wir haben zu Beginn jeder einen Satz formuliert, den wir den Jüngeren gerne mit auf den Weg geben möchten. Diese Einsichten sind alle gut und richtig und wir

▷ Evtl. mit den Teilnehmern nach Gründen suchen oder *Gründe* aus den Vorüberlegungen einfließen lassen.

▷ *Bild aufhängen,* den Teilnehmern möglichst ein kleines Bild in die Hand geben.

▷ *Betrachtungspause* 5 Minuten
▷ *Das Gespräch* kann sich je nach den Teilnehmern *frei entwickeln* (Einleitungsfrage: Was fällt Ihnen an dem Bild besonders auf?). Wenn die Teilnehmer einige von den links angeführten Punkten ansprechen, kann der Katechet das verstärken (z. B. durch das Herausarbeiten des Gegenteils). So können die Bedingungen glaubwürdigen Deutens erarbeitet werden.
▷ Möglich ist auch, den Teilnehmern ein *Arbeitsblatt* in die Hand zu geben, auf dem die positiven und negativen Haltungen bei der Weitergabe von Lebensweisheit als Alternativen formuliert sind (in Anknüpfung an die linke Spalte). Teilnehmer können ankreuzen, was die Gestalt des Holzschnitts auszeichnet. Nach dem Ankreuzen *(stille Einzelarbeit)* kann das Gespräch die einzelnen Punkte aufgreifen.

dürfen uns vorstellen, wie der Deuter des Bildes alle diese Sätze als Lebensdeutungen weitergibt. So würde er z. B. sagen...

▷ *Beispiele,* die am Anfang notiert worden sind (Zweiter Einstieg), *einfließen lassen.*

▷ Katechet:
Dann aber haben wir gesehen, daß es nicht allein darauf ankommt, *was* man sagt, sondern auch, *wie* man es sagt.
So wollen wir ein wenig *Gewissenserforschung* halten und ein jeder sollte sich fragen:
Bin ich ein Deuter, der
– andere dauernd bedrängt oder...

▷ Meditative Einstimmung auf das Bild bei... *oder*... jeweils das positive Gegenbild anführen

– auch unwichtige Dinge unbedingt weitergeben möchte oder...
– eher aus Neid Verbote durchsetzen will oder...
– Zurückweisung von Vorschlägen nicht ertragen kann oder...
– die veränderten Lebensverhältnisse nicht wahrhaben will oder...

e) Abschluß
▷ Lesung: *Sprüche 4* oder Zusammenstellung von einzelnen Sprüchen aus dem Buch der Sprüche

Kontexte

Postkarte an junge Menschen

Gebt nicht nach, wie wir getan haben,
Folgt den Verlockungen nicht, denkt nach, verweigert,
Verweigert, lehnt ab.
Denkt nach, eh ihr Ja sagt,
Glaubt nicht sofort, glaubt auch dem Einleuchtenden nicht,
Glauben schläfert ein, und ihr sollt wach sein.
Fangt mit einem weißen Blatt an, schreibt selber die ersten Worte,
Laßt euch nichts vorschreiben.
Hört gut zu, hört lange zu, aufmerksam,
Glaubt der Vernunft nicht, der wir uns unterwarfen.
Fangt mit der stummen Revolte des Nachdenkens an, prüft
Und verwerft.
Bildet langsam das Ja eures eigenen Lebens.
Lebt nicht wie wir.
Lebt ohne Furcht.

Walter Bauer

Von der ganzen Wahrheit

Er hatte recht,
Aber er hatte nicht ganz recht.
Er hatte recht,
Insofern alles stimmte, was er sagte,
Denn es entsprach der Wahrheit
Und stimmte mit ihr überein.

Er versuchte auch, die Wahrheit zu begründen,
Aber er ließ es bei diesem Versuch bewenden,
Ohne zu ergründen,
Ob die Gründe, mit denen er die Wahrheit belegte,
Sich als überzeugend erwiesen.

Er meinte wohl, die Wahrheit würde sich schon irgendwie
Von selbst durchsetzen,
Und darin hatte er nicht recht,
Und er schadete so dem Wahren,
Dem er diente.

Denn die Wahrheit setzt sich nicht von selbst durch,
Sondern muß durchgesetzt werden
Von denen, die sie wissen,
Damit sie ganz recht haben,
Um der ganzen Wahrheit willen.

Verzichtend auf die Mittel geduldiger Überzeugung
Setzt man sich selber ins Unrecht
Und dient der Wahrheit nur zum Teil.

Man schadet der Wahrheit,
Wenn man sich begnügt
Mit einer Teilwahrheit.

Verzichtend auf die Mittel, die Wahrheit zu verwirklichen,
Setzt man sich ebenfalls ins Unrecht
Und dient der Wahrheit nur zum Teil.

Man schadet der Wahrheit also,
Wenn man es ihr überläßt,
Zu überzeugen und sich zu verwirklichen.

Darum laßt uns die Wahrheit sagen,
Überzeugend
Sie verwirklichend,
Unwiderlegbar,
Unteilbar,
Ganz.   *Johannes R. Becher*

Der Herren Wort erging an mich:
»... Du gürte dich, mach dich auf den Weg
und predige ihnen alles, was ich dir gebiete.
Erschrick nicht vor ihnen,
daß ich dich nicht erschrecke vor ihren Augen!«
                                        Jeremia 1,4.17

Simeon

BERNHARD JENDORFF

→Paul Neuenzeit, Bd. 1, S. 84

Zielgruppen
 I. Impulse für den *Religionsunterricht* zu
    einer Lernsequenz »Jugend und Alter« in
    der *Sekundarstufe I und II.*
 II. *Kirchliche Katechese: Elternabend mit
    jungen Erwachsenen* (z. B. Eltern von
    Erstkommunionkindern oder Firmlin-
    gen). Für die kirchliche Altenarbeit sind
    diese Impulse nicht unmittelbar umzu-
    setzen.

I. Jugend und Alter

Die *7 Lerneinheiten* werden mit der biblischen Bildinterpretation des Habdank-Holzschnittes abgeschlossen. Die vorgeschlagenen Lerneinheiten sind als Hinweise zur Unterrichtsplanung, nicht als geschlossene Unterrichtsentwürfe zu verstehen.

1. Vorbemerkungen

Der Holzschnitt lenkt den Blick des emotional-assoziativen Beschauers auch zu den *Fragen nach dem Alter,* zum Sinn des Alt-Seins, zu den erfüllten Hoffnungen und zur Frage nach einer das Lebensende tragenden, gestaltenden Hoffnung. Der Holzschnitt ruft zu Antworten auf, die sich ergeben aus der Spannung zwischen einem erfüllten Leben und einem jungen Leben, von dem das anonyme ›Man‹ leichtfertig sagt, (nur) ihm werde ein Kredit der Zukunft gegeben. Welche Stellung haben *alte Menschen in unserer Gesellschaft,* die nicht nur in der Werbung die Jugend hochpreist und Ältere *a priori* einer Problemgruppe zuordnet? Verstärkt das Defizit-Modell des Alters, das die Werbung, die Fernsehsendungen, die Schulbücher prägt, die durch keine wissenschaftliche Untersuchung abzusichernde Popularmeinung und die Vorurteile der Jugendlichen gegenüber dem Alter? Wie kann ein Pädagoge, der seine Schüler befähigen will, zukünftige Lebenssituationen zu bewältigen, solchen Fehleinschätzungen des Alters entgegensteuern, nicht nur um die generelle Abwertung des Alters zu korrigieren, sondern auch um einer negativen Sicht des Alters, der *Angst der Heranwachsenden vor dem Älter-Werden* und einem möglichen negativen Selbsterleben des Alters vorzubauen?

2. Alter – ein Thema im Religionsunterricht

Das Problem des Alt-Werdens und des Alt-Seins sollte in einem fächerübergreifenden Unterricht angegangen werden. Kann dies aus organisatorischen Gründen nicht geschehen, so werden in den Religionsunterricht soziologische (vgl. *H. P. Tews,* Soziologie des Alterns, Heidelberg [2]1974), psychologische (vgl. *U. Lehr,* Psychologie des Alterns, Heidelberg [3]1977), philosophische und theologische Aspekte exemplarisch eingebracht. Die Ergebnisse der Humanwissenschaften werden nicht nebenbei oder als geschickter Aufhänger in den Religionsunterricht einbezogen. Sie haben eine gewichtige Bedeutung für die erstrebte Wissensvermittlung, die im Dienst einer Veränderung des Verhaltens der Heranwachsenden steht.

Lerneinheit 1: Alte Menschen – Analyse der Schülerausgangssituation

▷ Die Schüler sollen sich in der *1. Lerneinheit* – möglicherweise durch ein *Brainstorming* – ihrer bewußten und unbewußten Einstellungen zu alten Menschen bewußt werden. »Das Alter wird pauschal als Rand- oder Residualexistenz unserer Gesellschaft, als ›Sozialbelastung‹, erklärt, die auf der Sollseite der volkswirtschaftlichen Bilanz den Fortschritt behindert« (*G. Hartfiel,* Der alte Mensch als Provokation der Gesellschaft: in Arzt und Christ 20 [1974] 165–174, hier 165).

▷ Dieser Bewußtseinsprozeß, der die Schüler über die Tatsache betroffen machen will, daß in unserer Gesellschaft das Alter für ein höchst unangenehmer Abschnitt menschlichen Lebens gehalten wird und daß Alt-Sein häufig einem Leben im Getto gleichkommt, kann auch durch das Anfertigen einer *Collage* zum Thema ›Der alte Mensch in unserer Gesellschaft‹ initiiert werden.

▷ Ein weiterer methodischer Weg ist eine *Metaphernübung* ›Ein alter Mensch ist für mich wie ...‹ oder ›Alt-Sein ist wie ...‹

Lerneinheit 2: Alte Menschen in unserer Gesellschaft – Analyse soziologischer und psychologischer Aspekte

▷ Um den Problemkreis noch intensiver anzugehen, arbeiten die Schüler in der *2. Lerneinheit* in *Gruppen* (arbeitsteilige Gruppenarbeit).

▷ *Eine Gruppe* beobachtet eine Woche lang die *Fernsehsendungen,* um herauszufinden, wie alte Menschen hier dargestellt werden, welche Rollenvorschriften Alte einzuhalten haben, mit welcher dramaturgischen Geschicklichkeit der Zuschauer daran gewöhnt wird, daß der Mensch im Alter langsam entfunktionalisiert, isoliert, vereinsamt, als Sozialleiche zur Ruhe gestellt wird. Die Jugendlichen werden in ihrer Gruppe

möglicherweise zu vergleichbaren Ergebnissen kommen, wie sie aus amerikanischen Untersuchungen bekannt geworden sind. (Vgl. *H. C. Northcoot,* Too young – too old. Age in the world of television, in: Gerontologist 15 [1975] 184–186; *R. F. Larson,* Images of aging: producer's viewpoint, in: Gerontologist 16 [1976] 368–370; *U. Lehr,* Der ältere Mensch und das Fernsehen, in: R. Schmitz-Scherzer [Hrsg.], Aktuelle Beiträge zur Freizeitforschung, Darmstadt 1977, 130–136.)

– In den USA sind nur 1,5% aller im Fernsehen dargestellten oder auftretenden Personen über 65 Jahre alt. Dieser geringe Prozentsatz entspricht nicht der Realität (=ca. 11%). Ältere Menschen spielen nur unbedeutende Nebenrollen. Auch das entspricht nicht der Lebenswirklichkeit. 30- bis 54-jährige sind mit ca. 64,4% im Fernsehen überrepräsentiert. Diese Altersgruppe bildet aber nur 28% der amerikanischen Bevölkerung. Wenn Senioren im Fernsehen auftreten, so werden häufig Klischees angeboten: Alte sind senil, ihr Gesundheitszustand ist schlecht, ihr Leben ist von Armut und Einsamkeit gekennzeichnet. Im Fernsehen dominieren junge attraktive Frauen und starke, dynamische Männer, die als Stütze des Alters auftreten können.

– Es ist eine legitime Aufgabe des Fernsehens, gesellschaftskritisch zu informieren, Gemeinschaftsgefühl und Verantwortungsbewußtsein für alte Menschen zu wecken, doch das gut gemeinte pädagogische Bemühen kann leicht in das Gegenteil umschlagen: Fehleinschätzungen und generelle Ablehnung des Alters. Einseitige Darstellungen des Alters, die an einem Defizit-Modell orientiert sind, verbauen den Heranwachsenden den Weg ins Alter und ihre persönliche Bewältigung des Alt-Seins. Die Zuordnung alter Menschen zu einer Randgruppe verschärft das Problem der Senioren.

▷ Eine 2. *Arbeitsgruppe analysiert Lesebücher.* Welche Aussagen werden in den Lesebüchern über alte Menschen gemacht? (Vgl. *W. Viebahn,* Das Bild des alten Menschen im westdeutschen Schullesebuch, in: actuelle gerontologie 1 [1971] 711–714.) Diese Arbeitsgruppe wird ebenfalls ein negatives Bild des alten Menschen herausfinden. Das Team um U. Lehr analysierte deutsche Lesebücher für das 4. Schuljahr: 92 % der Schilderungen alter Menschen zeigen arme, hilflose, bemitleidenswerte ältere Menschen. »Nur 8 % der Darstellungen zeigen sie kompetent genug, um mit ihrem Alltag alleine fertig zu werden« (*U. Lehr,* Die alten sind anders als wir sie sehen, in: bild der wissenschaft 13 [1976] 8, 63–67, hier 63).

▷ Eine *3. Arbeitsgruppe* könnte sich der *Werbung* in Zeitungen und Illustrierten zuwenden. Auch hier wäre festzustellen, daß Rigidität, Festhalten an alten Gewohnheiten, Unsicherheit über neuere Entwicklungen das Bild der älteren Frau bestimmen. Der ältere Mann ist auf vitalisierende Medikamente angewiesen, er trägt Zahnprothesen, er wird als stiller Genießer von Alkohol und Schokolade präsentiert. (Vgl. *M. Horn – G. Nägele,* Gerontologische Aspekte in der Werbung, in: Zeitschrift für Gerontologie 9 [1976] 463–472.) Auch die Werbung geht von einem Defizit-Modell des Alters aus und verstärkt die vorherrschenden negativen Altersstereotype.

▷ Die *Arbeitsergebnisse* der drei *Gruppen* werden dem *Plenum* vorgetragen und ausgewertet:

– Das Image des alten Menschen ist in unserer Gesellschaft negativ akzentuiert.

– Alt-Sein ist heute nicht allein durch Abbauprozesse körperlicher und geistiger Fähigkeiten zu kennzeichnen. Altern ist in unseren Tagen primär ein soziales Schicksal und nicht zuletzt auch ein ökologisches Problem (vgl. *U. Lehr,* Altern als soziales und ökologisches Schicksal, in: Arzt und Christ 20 [1974] 129–145). Die Mitwelt begegnet den Alten mit Skepsis und Vorurteilen. Negativmeldungen über das Alter wurden in der Vergangenheit und werden täglich wieder neu produziert.

»Gewiß! Das Alter ist ein kaltes Fieber
im Frost von grillenhafter Not.
Hat einer dreißig Jahr vorüber,
so ist er schon so gut wie tot.
Am besten wär's, euch zeitig totzuschlagen.«
(*J. W. v. Goethe,* Faust, II. Teil, 2. Akt)

– Zeitungsberichte über ›liebe alte Leutchen‹ untermauern die Un-rolle des Alters.

Zynismus ist zu konstatieren, wenn Zeitungsberichte hervorheben, daß sich der Jubilar ›noch bester Gesundheit erfreut‹, ›noch von erstaunlicher Leistungsfähigkeit ist‹, oder wenn hervorgehoben wird, daß der Jubilar ›sogar noch täglich spazieren geht‹ und ›sogar noch die Nachrichten im Fernsehen anschaut‹. – Berichterstattungen über Sportveranstaltungen der Senioren entbehren nicht selten einer gewissen Kuriosität.

Lerneinheit 3: Wie müßten alte Menschen als ›normale‹ Mitbürger dargestellt werden?
▷ Die *3. Lerneinheit* will das Negativbild der 2. Lerneinheit kontrastieren: – Welche Kompetenzen kommen den älteren Mitbürgern zu?
– Welche Kompetenzen und Aktivitäten dürfen den Senioren nicht abgenommen werden?
– In welchen Bereichen verletzt der Sozialstaat das Subsidiaritätsprinzip gegenüber den älteren Mitbürgern?
▷ *Praxisimpuls:* Damit der Religionsunterricht nicht nur ›über‹ das Problem redet, wäre zu überlegen, welche Kontakte die Schüler mit alten Menschen anknüpfen können, um Erfahrungen zu sammeln, Klischeevorstellungen zu korrigieren und die Hindernisse in der Kommunikation zwischen alten und jungen Mitbürgern zu überwinden. Christlicher Religionsunterricht arbeitet nicht nur theoretisch Probleme auf. Christentum ist auf die humane Neugestaltung der Praxis, auf das Einstehen für andere ausgerichtet, weil Gott für uns Mensch wurde, um unseres Heiles willen seinen Sohn in unsere Welt sandte.

Lerneinheit 4: Das Lebensende – Philosophen suchen nach Sinn
Das Alt-Werden und Alt-Sein ist bewußtseinsmäßig und gesellschaftlich-kulturell nicht integriert, weil das Lebensende, der *Tod,* in unserer Gesellschaft *weitgehend verdrängt,* tabuisiert ist. Die Annahme des Lebensendes wird aufgeschoben. Die metaphorische Sprache über das Alter und den Tod legt ein beredtes Zeugnis davon ab.
Aber: *Der Tod provoziert.* Das Leben verläßt angesichts des Todes gewohnte Bahnen. Den geforderten existentiellen Entscheidungen kann aber – auch der junge – Mensch nicht ausweichen, sofern er menschlich leben und

sterben will. Wie in einem Brennglas sind in diesem auf jeden Menschen unausweichlich zukommenden Problemkreis die Frage nach dem Sinn menschlichen Lebens gebündelt.

a) Die *Textarbeit (vgl. H. Fein* [Hrsg.], Wege zum Ziel. Lehrerhandbuch, Limburg 1978, 121) in der *4. Lerneinheit* wird in drei Arbeitsschritten vollzogen:

▷ *Interpretieren* Sie – im Hinblick auf ihre Deutung des menschlichen Lebens – die Texte von

– *J. P. Sartre,* Ich habe die Partie verloren (Text in: *H. Fein/A. Staudt,* Mensch und Tod [Bd. 5 der Textauswahl für den katholischen Religionsunterricht im Kurssystem der Sekundarstufe II], Limburg 1978, 22 f.);

– *A. Camus,* Das Absurde und der Selbstmord (Text in: *H. Fein/A. Staudt,* a. a. O., 23–26);

– *M. Légaut,* Der Sinn des Todes erschließt sich aus dem Leben (Text in: *H. Fein/A. Staudt,* a. a. O., 121).

▷ *Vergleichen* Sie die Interpretation mit Ihrer persönlichen Sicht des Problems ›Sinn des menschlichen Lebens und des Lebensendes‹.

▷ Können Sie der Auffassung Sartres', Camus' oder Légauts ganz oder teilweise *zustimmen* und daraus Folgerungen für die Gestaltung Ihres persönlichen Lebens ziehen?

b) *Teilziele:*

– Die Schüler sollen die von Sartre vorgetragene Deutung menschlicher Existenz kennenlernen und mit der Frage konfrontiert werden, ob eine an Sartre orientierte Lebenshaltung menschliches Leben – das Ende eingeschlossen – zu (er-)tragen vermag. Persönliche Auseinandersetzung und Stellungnahme ist gefordert.

– Die Schüler setzen sich mit der Philosophie Camus', das Leben sei absurd, kritisch auseinander und prüfen, »ob damit menschliches Dasein einleuchtend interpretiert und Hilfe für den eigenen Vollzug des Lebens gegeben ist« (*H. Fein/A. Staudt,* a. a. O., 112).

– Die Schüler können aus dem Text des ehemaligen Mathematikprofessors M. Légaut erfassen, daß das Ende menschlichen Lebens Sinn durch das ganze Leben erhält, das sich »von jenem sinngebenden Geist her

begreift, der sein Leben beseelt« (*H. Fein/A. Staudt,* a. a. O., 121).

▷ Altern und sterben setzen nicht abrupt ein. Sie geschehen im Präsens. Der Prozeß des Leben-Beendens beginnt, noch ehe er äußerlich merkbar wird. Sinnerfülltes Alt-Sein wird bereits in jungen Jahren vorgeprägt. Der Mensch kann sich in die *Problematik des Alt-Werdens einüben.*

»Ich überlegte, daß jenseits des Todes nicht anderes uns erwartet als das, was wir jetzt und hier durch unser Leben bereiten. Jetzt mischen wir den Trank, den wir dort trinken. Nichts anderes wird hinzugefügt. Gott mischt uns jetzt diesen Trank. Und wenn es wahr ist, daß er dort selbst unser großer Lohn sein wird, dann müssen wir folgern, daß er jetzt schon als unser Gott die geheime Essenz unseres Lebens ausmachen kann. Wir haben ihn jetzt schon. Wir haben jetzt schon alles, was wir als Lohn begehren könnten, wenn wir es jetzt schon mit Gott zu tun haben (*N. Lohfink,* Königlicher Lohn, in: Orientierung 42 [1978] 20, 213).

Lerneinheit 5: Hoffnung – Licht in der Dunkelheit

Revolte und Resignation vor dem Alter, die eine zum Tode führende Selbstentfremdung zur Folge haben, *oder Hoffnung,* die die Annahme der eigenen Person – eine der großen Taten des Menschen – ermöglicht und über das Lebensende hinaus trägt, sind die beiden Extrempole des Problems: Alt-Sein und Enden.

▷ Die Auseinandersetzung in der *5. Lerneinheit* mit dem *Text aus dem Synodenbeschluß »Unsere Hoffnung«:* »2. Leben und Sterben Jesu Christi« und »3. Auferstehung der Toten« (Text in: *H. Fein/A. Staudt,* a. a. O., 69–72) kann den Schülern deutlich machen, welche Hoffnung gläubige Christen über das Lebensende hinaus haben und warum sie ihre Hoffnung anderen Menschen in heutiger Sprache weitersagen. Diese angebotene Hoffnung tröstet; sie vertröstet nicht. Sie evoziert Kräfte des Menschen, die menschliche Hinfälligkeit, Bedürftigkeit – die Kontingenz des Menschen – über das Irdische hinwegträgt. Die Auferweckung Jesu von den Toten gibt lebensgestaltenden Sinn. Die Sehnsucht des Menschen wird durch Gott, der sich in der menschlichen

(Leidens-)Geschichte mit den Menschen solidarisierte, erfüllt.

»Die Hoffnung auf die Auferweckung der Toten, der Glaube an die Durchbrechung der Schranke des Todes macht uns frei zu einem Leben gegen die reine Selbstbehauptung, deren Wahrheit der Tod ist« (*Unsere Hoffnung* 2.3).

Lerneinheit 6: Kontrapunkt – Simeon

a) Habdanks ›Simeon‹ steht dem Bild diametral entgegen, das unsere Gesellschaft vom alten Menschen produziert. Habdanks Holzschnitt illustriert und kommentiert nicht nur den biblischen Text, sondern ist (wie einmal *P. Picasso* über die Funktion des Kunstwerkes gesprochen hat) »eine Waffe zum Angriff und zur Verteidigung gegen den Feind« und löst bei Heranwachsenden Mut zum Leben, das eben auch endet, aus. Kontrapunkte zu setzen, ist notwendig, um keine psychischen Ruinen in späteren Jahren betrauern und betreuen zu müssen. W. Habdanks ›Simeon‹ ist ein Gegenmodell zum gewohnten Klischee.

– Simeon, der alte Jude, hat Energie – auch wenn ihm vielleicht – um sich der Formel von J. Amery zu bedienen – »im Alter der Körper immer mehr Masse wird« (*J. Amery*, Über das Altern. Revolte und Resignation, Stuttgart 1971, 48) – und vermittelt Hoffnung und Mut. Die in Simeon aufleuchtende *sanfte Energie* läßt sich nicht allein anthropologisch erklären: Ein Greis umfaßt ein junges Leben und sieht in diesem jungen Menschen sich weiterleben. Simeons Lebenskraft weist über das biologisch menschlich Erklärbare hinaus.

– Simeon verweist auf ein transzendentes, Leben spendendes Zentrum hin, in dem er – zu sich gekommen – ruht. Das suchende und irrende, unruhige und unerfüllte Leben hat ein Ende gefunden. Der Mensch kann in und aus diesem Zentrum ›nur‹ leben.

b) *Arbeitsschritte der 6. Lerneinheit:*
▷ Zur Information und Hinführung *hören die Schüler Lk 2,21–28.* Simeons Leben steht in der gläubigen Tradition seines Volkes. Sein Leben ist geprägt von persönlichem Gehorsam, von der Hingabe an den Willen seines Herrn (*despotes*, Lk 2,29), vom Vertrauen auf den lebendigen Gott.

▷ *Wo* zeigt sich *heute* gläubige *Tradition:*
– in der Familie?
– in der Kirchengemeinde?
– in der bürgerlichen Gesellschaft?

Hier kann das Fehlen von bewußten Traditionselementen aufgezeigt, aber auch erarbeitet werden, wo nach einer Phase der Geschichtsverleugnung wieder versucht wird, anzuknüpfen an Altem, um darauf ›stehen‹ zu können.

▷ Was bedeutet gelebte christliche Tradition für ein junges Leben? Haben die Worte Gehorsam und Vertrauen in einer Zeit, in der viel von Emanzipation, Selbstbestimmung, Aufarbeitung und Bewältigung der Vergangenheit geredet wird, einen Wert für die Erziehung und Bildung Heranwachsender?

▷ *Zurück zur biblischen Gestalt:* Simeons Leben erreichte Fülle. Simeon konnte warten – er erlebte die Erfüllung, er *sah* das Heil. Sein Glaube kam vom geduldigen Hören. Sein Leben reifte aus. Aus Simeons Zügen ist ablesbar, daß geduldiges Ausharren in Hoffnung auf das Heil dem gläubigen Menschen Erfüllung bringt.

Lebenssatt kann Simeon sterben. Getröstet spricht er das Abendgebet seines Lebens.

▷ *Lk 2,29–32 lesen!*

▷ Simeons Leben ist durch lange Jahre gereift. Dies ist ablesbar an seinen Augen und seinen Händen, die liebend das Kind wie ein Juwel bergen.

– Indem der Greis den zum Mitmenschen gewordenen Sohn Gottes trug, empfing er selbst die Annahme an Kindes Statt (Irenäus). Simeon trug das Kind, das Kind aber lenkte den Greis (vgl. den Allelujavers des Festes Mariä Lichtmeß).

– Jesus ist Licht und Hoffnung auch für die Heiden. Der enge Horizont der Person des Simeon und des jüdischen Volkes wird überschritten.

▷ *Was bedeutet jungen Christen heute Hoffnung?*

Bei einer *Metaphernübung* gaben Studenten aus Gießen u. a. an:

Hoffnung ist für mich wie
– ein Fest,
– ein Anfang ohne Ende,
– ein Klang von Musik vom fernen Fest,
– eine Blume auf der Müllhalde,
– ein Astronaut im Nichts,
– das Lächeln eines Menschen,

– eine Schranke, die vor dem Abgrund (Selbstmord, Resignation, Flucht) bewahrt,
– ein Reservoir an Kraft und Mut,
– ein Gespräch mit jemanden, der mich vorbehaltlos ernst nimmt.

Hoffen junge Menschen nur für die eigene Person oder ist ihre Hoffnung auch auf ein Du hin ausgerichtet? Trifft die Sprache und der Inhalt des Synodenbeschlusses »Unsere Hoffnung« die Gefühls- und Denkwelt der heutigen Menschen, die Hoffnung und Bewältigung ihrer eigenen Probleme benötigen und die Hoffnung für andere sein sollen?

▷ In einer *Bildbetrachtung verbalisieren die Schüler* ihre optischen Eindrücke und deuten die Formen und Linienführung.

▷ In einem weiteren Schritt versuchen Lehrer und Schüler eine *Zusammenbindung*
– der künstlerischen Bildelemente,
– des gesellschaftlichen Bildes vom gutmütigen, trotteligen Alten der vorangegangenen Lerneinheiten
– mit der Theologie des lukanischen Textes 2,21–34.

▷ Ist dieser Versuch für Schüler (und Religionslehrer) zu schwierig, so kann der Text – oder Ausschnitte daraus – von →P. Neuenzeit zu dem Holzschnitt (Bd. 1, S. 84) *gelesen* werden.

▷ Je nach der Klassensituation kann sich eine *nochmalige Rezitation* von Lk 2,21–35 anbieten.

Lerneinheit 7: Reflexion – eine neue Sicht des eigenen Alt-Seins

Bilder bringen nicht nur Gedanken der Menschen zum Ausdruck, Bilder rufen auch *neue Gedanken* des Betrachters hervor.

▷ In der abschließenden 7. *Lerneinheit* verbalisieren die Schüler ihre Gedanken, die sich beim Betrachten des Bildes einstellen.
– Sie können um die Begriffe Alter – Hoffnung – Generationskonflikt – Sinn des Lebens – Tod kreisen und bedürfen einer der jeweiligen Gesprächssituation angemessenen Vertiefung.
– Die Beschäftigung mit Habdanks Simeon-Holzschnitt wird bei den Jugendlichen Spuren hinterlassen.

▷ *Ein erfülltes Alter stelle ich mir vor wie . . .* Diese *Metaphernübung* (Metaphernmeditation) zu Ende der Unterrichtseinheit kann sowohl die neuen affektiven Einstellungen wie auch die kognitiven Klärungen zum persönlichen Alt-Werden und Alt-Sein zu Tage fördern.

II. Katechese mit jüngeren Erwachsenen

Manche Gemeindemitglieder – vornehmlich der mittleren Altersgruppe – kümmern sich aufopfernd um die betagten Mitchristen. Trotz aller Altenarbeit und -pastoral aber sind auch in unseren Kirchengemeinden unverbindliches Nebeneinanderleben, gegenseitiges Unverständnis, oft sogar Mißtrauen und lieblose Spannungen nicht zu übersehen.

Die folgenden Hinweise, die nur eine Sensibilisierung für die Problematik des Alt-Werdens und Alt-Seins zum Ziel haben können, sind für die Arbeit mit jüngeren erwachsenen Christen, z. B. mit Eltern von Erstkommunionkindern oder Firmlingen, gedacht.

1. Metaphernmeditation

▷ Der Gruppenleiter *erklärt* mit einem Beispiel, was eine *Metapher* ist: ein bildhafter Ausdruck, ein abgekürzter Vergleich. Er *verdeutlicht* das *Ziel* der folgenden *Metaphernübung*: einen Einstieg in die Problematik schaffen, die verschiedenen Erfahrungen und (Vor-)Einstellungen der Gruppenmitglieder bewußt machen, um sie später
– miteinander,
– mit dem Holzschnitt ›Simeon‹ von W. Habdank
– und mit der biblischen Botschaft von Lk 2,22 ff. zu konfrontieren.

▷ Metaphernmeditation: *Mein Alter stelle ich mir vor wie . . .*

▷ Der Gruppenleiter *liest* nach ca. 10 Minuten Bedenkzeit für die Veranstaltungsteilnehmer alle abgegebenen Metaphern *kommentarlos vor* und läßt sie an eine Wandtafel *schreiben*.

▷ Die Teilnehmer *fassen* im folgenden Schritt die angeschriebenen Metaphern in einzelne Gruppen *zusammen.* In dieser Diskussionsphase werden Schwerpunkte, Richtungen, gegensätzliche Vorstellungen sichtbar.

▷ Impulsive *Kommentare* zu den angeschriebenen Metaphern und reflektierte *Äußerungen* zu den Gruppierungsvorschlägen weisen dem Leiter den weiteren Weg, der eingeschlagen werden muß, um den emotionalen Bedürfnissen und/oder den möglichen fachlichen Defiziten der Gruppe gerecht zu werden.

2. Simeon – ein Gegenmodell unserer Erfahrungen

▷ Im folgenden können sich die Arbeitsschritte der »Lehreinheit 6: Kontrapunkt – Simeon« aus den vorgeschlagenen Impulsen für den Religionsunterricht anschließen.

▷ Für eine möglicherweise notwendige *exegetische Vertiefung,* in der auch die Stellung der Simeon-Perikope im Geschichtenkranz der Botschaft von der Menschwerdung des Gottessohnes herauszuarbeiten sein wird, ist auf die *gängige Kommentarliteratur* zu verweisen, z. B.:

– *J. Ernst,* Das Evangelium nach Lukas (=RNT, Bd. 2), Regensburg 1977
– oder auch das für die praktische Bibelarbeit geeignete *Werkbuch* von *W. Knörzer,* Wir haben seinen Stern gesehen. Verkündigung der Geburt Christi nach Lukas und Matthäus, Stuttgart 1967.

3. Folgerungen

▷ Eine Zeit der stillen *Besinnung* vor dem Holzschnitt ›Simeon‹ schließt sich an, um Folgerungen – sowohl solche für das ganz persönliche Leben als auch für das Leben in der Gemeinde – zu ziehen.

▷ Wünschenswert wäre es, wenn eine kleine, aber *konkrete Aktion* als Reaktion der Gruppe auf die Artikulation der persönlichen Erfahrungen und Einstellungen zur Problematik des Alt-Werdens und Alt-Seins und auf das unter 2. Erarbeitete von den

Teilnehmern benannt werden könnte. Die Aktion sollte gleich morgen in die Tat umsetzbar sein und nicht mit großen, gut klingenden Absichtserklärungen im Sande verlaufen.

▷ Die Gruppe könnte sich die Aufgabe stellen, einen *thematischen Gottesdienst* »Alt-Werden – eine Leistung« oder »Alt-Sein – Leben aus Hoffnung« *vorzubereiten.* Sie wird davon ausgehen und dies auch der Gemeinde im Gottesdienst sagen, daß das Fragen und Denken, Glauben und Beten, Dienen und Handeln für Christen nicht auseinanderfallen und in der Eucharistiefeier ihr energiespendendes Zentrum haben.

▷ Bei der geplanten Eucharistiefeier, zu der die Gemeindemitglieder mit ihren persönlichen Sorgen, Fragen und Problemen kommen und deshalb auch Denkhilfen zur Bewältigung der Situation ihres ›Christ-Werdens‹ erhalten wollen, kann die Gemeinde *im Gebet* z. B. *bedenken,*

– wie die christliche Kirchengemeinde am Ort mit älteren Menschen über den Sonntagsgottesdienst hinaus die schwache oder gar abgerissene Kommunikation intensivieren oder wieder aufnehmen kann,

– welche Angebote für Gemeindemitglieder mittleren Alters gemacht werden müssen, um sich in die Zeit nach dem Ausscheiden aus dem Arbeitsprozeß einzuüben,

– wie den Senioren nach dem Leitsatz »Fördern durch Fordern« *(U. Lehr)* in der Gemeinde geholfen werden kann, d. h. auch, welche sinnvollen Aufgaben den Senioren in der Gemeinde übertragen werden müssen und können, bei denen sie sich als notwendige Gemeindemitglieder erfahren, die einen aktiven Beitrag zum Gemeindeleben leisten.

4. Komplet

▷ Die Abendveranstaltung kann – sofern noch Zeit und Situation es zulassen – mit dem kirchlichen *Nachtgebet* (vgl. Gotteslob, Nr. 695), an dessen Ende der *Lobgesang des Simeon* (vgl. Gotteslob, Nr. 700) steht, abgeschlossen werden.

Kontexte

Hindernisse

Die Sentimentalität [...] besteht im Bedürfnis, gerührt zu werden. Durch Liebliches oder Beglückendes, Trauriges oder Furchtbares, Großes und Erhabenes oder Schwaches und Hilfloses – auf jeden Fall gerührt zu werden. Der eine hat das Bedürfnis mehr, der andere weniger; in irgendeinem Maße und in irgendeiner Art wohl jeder ... Sentimentalität ist ein Halbgefühl, eine seelische Weichheit, die mit dem Sinnlichen zusammenhängt ... Das alles gibt es auch im Religiösen. Die Weise, wie der sentimentale Mensch die religiösen Gestalten auffaßt; die Wahrheiten, die er bevorzugt; die Worte, die in seinem Munde wiederkehren, und die ganze Art, wie er sich hält – alles geht darauf aus, gerührt zu werden.

Bis zu einem gewissen Punkt kann man dagegen nicht viel sagen ... Sobald aber diese Anlage die Führung bekommt, wirkt sie verhängnisvoll. Sie nimmt der Offenbarung ihre Größe; zieht die heiligen Gestalten ins Sonderbare; macht das religiöse Leben weichlich, schwächlich, unnatürlich und peinlich ... Vielleicht gehört es zu den wichtigen Aufgaben religiöser Erneuerung, wieder den Bereich des echten Geheimnisses und die ihm zugehörige Haltung zu entdekken, die gar nichts Sentimentales an sich hat; die es ablehnt, was geglaubt werden muß, durch Scheinwirkungen zu erleichtern, es vielmehr in seiner ganzen Strenge aufrecht erhält.

Romano Guardini

Augenblick

In der Dunkelheit
bat mich eine Stimme um Feuer,
und ich zündete ein Streichholz an,
das Flämmchen schützend
mit der gekrümmten Hand.
In der Dunkelheit
sah ich ein fremdes Gesicht,
Augen voll Nacht.
»Danke«, sagte die Stimme,
und wir sahen uns an, flüchtig,
über das Licht hin.
Plötzlich durchbrach ein Lächeln
die Kruste des Lehms.

Walter Bauer

Simeons Gebet

Jetzt führte ihn der heilige Geist in den Tempel. Und als die Eltern Jesus heranbrachten, um zu erfüllen, was das Gesetz verlangte, nahm Simeon das Kind in seine Arme und pries Gott mit den Worten:

Nun läßt du, Herr, deinen Knecht,
wie du gesagt hast, in Frieden scheiden.
Denn meine Augen haben das Heil gesehen,
das du vor allen Völkern bereitet hast,
ein Licht, das die Heiden erleuchtet,
und Herrlichkeit für dein Volk Israel.

Lukasevangelium 2,27–32

Gebet

O Gott, den man verkennt, o Gott, den alles kündet,
O höre Du das letzte Wort, das aus mir mündet.
Ich suchte doch den Weg zu dir, wenn ich verirrte,
Erfüllt von Dir war doch das Herz, das sich verwirrte.
Ich sehe ohne Ängste schon den ewigen Schimmer,
Ich glaubte nicht, daß Gott, der mich der Erde schenkte,
Daß Gott, der meinen Tag mit seiner Güte tränkte,
Mich, wenn ich ausgelöscht bin, quälen will für immer.

François-Marie de Voltaire

143

Zachäus

EWALD BERNING

→Helmut Bieber, Bd. 1, S. 88

Zielgruppen
 I. Gesprächsanstöße für selbständige
    Christen
 II. Predigtmeditation: Einsam und allein auf
    einem Baum

I. »Er liebt mich; darum will ich ihn erretten«
Gesprächsanstöße für selbständige Christen

Zur *Situation der Zielgruppe,* zu *didaktischen Situationen* und zum *Typ der Veranstaltung*
→*Ewald Berning, Ijob S. 17f., Bd. 2, I, 1-3.*

1. Eingrenzung

Helmut Bieber sieht im Holzschnitt den Zachäus anders, als er üblicherweise verstanden wird: nicht der Kleine, der unbedingt Jesus sehen will und dazu auf einen Baum klettern muß; nicht der, der dann ganz überraschend den Meister beherbergen darf; so ganz und gar nicht ein »bilderprächtiges Geschehen von hohem poetischen Reiz, von praller, bunter Anschaulichkeit, Stoff für ein Gemälde von barocker Ausformung, ein Bild, so recht, um darin spazieren zu gehen«. Habdank zeigt seinen Zachäus als *einen, der im Gestrüpp, im Gezweig gefangen ist.* Er hat sich versteckt, wurde hinaufgedrängt von denen, die wegen seines Geschäftes, seiner Kollaboration mit den Römern seine Todfeinde wurden. Vielleicht ist Zachäus sehr einsam, abgeschnitten durch die Verachtung seiner Mitbürger, von sich selbst getrennt durch seinen Beruf als widriger Steuerpächter.

a) Man kann sich Zachäus als jemanden vorstellen, der sein Selbstbewußtsein, *seine Identität verloren* hat. Diese verliert man aber nie allein, sondern immer in Wechselbeziehungen mit anderen Menschen. Einer christlichen Gemeinde, einer Kirche fernstehen, das ist ja wohl auch eine Frage christlicher und menschlicher Identität. Zachäus als Prototyp derer, die wir gerne als Fernstehende, Nichtpraktizierende bezeichnen? Wer steht hier wem fern? Sich absetzen, beiseitetreten, den »christlichen Glauben nicht mehr praktizieren«: das sind Folgen nicht geglückter menschlicher und christlicher Beziehungen.

b) Das ist unser *Thema:* Das Gespräch, die Meditation darüber, wie ich freiwillig und bewußt *mein Leben als Christ gestalte;* aber auch, in welchem Maße und nach welchen Schemata die anderen es für mich zulassen; hier wird man nach den Maßstäben und Zielvorstellungen realisierten christlichen Glaubens fragen. Die sog. Kerngemeinde könnte dabei gefährlich in die Nähe der Bevölkerung von Jericho geraten. – *Christsein das heißt: den anderen annehmen, wie ich selbst von Gott angenommen sein möchte.*

2. Vorschlag für ein meditatives Gespräch

Der Habdank-Holzschnitt und die Rückbesinnung auf die grundlegenden Elemente des Handelns Jesu eignen sich besonders dazu, das zumeist unbewußte Grundmuster des eigenen christlichen Lebens und die Perversion der Beziehungen auch unter Christen bewußt zu machen.

a) Problemstellung: Eine kritisch suchende Gruppe von Christen wird sehr bald hinter den Einzelphänomenen im Handeln von Kirchen, Gemeinden, einzelnen Christen den Punkt erspüren, der für viele heute in der Geschichte ein Ärgernis ist:
▷ Wie verträgt sich der von Institutionen vorgetragene Anspruch christlicher Tradition mit der Fähigkeit, ihn zu realisieren, und mit dem für alle Christen maßgeblichen Handeln Jesu?
Die Meditation zu Zachäus ist also ein Anhalten, ein kritisches Innewerden des eigenen Verhaltens und der Beziehung zu anderen Christen; sie kann aber durchaus auch Tröstung und Zuspruch sein, weil Bild und Perikope (Lk 19,1–12) jede geschichtliche Ausformung christlichen Verhaltens in Frage stellen und daran erinnern, daß Glaube nicht Besitzstand, sondern gelebte Beziehung Mensch–Gott–Mensch bedeutet.
▷ Die Einladung zur Meditation könnte auf diese fundamentale Problematik aller Einzelerfahrungen hinweisen.

b) Bild und Perikope:
▷ *Betrachtung des Bildes,*
▷ Lesung der Perikope *Lk 19,1–12.*
▷ Äußerungen der Betrachter: – Was sehe ich? Bin ich im Bilde? Bin ich Zachäus?
– Wo in der Perikope bin ich am ehesten zu Hause?
– Machen Bild und Text mich traurig/froh/ratlos?

c) Deutungsangebot
▷ Hilfreich für Deutung und Diskussion: *R. Zerfaß,* Ansehen, in: P. Düsterfeld/H. Rolfes, Unsere Hoffnung. Predigtmodelle zu einem Bekenntnis des Glaubens in dieser Zeit. Grünewald: Mainz 1976, S. 34–36.
▷ *In Stichworten:*
– Wer ist Zachäus? Wie kommt er auf den Baum? Zachäus der Ausgestoßene, zu dem niemand mehr eine Verbindung haben will. Zachäus der Einsame.
– Jesus reitet durch die Stadt; er hat es eilig; nach Lukas will er zielstrebig nach Jerusalem.
– Und doch: Warum treffen sich die beiden? Warum sprechen sie miteinander? Liegt das Geheimnis nicht darin, daß Jesus dem Zachäus nicht eine Leistung abverlangt, nicht büßende Umkehr, sondern daß er ihn anspricht, ihn ernstnimmt, ihn um etwas bittet? Jesus gibt dem Zachäus, dem Gehaßten und Ausgestoßenen, sein Ansehen und seine Selbstachtung zurück.
– Darin gewinnt der gehaßte Steuereintreiber seine Freiheit zurück, ein neues Leben anzufangen. »Wo immer wir heute helfende und heilende Beziehungen stiften wollen, wird es genau darauf ankommen.«

d) Rückwendung zum Thema: Die Auslegung der Zachäus-Jesus-Begegnung und die Meditation des Bildes führen zur Vergewisserung:
▷ Wo, warum, durch wen ist meine fundamentale emotionale Beziehung zu anderen Christen gestört? Welchen Anteil habe ich daran?
– Sind Text und Bild für mich wirklich so befreiend, daß ich meine negativen Erfahrungen mit Kirche/Kirchenleuten hinter mir lassen kann? Gibt es Hilfen auch für eine Souveränität des Glaubens? Wie kann ich anderen deutlich machen, was es heißt: Ich muß dir zeigen, daß Gott es gut mit dir meint.
– Fragen, wo für mich solche Werte/solches Verhalten am ehesten und echtesten zu realisieren sind.
▷ *Psalm 91:* »Wer unter dem Schirm des Höchsten sitzt und unter dem Schatten des Allmächtigen bleibt, der spricht zu dem Herrn: Meine Zuversicht und meine Burg, mein Gott, auf den ich hoffe ... Wenn auch tausend fallen zu deiner Seite und zehntausend zu deiner Rechten, so wird es doch dich nicht treffen ...« – »Er liebt mich, darum will ich ihn erretten; er kennt meinen Namen, darum will ich ihn beschützen.«

e) Rückblick auf das Bild

▷ Erlebe ich solche Beziehungen wie Bild und Auslegung sie mir nahebringen sollen?

Erfahre ich das Deutungsangebot als Illusion, als echte Lebensmöglichkeit?
– Wer ist für mich eigentlich Zachäus, für wen gehöre ich zum Volke von Jericho?

II. Einsam und allein auf einem Baum . . .
Gedanken zu einer meditativen Predigt

Zur homiletischen Vorüberlegung und Schriftfolge der Vorbreitung
→*Ewald Berning, Ijob Bd. 2, S. 19f., II, 1-2.*

1. Meditation

▷ Die folgenden Anstöße zur Meditation und die Predigt könnten sich für einen *Bußgottesdienst* eignen:
– Er sitzt einsam und allein auf einem Baum.
– Ganz anders, als wir als Jungen auf Bäume geklettert sind. Nicht fröhlich in die Weite schauend, nicht pfeifend und rufend. Er hockt dort versteckt, verschlungen, umschlungen von den Ästen des Baumes.
– Vor wem ist er weggelaufen? Vor der Polizei, vor bösen Freunden? Die Geschichte erzählt es uns: Zachäus ist ein Blutsauger, ein Steuerpächter.
– Ein Kollaborateur, der seine eigenen Landsleute aussaugt und dadurch zu Reichtum kommt.
– Kein Wunder, daß die Mitbewohner der Stadt ihn hassen. Leider haben sie keine Möglichkeit, ihn umzubringen; er hält es mit den Großen und Mächtigen.
– Aber wie mag es ihm innerlich gehen? Nur dann und wann ist er froh, stolz auf seinen Reichtum, mit dem er sich alles leisten kann.
– Im letzten ist er einsam, allein, gefangen.
– Keiner spricht mit ihm, keiner mag ihn, alle hassen ihn.
– »Da war ein Mann namens Zachäus, Oberzöllner und reich, der hätte Jesus gerne von Angesicht gesehen; aber vor lauter Volk vermochte er's nicht, da er klein von Gestalt war. So lief er voraus und bestieg einen Maulbeerbaum, ihn zu sehen, weil er dort vorüberkommen sollte.« (Lk 19,1–4)
– Sieht unser Zachäus aus wie einer, der neugierig ist, der es kaum noch erwarten kann? Eher nicht.
– Er schaut hilflos, nachdenklich, so gar nicht aktiv. Und dann passiert es: Jesus kommt vorbei, schaut hinauf, spricht ihn an.

2. Predigt

▷ Im unmittelbaren Anschluß an die Meditation wird die Predigt versuchen, die Erfahrung, die Zachäus in der Begegnung mit Jesus macht, als Lebensmöglichkeit an die Hörer weiterzugeben. Diese Erfahrung der Freiheit und des wiedergewonnenen Ansehens ist gleichzeitig Maßstab der Selbstprüfung und der Gewissenserforschung.
▷ *Zielsatz* der Predigt: Meine Hörer sollen erkennen, daß der Glaube der Christen sich mißt an der Echtheit menschlicher Beziehung.
▷ Die *Frohe Botschaft:* Heute, im Gespräch, in der persönlichen Zuwendung, in der Überwindung von Mißtrauen ist diesem Hause Heil widerfahren.
▷ *Die Mahnung:* Vergeßt das Gesetzeschristentum; Glauben heißt als Christ im Alltag leben.

3. Rückkehr zum Bild und Hinführung zur Besinnung
▷ Wie sich wohl *Zachäus* gefühlt hat?
– Der große Jesus ist stehengeblieben, und hat ihn angesprochen.
– Er springt vom Baum, überschlägt sich vor Eifer, beherbergt den Herrn.
– Einer, der ihn nicht verdammt, ihn nicht haßt, ihn nicht zurücksetzt.
– Das öffnet ihm das Herz, macht ihn frei, bricht seine Raffgier auf.
– Durch Jesus wird er wieder ein Mensch, aus einem Blinden ein Sehender, aus einem Einsamen ein Angenommener,
– aus dem auf dem Baum der unter Menschen.
▷ *Und wir?*
– Wo ist unser Baum, auf den wir uns zurückziehen?

– Wo sind die Bäume, auf die andere vor uns flüchten?

– Wen sollten wir ansprechen, damit er hinabsteigt und bei uns steht?

– Wir kennen doch die Erfahrung, freundlich von Leuten angesprochen zu werden, von denen wir es vielleicht nicht erwarten. Auch andere warten auf uns.

– Wir sollen Jesus sein für viele, die durch uns Zachäus wurden.

▷ Es könnten sich hier noch einige konkretisierende Hilfen zur Besinnung anschließen.

Kontexte

Die Berufung des Matthäus

Du da, – steh auf!
Du hast mitzugehen!
Man braucht dich.

Du häufst deine Habe?
Sie war niemals dein.
Du rühmst deine Werke?
Vergiß sie.
Dein Weib umhalst dich?
Es wird dich verschmerzen.
Dein Kind schreit?

Dort, wo du Not tust, schreit mehr.
Fällt dich Schlaf an?
Wachen sollst du!
Freut dich Friede?
Streiten mußt du!
Glück begehrst du?
Elend wirst du!

Frag nicht: wofür?
Die Erwählten gehorchen.

Du bist gemeint!
Nicht der neben dir.
Komm!   *Franz Theodor Csokor*

Zachäus

Zachäus ist ein kleiner Mann,
keiner will ihn haben.
Ich auch, du auch, keiner will ihn haben.
Doch Jesus ist ein toller Mann,
jeder will ihn sehen.
Ich auch, du auch, jeder will ihn sehen.
Zachäus sieht den Jesus nicht,
er wär' gerne größer.
Ich auch, du auch, er wär' gerne größer.
Zachäus steigt auf einen Baum,
jetzt kann er ihn sehen.
Ich auch, du auch, jetzt kann er ihn sehn.
Und Jesus kommt am Baum vorbei,
er spricht: Komm herunter.
Ich auch, du auch, er spricht: komm herunter.
Da ist Zachäus sehr erstaunt
Jesus will ihn haben.
Ich auch, du auch, Jesus will ihn haben.
Zachäus sagt: Komm in mein Haus,
komm, wir wollen essen.
Ich auch, du auch, komm, wir wollen essen.
Zachäus lacht und freut sich sehr,
einer will ihn haben.
Ich auch, du auch, einer will ihn haben.

Ludger Edelkötter

147

Samariter

ROBERT EBNER

→Günter Lange, Bd. 1, S. 92

Zielgruppen
 I. 6. Klasse der Sonderschule (Lernbehinderte)
    Thema: Der Samariter gibt uns ein Beispiel; *Zeitaufwand:* 2 Unterrichtsstunden.
II. Gottesdienst für geistig Behinderte
    Thema: Viele Menschen leiden Not; *Zeitaufwand:* ca. 40 Minuten.

I. Der Samariter gibt uns ein Beispiel

1. Theologische Überlegungen

Jeden Tag begegnen uns Notsituationen, aber oft gehen wir einfach vorüber, weil wir zu sehr mit uns selbst beschäftigt sind. Auch Jesus hat solches Verhalten immer wieder erlebt und zu korrigieren versucht, am deutlichsten durch die Gleichsetzung des Gebotes der Gottes- und Nächstenliebe. (Vgl. Mk 12,28–31 par.) Auch die Schriftgelehrten kannten diese Verpflichtung, aber sie achteten die Kultgesetze höher als die Nächstenliebe. Der Begriff des »Nächsten« wurde nur auf Glieder der eigenen Volks- und Religionsgemeinschaft bezogen.

In der Beispielerzählung vom barmherzigen Samariter greift Jesus dieses Thema auf. Er versucht dabei den Denkhorizont der Schriftgelehrten zu erweitern, und bedient sich dazu verschiedener Stilmittel: beim Barmherzigen Samariter der Form der Paradoxie. Der Ferne wird zum Nächsten. Das Liebesgebot rangiert vor dem Kultgesetz. Lk 10,25–37 zielt auf die Auseinandersetzung mit der jüdischen Obrigkeit, die durch Jesus ihre Gesetzesvorstellung bedroht sieht (*Kahlefeld*, 113f.). In der Tat ist Jesu Verhalten mit dem Denken der Schriftgelehrten nicht vereinbar. Denen, die in Israel zuallererst verpflichtet wären, das Gebot der Nächstenliebe zu halten, wird der Samariter, der Fremde und Ketzer, als positives Beispiel gegenübergestellt. Nach Jesus ist *jeder* Hilfsbedürftige der Nächste, selbst der Feind (*Frankemölle*, 96).

In der Beispielerzählung geht es um eine bildhafte Anleitung zur Verwirklichung der Liebe. Die Vorüberziehenden sind in einem engmaschigen Netz von Lebensregeln eingespannt und überhören so den Ruf der konkreten Situation. Ihr starres Normensystem bleibt intakt, aber der Geschundene am Weg unbeachtet. Jesus nun verbindet beides und stellt im Paradox zu dieser Beispielerzählung »die Ordnung der Liebe« (*Biser*, 93) heraus, deren Norm die fraglose Hilfeleistung in der Not ist.

2. Didaktische und methodische Überlegungen

Heute kümmern sich zahlreiche Organisationen um in Not geratene Menschen, aber gerade dadurch dispensieren wir uns oft bewußt von der Forderung nach spontaner unbürokratischer Hilfe. Dem steht das Schlagwort zur Seite: »Jeder ist sich selbst der Nächste«, und trübt den Blick für Menschen, die unmittelbare Hilfe brauchen.

a) *Kinder der Sonderschule* sind sozio-kulturell benachteiligt. Sie registrieren aufmerksam das Fehlverhalten der Erwachsenen. Wenn sie sich auch oft gegenüber Mitschülern aggressiv verhalten, so sind sie doch meistens in konkreten Notsituationen zur spontanen praktischen Hilfe bereit.

b) Der *Rahmenplan für die Glaubensunterweisung an Sonderschulen* (München 1967, 28) thematisiert in der 5. Klasse das Gebot der Liebe. »Besser also, als ein negatives Abgrenzen gegen Verbote ist der positive Auftrag, sich im neuen Gebot zu üben: für andere da zu sein – die Hilfsbedürftigkeit anderer zu sehen – helfen, wo man kann...« Der *Lehrplanentwurf für die Sonderschule für Lernbehinderte* (Rottenburg 1977, 37) sieht in der 6. Klasse die Unterrichtssequenz vor: »Menschen brauchen einander« mit dem Thema: »Wem bin ich der Nächste.«

c) Als *Versuch einer Übertragung* in heutige Situation wird ein *Rollenspiel* empfohlen. Da die Motivierung bei Lernbehinderten nicht einfach ist, sollte man nicht mit dem Bibeltext beginnen, sondern mit einer *Fallgeschichte* aus der Erfahrungswelt der Schüler. Dann kann man aus der Lukasperikope die Verse 30–37 auswählen und der Akzent wird auf die beispielhafte Tat des Samariters gelegt (*Bielefeld/Jörissen*, 43).

d) Da Sonderschüler der Mittelstufe noch *Leseschwierigkeiten* haben, empfiehlt es sich, die Beispielgeschichte zu erzählen. Für den Sonderschüler ist die sprachliche Form von Bedeutung. Dem kommt die Forderung von *Steinwede* (43 ff.) entgegen, biblische Texte »an den sprachlichen Gesetzen kindlicher Rede- und Denkweise zu orientieren« (*Bielefeldt/Jörissen*, 43).

e) Die Kinder werden aufgefordert, die Geschichte mit Verständnishilfen des Lehrers wiederzugeben und dann das, was sie beeindruckt hat, zu malen. Diese Bilder werden am Schluß der Stunde eingesammelt.

f) Zu Beginn der *2. Stunde* heftet der Lehrer die Bilder der Kinder an die Tafel. Die Schüler geben den Inhalt der Perikope wieder. Nun wird ihnen das *Dia* »Der barmherzige Samariter« von Habdank gezeigt. Was sie sehen, sollen sie beschreiben. Dabei ist Hilfestellung vom Lehrer erforderlich, um die zentrale Aussage zu erfassen.

g) Die Schüler sollen nun ähnliche Beispiele aus ihrer Erfahrungswelt erzählen. Danach werden durch ein Pantomimenspiel einzelne Fallgeschichten von den Schülern, die in Gruppen eingeteilt wurden, dargestellt. Die Kinder sollen das Gespielte erraten und beschreiben.

3. Festlegung der Lernziele

Richtziel: Jesus setzt Maßstäbe.
Grobziel: Der Sinn der Beispielsgeschichte vom »Barmherzigen Samariter«.
Feinziele:

a) im kognitiven Bereich:
– Notsituationen kennenlernen;
– den Text der Gleichnisgeschichte vornehmen;
– das Gleichnis nacherzählen können;
– Rückfragen zu unklaren und unverstandenen Begriffen und Zusammenhängen stellen können;
– wissen, daß Jerusalem und Jericho Städte von Israel sind;
– wissen, daß der Weg zwischen beiden Städten durch Wüste und Gebirge führt;
– wissen, daß der Tempel in Jerusalem das größte Heiligtum der Juden war;
– wissen, daß Priester und Leviten im Tempel dienten und daß beide strenge »Reinlichkeitsvorschriften« zu beachten hatten;
– wissen, daß die Samariter den Juden verhaßt waren;
– die zentrale Aussage des Gleichnisses nennen können;
– wissen, daß der Samariter das Liebesgebot erfüllt hat;
– wissen, daß das Liebesgebot sogar den Feind miteinschließt;

b) im emotional-affektiven Bereich:
– von Notsituationen betroffen werden;
– falsches Verhalten verurteilen;
– von der Fürsorge und Hilfsbereitschaft des Samariters innerlich angerührt werden;
– empfinden, daß der im Gleichnis ausgesprochene Appell auch für sie gilt;
– durch das Vergleichen des gemalten Bildes mit dem Dia von Habdank Bestätigung, bzw. eine andere »Sehweise« erfahren.

4. Skizze des Verlaufplans

1. Stunde:

Artikulation	Stoff	U-Form/Medien
▷ Einstieg	*L:* Ich möchte euch eine Geschichte erzählen, die jedem auf der Straße hätte passieren können.	*L*-Darbietung
	Schilderung eines Autounfalles: 3 vorüberkommende Autofahrer halten aus egoistischen Gründen nicht an.	
	L: Hättet ihr auch so gehandelt?	*L*-Frage
	S: – Nein, der Mann ist vielleicht verblutet.	*S*-Äußerungen
	– Ein Menschenleben ist wichtiger als Geschäft und Freundin.	
	– Anzüge kann man kaufen, aber ein Mensch ist nicht zu ersetzen.	
	– Nein, ich hätte Erste Hilfe geleistet und das Sanitätsauto angerufen.	
	– Die Autofahrer haben nur an sich gedacht.	
▷ Erste Begegnung mit Thema	*L:* Vor 2000 Jahren ist etwas Ähnliches passiert.	*L*-Darbietung
	L: Erzählt »Gleichnis vom barmherzigen Samariter«, wobei er unbekannte Begriffe erklärt.	
▷ Themabenennung	»Der barmherzige Samariter«	▷ *Tafelanschrift*
▷ Erarbeitung	*L:* Was hat dieser Mann denn gemacht?	*L*-Frage
	S: – Er ist vom Pferd gestiegen und hat den Mann behandelt.	*S*-Äußerungen
	– Er hat Öl und Wein in die Wunden gegossen und sie verbunden.	
	– Er hat den Mann auf sein Pferd gehoben und ihn zur Herberge gebracht.	
	– Er hat alles für ihn bezahlt.	
	– Der Samariter hat richtig gehandelt, der war gut.	
	L: Warum hat der Samariter so gehandelt, er war doch sein Feind?	*L*-Frage
	S: Aus Mitleid	*S*-Äußerung
▷ Zusammenfassung der S-Äußerungen. Herausstellung der Sinnmitte der Erzählung	*L:* Jesus hat diese Geschichte als Beispiel erzählt; sie gilt auch für uns. Er will, daß wir denken und handeln wie der Samariter, der mehr getan hat als seine Pflicht.	*L*-Darbietung
	L: Habt ihr schon jemandem geholfen oder seid selbst mal in Not gewesen?	*L*-Frage
	S: Erzählen Erlebnisse	*S*-Äußerungen
▷ Arbeitswechsel	*L:* Fordert die Schüler auf, *eine Szene* aus dem Gleichnis zu *malen.*	▷ *Stillarbeit*
	L: Sammelt am Ende der Stunde die Bilder ein.	

150

2. Stunde:

Artikulation	Stoff	U-Form/Medien
▷ Anknüpfung	*L:* Lehrer heftet einige Bilder an die Tafel.	▷ *Stummer Impuls*
	L: Über wen haben wir in der letzten Stunde gesprochen?	L-Frage
	S: Über den barmherzigen Samariter	S-Äußerungen
	L: Schreibt »Barmherziger Samariter« an die Tafel	▷ *Tafelanschrift*
▷ Erarbeitung	*L:* Heftet auch die anderen Zeichnungen an die Tafel und fordert die Kinder auf, die Geschichte zu erzählen.	L-Darbietung
	S: Die Schüler erzählen die Geschichte anhand der Zeichnungen.	S-Äußerungen
	L: Ein Künstler, er heißt Walter Habdank, hat die Geschichte auch gelesen. Er hat dann ein Bild gemalt. Das möchte ich euch heute zeigen.	L-Darbietung
▷ Verinnerlichung	*L:* Zeigt das Dia vom »Barmherzigen Samariter«.	▷ *Dia: Habdank-Holzschnitt*
	L: Was seht ihr auf dem Bild?	L-Frage
	S: Die Schüler beschreiben das Bild	S-Äußerungen
	L: Warum hat der Künstler nur die beiden Männer auf dem Pferd gemalt?	L-Frage
	S: Weil es das Wichtigste ist.	S-Äußerung
	L: Was ist das Wichtigste auf dem Bild?	L-Frage
	S: Der Samariter, weil er dem Mann geholfen hat.	S-Äußerung
	L: Beschreibt das Bild und faßt das Wesentliche zusammen, wobei er darauf hinweist, daß es auch heute viele Menschen gibt, die in Not sind. Es müßte mehr Menschen geben wie den barmherzigen Samariter.	L-Darbietung
▷ Vertiefung	*L:* Teilt die Schüler in Gruppen ein, erklärt kurz, was ein Pantomimenspiel ist, und übergibt jeder Gruppe einen Zettel mit einer Fallgeschichte, in der der Samariterdienst geleistet wird. Die Geschichte ist der Erfahrungswelt der Schüler angemessen.	▷ *Gruppenarbeit*
	Die Schüler werden aufgefordert, sich zu überlegen, wie sie die Geschichte pantomimisch darstellen können. Der Lehrer gibt dabei Hilfestellung.	
	S: Jede Gruppe spielt die Fallgeschichte. Der Rest der Klasse wird aufgefordert, den Inhalt der Geschichte zu erraten.	▷ *Pantomimenspiel der Schüler*
▷ Zusammenfassung	*L:* Faßt die Stunden zusammen: Wenn ein Mensch in Not ist, müssen wir helfen, egal wer es ist. Jesus will, daß wir so handeln wie der Samariter.	L-Darbietung

II. Viele Menschen leiden Not
Gottesdienst für geistig Behinderte

1. Vorbemerkung

Der folgende Gottesdienstentwurf basiert auf Erfahrungen. Seit fünf Jahren werden regelmäßig Familien- und Schulgottesdienste mit geistigbehinderten Kindern abgehalten. Die Kinder erleben Tag für Tag, daß sie auf die Hilfe anderer angewiesen sind. Sie erleben auch, daß nicht immer geholfen wird. Die Schüler der Mittel- und Oberstufe haben sich im Religionsunterricht mit dieser Thematik befaßt. Die Beispielgeschichte vom »Barmherzigen Samariter« ist ihnen daher bekannt. Anhand dieser Geschichte können sie das Verhalten ihrer Mitmenschen und ihr eigenes Verhalten überprüfen.

2. Bemerkungen zu den einzelnen Elementen des Gottesdienstes

a) Sprache und Form der Perikope
Mit wenigen Worten werden die Kinder mit der Situation vertraut gemacht. Allgemeine Begriffe werden durch anschaulichere ersetzt und mehrgliedrigere Sätze vereinfacht. Auf geographische Namen wird verzichtet, weil sie das Verständnis erschweren. Der Hilferuf des Verunglückten wird dreimal wiederholt, damit sich die Kinder das Wesentliche der Beispielerzählung leichter einprägen.
Am Schluß wird die Rahmenerzählung wieder aufgenommen, um den Kindern nochmals deutlich zu machen, wer die Geschichte erzählt und was sie sagen will (vgl. *Hofmann,* 97 ff.).
▷ Die neugefaßte Perikope:
Leute kommen zu Jesus.
Jesus erzählt eine Geschichte.
Die Leute hören zu.
Ein Mann liegt verletzt auf dem Boden.
Da kommt ein anderer Mann.
Er sieht den Verletzten.
Der Verletzte schreit: »Hilf mir!«
Der Mann geht vorbei.
Da kommt noch ein Mann.
Er sieht den Verletzten.
Der Verletzte schreit: »Hilf mir!«
Der Mann geht vorbei.
Ein anderer Mann kommt.

Er sieht den Verletzten.
Der Verletzte schreit: »Hilf mir!«
Der Mann bleibt stehen.
Er geht hin.
Er hilft.

b) Szenische Darstellung:
Das in der Beispielgeschichte Erzählte wird *im Spiel* dargestellt.
▷ Dazu sind *vier Personen* nötig (Betreuer).
c) Materialien:
▷ Feldflasche mit Wasser, Verbandszeug, Diaprojektor, Dia: »Der barmherzige Samariter« von Habdank.

3. Aufbau des Gottesdienstes

a) Die Kinder *versammeln* sich mit ihren Angehörigen und den anderen Gottesdienstteilnehmern *außerhalb der Kapelle (im Hof).*
▷ Dort erfolgt die Begrüßung und die Hinführung zum Thema. Erzählen der Beispielgeschichte.

b) *Aktualisierung durch ein Spiel.*
1. Szene:
Ein Mann liegt verletzt am Boden; er schreit um Hilfe. Ein anderer Mann kommt vorbei, sieht ihn und entfernt sich, wobei er sein Verhalten zu entschuldigen versucht.
▷ *Lied:* »Es liegt ein Mann am Weg...« (*Krenzer,* 95), 1. Strophe.
2. Szene:
Der Verletzte liegt immer noch auf dem Boden; er hat Schmerzen. Ein anderer Mann nähert sich, sieht ihn und geht seines Weges. Die Kinder fragen den Mann, warum er nicht hilft. Er nennt unwichtige Gründe.
▷ *Lied:* »Es liegt ein Mann am Weg...« (*Krenzer,* 95), 2. Strophe.
3. Szene:
Der Verletzte hat sich ein paar Meter weitergeschleppt und liegt dann wieder auf dem Boden. Er ruft laut um Hilfe. Ein Mann kommt vorbei, sieht ihn, beugt sich zu ihm und läßt den Verletzten aus der Feldflasche trinken. Dann holt er Verbandszeug aus seiner Tasche. Die Kinder dürfen den Verletzten verbinden.
▷ *Lied:* »Es liegt ein Mann am Weg...« (*Krenzer,* 95), 3. Strophe.

c) Alle Gottesdienstteilnehmer begeben sich *nun in die Kapelle*. Die Kinder versammeln sich vor dem Altar.

▷ Das *Dia: Der Barmherzige Samariter* wird gezeigt. Der Gottesdienstleiter beschreibt zusammen mit den Kindern das Bild.

▷ Gespräch zwischen Gottesdienstleiter und Kindern: »Wer hilft euch?« Kinder nennen verschiedene Personen.

Frage an die Kinder: »Wem könnt ihr helfen?« Die Kinder nennen verschiedene Möglichkeiten.

Nun formuliert der Gottesdienstleiter Fürbitten.

▷ *Vorschlag zu Fürbitten:*

Gott, du bist bei uns, dir können wir alles sagen:

– Dein Sohn Jesus war gut zu den Menschen. Wir sagen:
Danke, guter Gott.

– Unsere Eltern und Erzieher helfen uns. Wir sagen:
Danke, lieber Gott.

– Die Busfahrer bringen uns zum Schwimmbad, zum Sportplatz, zur Schule. Wir sagen:
Danke, guter Gott.

– Johannes ist traurig, weil sein Bruder krank ist. Wir wollen ihn trösten und froh machen. Wir sagen:
Hilf uns, lieber Gott.

– Manche Kinder brauchen unsere Hilfe. Laß uns an ihrer Not nicht vorübergehen, und so handeln wie der Samariter. Wir sagen:
Hilf uns, lieber Gott.

Guter Gott, erhöre unsere Bitten. Amen.

▷ Die Kinder begeben sich nach den Fürbitten zu ihren Angehörigen.

d) Es folgt die normale Abfolge des Gottesdienstes, aber die einzelnen Elemente der Eucharistiefeier werden kindgemäß gestaltet.

▷ *Schlußgebet:*

Gott, Dein Sohn Jesus war gut zu den Menschen. Er hat uns den Samariter als Beispiel hingestellt. Dafür danken wir Dir. Hilf uns, so zu handeln, wie der Samariter. Amen.

▷ *Zum Segen:*

Wir gehen nun nach Hause. Wir wollen nicht vergessen, was Jesus uns durch den Samariter gesagt hat.

Gehet hin und handelt so wie der Samariter.

(Mögliche Ergänzungen, z.B. Wir wollen den kranken N. N. besuchen und ihm eine lustige Geschichte erzählen...)

Literatur

Bielefeldt/Jörissen: Jesus dachte anders darüber, in: Zeitschrift für die Praxis des christlichen Unterrichts in Schule und Kirche, 1975/2.

Biser, E.: Die Gleichnisse Jesu, München 1965.

Eichholz, G.: Gleichnisse der Evangelien, Wuppertal-Barmen 1971.

Frankemölle, H.: In Gleichnissen Gott erfahren, Stuttgart 1977.

Hofmann, T.: Überlegungen zum Religionsunterricht bei Geistigbehinderten, in: *Möckel, A.:* Religionsunterricht als Lebenshilfe für lernbehinderte und geistigbehinderte Kinder und Jugendliche, Dortmund 1971.

Kahlefeld, H.: Gleichnisse und Lehrstücke im Evangelium, Bd. II, Frankfurt 1963.

Krenzer, R.: 100 einfache Lieder Religion, München 1978.

Steinwede, D.: Zu erzählen deine Herrlichkeit, München 1967. Vgl. auch die exegetischen Kommentare zum Lukasevangelium. Vgl. auch: *Schmitt/Haushofer/Propp:* Gott hat alle Menschen lieb, Würzburg 1977.

Kontexte

Ein Wesen lieben

Ein Wesen lieben, heißt etwas Undefinierbares, etwas Unvorhersehbares von ihm erwarten; zugleich aber bedeutet es, daß wir ihm irgendwie die Möglichkeit geben, dieser Erwartung zu entsprechen. Ja, wie paradox das auch erscheinen mag: erwarten heißt in gewisser Weise auch geben; aber das Umgekehrte ist nicht weniger wahr: nicht mehr erwarten, heißt mitarbeiten an der Unfruchtbarmachung des Wesens, von dem man nichts mehr erwartet, heißt also in gewisser Weise, es berauben und ihm im voraus eine gewisse Möglichkeit des Erfindens und des Erschaffens nehmen.　　*Gabriel Marcel*

O Falladah, die du hangest!

Ich zog meine Fuhre trotz meiner Schwäche
Ich kam bis zur Frankfurter Allee.
Dort denke ich noch: O je!
Diese Schwäche! Wenn ich mich gehenlasse
Kann's mir passieren, daß ich zusammenbreche.
Zehn Minuten später lagen nur noch meine Knochen auf der Straße.

Kaum war ich da nämlich zusammengebrochen
(Der Kutscher lief zum Telefon)
Da stürzten sich aus den Häusern schon
Hungrige Menschen, um ein Pfund Fleisch zu erben
Rissen mit Messern mir das Fleisch von den Knochen
Und ich lebte überhaupt noch und war gar nicht fertig mit dem Sterben.

Aber die kannte ich doch von früher, die Leute!
Die brachten mir Säcke gegen die Fliegen doch
Schenkten mir altes Brot und ermahnten noch
Meinen Kutscher, sanft mit mir umzugehen.
Einst mir so freundlich und mir so feindlich heute!
Plötzlich waren sie wie ausgewechselt! Ach, was war mit ihnen geschehen?

Da fragte ich mich: Was für eine Kälte
Muß über die Leute gekommen sein!
Wer schlägt da so auf sie ein
Daß sie jetzt so durch und durch erkaltet?
So helfet ihnen doch! Und tut es in Bälde!
Sonst passiert euch etwas, was ihr nicht für möglich haltet!

Bertolt Brecht

Was du versäumst

Was du versäumst,
nun, da die Drohung
wie schwarzes Gewölk
den Tag verfinstert,
was du versäumst,
nun, da die Erde
erzittert in Furcht — —
was du versäumst,
den Bann zu brechen,
den Tag zu zeigen
in dieser Nacht,
was du versäumst
an Wort und Lied,
an zündender Rede,
am Beispiel der Tat,
wird sich schrecklich
gegen dich wenden.
Was du versäumst — — —.
Wolfgang Altendorf

Strophe

Als der Falke
Der Taube
Die Fänge ins Fleisch schlug
Sank eine Feder
Der Welt auf den Mund.
Reglos hing sie
An den dörrenden Lippen
Und harrte des Atems.
Er kam nicht; es
War der Abendwind,
Der sie fortnahm.

Wolfdietrich Schnurre

Wer seinen Bruder, den er sieht,
nicht liebt,
kann Gott nicht lieben,
den er nicht sieht.
1. Johannesbrief 4,20

Blindenheilung

FRITZ WEIDMANN

→Günter Lange, Bd. 1, S. 96

Zielgruppen
I. Schüler der 7. und 8. Schülerjahrgänge der *Hauptschule* wie auch *weiterbildenden Schulen*
II. Bildmeditation im Rahmen einer Ansprache für *junge Erwachsene im Schulentlaßalter*

I. Religionsunterricht 7. und 8. Schülerjahrgang

(Der »Zielfelderplan für den katholischen Religionsunterricht der Schuljahre 5–10«, München 1973, setzt das Thema »Wunder und Wundergeschichten« für den 7. Schülerjahrgang an.)
Zeitbedarf 1–2 Stunden (Blockstunde)

1. Vorüberlegungen

a) In sachlicher Hinsicht
Innerhalb der neutestamentlichen Wunderverkündigung ist die Blindenheilung sechsmal bezeugt. Dabei stellt das Neue Testament die Frage, ob hier Naturgesetze durchbrochen werden, ebenso wenig wie seine heidnische Umwelt, weil es die neuzeitlich-wissenschaftliche Naturgesetzlichkeit nicht kennt und alles Geschehen in Zusammenhang mit Gottes Wirken und fürsorgender Nähe sieht. Zu beachten ist außerdem, daß heute gemäß linguistischer Einsichten die Sprachebenen naturwissenschaftlicher und theologischer Rede sorgfältig auseinanderzuhalten sind.
Der biblische Wunderglaube besteht nicht schon in der Überzeugung, daß »bei Gott kein Ding unmöglich« sei, sondern im Glauben daran, daß Gott das Heil der Menschen will, es wirken kann und auch in endgültiger Vollendung herbeiführen wird. Die Wunder

sind hierfür Zeichen. Sie wollen nicht zwingend und logisch stringent argumentieren, vielmehr wollen sie hinweisen und den Glaubenden einladen. Sie sind damit als außergewöhnliche Ereignisse zu betrachten, die als »Zeichen des endgültigen Heilshandelns Gottes verstanden werden wollen« (*A. Weiser,* Zentrale Themen des Neuen Testaments, Donauwörth 1978, 36). Jesus wird in den Wundern also nicht als eine Art Medizinmann oder Zauberer gesehen, sondern er erweist sich als einer, der in der Macht Gottes den Glauben an die eigene Person verlangt. Er ruft uns in den Wundern nicht zum Wunderglauben, sondern zur Nachfolge.
So ist auch die Blindenheilung (z. B. Mk 8,22–26; 10,46–52) zeichenhaft und symbolisch zu verstehen als Verdeutlichung einer Lehre, die den Lesern gegeben werden soll. Der Blinde wird zum Typus des blinden Jüngers, dem von Jesus die Augen geöffnet werden (*R. Pesch,* Das Markusevangelium, I. Teil, Freiburg 1976, 420). Hier setzt sich das

hintergründig Gemeinte im vordergründig Erzählten durch. Der Blinde/Sehende ist der Jünger und der heute Glaubende, über dessen Glauben und Nachfolgen etwas ausgesagt wird:

- Er soll beharrlich und gegen alle Widerstände »Herr, erbarme dich meiner!« (Kyrie eleison) rufen.
- Er soll im Vertrauen auf diesen Jesus seinen Mut nicht sinken lassen und hoffen.
- Er soll Schritte auf Jesus, auf sein Wort hin, tun.
- Er soll sich von Jesus fragen (in Frage stellen) lassen.
- Er soll ihm als ein Sehend-Gewordener, ein Zum-Licht-Gekommener, nachfolgen auf seinem Weg.

b) *Im Blick auf den Heranwachsenden*
Die nachfolgend skizzierte Unterrichtsstunde muß im Zusammenhang mit den Möglichkeiten der Meditation im allgemeinen wie der Bildmeditation im besonderen gesehen werden. Bei aller Anerkenntnis und Berechtigung der Forderung nach einer größeren Effizienz des Religionsunterrichts im Gesamt der Schule darf dieses Fach jedoch keinesfalls einem totalen und überzogenen Leistungszwang huldigen. Gerade gegenüber einem mitunter einseitig betonten Faktenwissen, das sich anhand von Lehrplänen und Unterrichtsmodellen belegen ließe, hat der Religionsunterricht auch den affektiv-emotionalen Bereich beispielsweise in den vielfältigen Formen und Möglichkeiten des Meditierens zu kultivieren.

Daß solches Mühen nicht nur beim Grundschüler nicht vergebens ist, sondern auch beim Jugendlichen (Haupt-, Realschüler und Gymnasiasten sowie in der kirchlichen Jugendarbeit) auf große Bereitschaft und Offenheit trifft, belegen – die rechte Anleitung und Übung vorausgesetzt – zur Durchführung gelangte Vorhaben und Versuche deutlich.

Was das vorliegende Bild der Blindenheilung von Habdank betrifft, so lädt es die Heranwachsenden ein, sich mit der Gestalt, der Rolle und dem Lebensschicksal des Blinden zu identifizieren. Das Bild »spricht« die Heranwachsenden dieses Alters dann besonders eindringlich an, wenn es aus der Perspektive des Blinden betrachtet wird. Es fordert den Schüler geradezu auf, seinen eigenen Standpunkt zu überprüfen und ggf. zu wechseln. Er wird sich in die Rolle dessen begeben, der »danebensitzt«, der außerhalb der Gesellschaft oder an deren Rande leben muß, dem viele Möglichkeiten mitmenschlicher Kommunikation verschlossen zu sein scheinen. Solche Sicht können die Heranwachsenden dieses Alters mitvollziehen, zumal sie sich doch unter großem persönlichen Einsatz für jene engagieren, die am Rande stehen und »zu kurz gekommen« sind.

Darüber hinaus kann die Beschäftigung mit diesem Bild und dem ihm zugrunde liegenden biblischen Befund auch dahingehend einen Beitrag zu einer grundlegenden biblischen Spracherziehung leisten, daß die Schüler lernen, den wörtlichen und den übertragenen, metaphorischen Sinn von Blindsein und Sehendwerden zu erahnen und zu unterscheiden.

2. Lernziele

a) *Grobziel:*
Die Schüler sollen die Blindenheilung als bildhafte, symbolische Aussage für das eigentliche »Zum-Sehen-Kommen« durch Jesus verstehen lernen.

b) *Feinziele:*
1) Die Schüler sollen befähigt werden,
- optische Eindrücke verbalisieren zu können;
- durch intensives Betrachten die Formen, Linien und das Spannungsgefüge eines Bildes deuten zu können.
2) Die Schüler sollen erkennen, daß
- nicht nur Gedanken in einem Bild zum Ausdruck gebracht werden können, sondern daß auch ein Bild neue Gedanken anregen kann;
3) Die Schüler sollen erahnen, daß
- es eine übertragene Bedeutung von »Blindsein und Sehen« gibt;
- daß die Blindenheilung als beispielhaft für das Verhalten Jesu und für das veränderte Verhalten des Sehenden nach der Begegnung mit Jesus gelten kann;
- daß die Rolle des Sehend-Gewordenen auf das eigene Leben übertragbar ist.

3. Geplanter Unterrichtsverlauf

methodisch-didaktische Hinweise	Unterrichtsgeschehen

a) Einstieg:
Es geht hierbei zu Beginn um einen Konzentrations- und Kommunikationsvorgang, auf dessen Höhepunkt von den Schülern die Erfahrung gemacht werden soll: Wir sind gemeinsam vor dem Bild.

▷ Vorzeigen des (nach Möglichkeit großformatigen) Bildes und zunächst stilles Betrachten desselben durch die Schüler (ca. 3–4 Minuten);

▷ Schülervermutungen zum Thema »Jesus und der Blinde« u. ä.

b) Bildbetrachtung
1. Teilziel: Wahrnehmen und Betrachten der Bildeinzelheiten und Eindringen in die Formen und das Spannungsgefüge des Bildes:

▷ Zunächst freie Schüleraussprache – dann gelenktes Unterrichtsgespräch

S ...
L–S ...

▷ Bildeinteilung

L: Wir »tasten« das Bild mit unseren Augen ab, d. h. wir wandern mit unseren Augen von der Gesamtansicht zu den Einzelheiten (Details) und von diesen zurück zur Gesamtansicht.
S: Dieses Bild ist in einzelne Teile (Gruppen) gegliedert. Jesus – der Blinde – die Leute (rechts oben)

▷ Darauf eingehendes Betrachten der einzelnen Personen bzw. Gruppen (*Partner-* oder *Gruppenarbeit*) mit anschließendem Einbringen und Auswerten des Erarbeiteten im *Klassengespräch.*
▷ Dabei könnten nebenstehende Stichpunkte gegeben werden:

L: Achtet besonders auf die Haltung, die Augen, den Gesichtsausdruck und die Hände!
S: Jesus steht aufrecht; steht höher ...
– Der Blinde kniet vor Jesus; steht tiefer ...
– Die Menschen im Hintergrund schauen schweigend, ungläubig, verstört, gebannt ...
S: Jesus blickt den Blinden erbarmend, gütig ... an. Er blickt gesammelt auf den Blinden.
– Zugleich blickt er über den Blinden hinaus – auf uns ...
– Der Blinde »schaut« hilfesuchend, bittend ... zu Jesus auf. Seine Augen sind leer, kommen aus dem Dunkel ...
– Ein Auge ist noch fast geschlossen. Das andere scheint sich gerade aufgrund der Berührung Jesu zu öffnen ...

157

S: Das Gesicht Jesu ist gesammelt und strahlt Ruhe und Geborgenheit aus.
– Sein Gesicht ist hoheitsvoll.
– Das Gesicht des Blinden ist gezeichnet von Armut, Enttäuschungen, Ausgestoßensein, Ablehnung durch die Mitmenschen ...
– Es verrät die Züge eines Menschen, der mit einem harten und schweren Schicksal fertig werden muß.
– Sein Gesicht ist jämmerlich. Sein Mund ist geöffnet. Der Blinde ruft und bittet: »Herr, mach, daß ich sehe!«
S: Die mächtigen Hände Jesu umfassen geradezu den Blinden. Es sind helfende Hände.
– Mit der Linken berührt er die Stirne (den Kopf) des Blinden. Diese Hand gibt dem Blinden Geborgenheit, Vertrauen, liebende Zuwendung und zeigt die Solidarität Jesu mit ihm ...
– Mit der Rechten greift er ihm in die Augen, nimmt er seine Blindheit weg, heilt er ihn ...
– Vom Blinden ist im Vordergrund nur eine mächtige, eher unbeholfene, fast zögernde Hand zu sehen.
– Diese greift, tastet nach Jesus, nach seiner Rechten, die heilt ...
– Die Arme und Hände der im Hintergrund Stehenden scheinen verschränkt, ja gebunden ... zu sein.
– Von ihnen scheint für den Blinden keine Hilfe zu kommen, zu erwarten zu sein ...

▷ *Teilzusammenfassung*
als stichpunktartige *Tafelanschrift* der wichtigsten Ergebnisse nach dem Schema: Haltung, Augen, Gesicht, Hände.

2. Teilziel: Begegnung mit dem diesem Bild zugrunde liegenden Schrifttext und dessen Erschließung (Mk 10,46–52)

▷ Dieser Text wird zweckmäßigerweise als *Arbeitsblatt* hektographiert, an die Schüler ausgeteilt (zur Erweiterung sollte auch Mk 8,22–26 beigefügt sein).

▷ *Vorlesen* des Textes durch den Lehrer oder einen Schüler;

▷ *Erklären* schwer verständlicher Ausdrücke durch den Lehrer;

L: *Nazarener*=aus Nazaret stammend; *Sohn Davids*=Jesus wird als neuer (endzeitlicher) David, als mächtiger Herrscher und König, als Retter, als der Erwartete bezeichnet.
Rabbuni=ehrfürchtige Anrede für einen Lehrer und Meister, man könnte es mit »mein hoher Herr« übersetzen.

▷ *Herausarbeiten* der bedeutsamsten Aussagen des Textes in *Gruppenarbeit* und dann im zusammenfassenden *Klassengespräch* unter folgenden 3 Gesichtspunkten:

▷ Die *handelnden Personen* und *ihre Beziehungen:*
– Am Anfang bildet Jesus mit seinen Jüngern (und zahlreichem Volk) eine geschlossene Gruppe.
– Der Blinde »sitzt daneben«. Er hat nicht die Möglichkeit, sein Leben in Gemeinschaft zu leben, an der Gemeinschaft der Menschen teilzunehmen.
Er wird als lästig erachtet. Er ist eine armselige Erscheinung am Rande (Randerscheinung).
– Nun aber sprengt er die Gruppe um Jesus auf, indem er schreit: »Jesus, Sohn Davids, erbarme dich meiner!«
– Jetzt ruft ihn Jesus seinerseits – aus dem Daneben, aus dem Abseits auf den Weg.
– Zwischen beiden entwickelt sich ein Gespräch (Frage-Antwort/Bitte) – kurz, fast nüchtern.
– Daran anschließend (bzw. im Gespräch aufgipfelnd) erfolgt die Heilung.
– Nun folgt der Sehend-Gewordene dem Herrn nach.
▷ *Die zeitliche Einordnung des Ereignisses:*
– Diese Schriftstelle ist im Zusammenhang mit dem Hinaufgehen Jesu nach Jerusalem (zu Kreuz und Auferstehung) zu sehen.
– Sie gehört in die Weg-, Passions- und Nachfolgetheologie des Markus.
▷ *Die Interpretation des Textes:*
– Der Blinde wird zum Bild für den »blinden« Jünger, dem die »Augen« geöffnet werden müssen.
– Auf dem Weg zum Kreuz und zur Auferstehung ruft Jesus den blinden, abseits sitzenden, verlassenen ... Menschen aus seinem Dunkel, seiner Blindheit, seiner Nacht, seinen begrabenen Hoffnungen ... zur Nachfolge ...
▷ Der Blinde als *Typus des blinden Jüngers* ließe sich auch in Mk 8,22–26 gut verdeutlichen. Je nach Leistungsstand der Schüler. – Mk 8,22–26 geht 8,18 (»Augen habt ihr und seht nicht? Ohren habt ihr und hört nicht?«) voraus und dem folgt das Messias-Bekenntnis des Petrus 8,27–30 nach. Den Jüngern müssen also zuerst die Augen geöffnet werden. Eine erste Frucht dieses Sehend-Werdens durch Jesus stellt das Messias-Bekenntnis dar.

▷ *Vergleichen* von *Bild und Texten:*
Durch farbiges Unterstreichen der Texte auf dem Arbeitsblatt könnten

die Schüler noch kenntlich machen, welche Aussagen der Texte der Künstler im Bild besonders darstellen wollte.

▷ *Teilzusammenfassung* der zentralen Aussagen des Schrifttextes mittels nebenstehenden Zitats:

»Die Wunder beweisen nicht, daß Jesus ein Medizinmann war, sondern sie erweisen ihn als einen, der den Glauben an die eigene Person verlangt. Interessant ist nicht der Vorgang, sondern der Zusammenhang der Berichte mit den Aufforderungen zum Glauben, zur Lebenshingabe und zur Mission.

Jesus, das wollen die Wundergeschichten sagen, ruft uns nicht zum Wunderglauben, sondern zur Nachfolge.« (*W. Pesch/M. Faller,* Begeistert von Jesus. Zeugnisse urchristlicher Verkündigung, Würzburg 1976, 42)

3. Teilziel: Transfer des Inhalts des Bildes und der Schriftaussagen auf das Leben der Schüler: Es geht hier um das *Vernehmen eines persönlichen Angesprochenwerdens durch das Bild.*

▷ *Gruppen-* oder *Partnerarbeit* mit anschließendem *Klassengespräch.* Die Mitteilung der verschiedenen Eindrücke der Schüler soll dem einzelnen auch eine Erweiterung der Möglichkeiten bringen, das Bild für sein Leben verhaltenswirksam aufzunehmen und auf sich wirken zu lassen.

L: Jetzt sehen wir unser Bild vielleicht ganz anders als beim ersten Betrachten. Wir sehen es mit ganz »anderen« Augen, sehen es tiefer... Wir sind auch »Sehende« geworden, so daß das Bild uns nun anspricht, jeden von uns...
– Was kann es mir sagen?
– Was spricht mich besonders an?
– Was kann es uns bedeuten?
S: Wir sollten Jesus mehr vertrauen... Schritte auf Jesus zu tun..., auf sein Wort hin...
– Gegen alle Ausweglosigkeit, gegen alle Zweifel, Widerstände... »Jesus, Sohn Davids, erbarme dich meiner!« rufen... Nach Jesus und seiner helfenden Hand tasten...
– Sich von Jesus fragen lassen... Sich von Jesus berühren lassen... Ihm als Sehender, Sehend-Gewordener, auf seinem Weg (mit den Jüngern...) nachfolgen... usw.

▷ *Teilzusammenfassung* u. a. anhand des mittleren Abschnitts des Textes von *Wilhelm Wilms* »... als jesus den blinden heilte...« (→Kontexte)

c) Meditativer Ausklang bzw. *Abschluß*
Das Bild sollte noch einige Minuten in Stille betrachtet werden.

▷ Dabei lassen sich in das schauende Schweigen auch nebenstehende Sätze aus dem Schrifttext, in deutlichen Pausen voneinander abgehoben, sprechen. Die Bildmeditation kann auf diese Weise zum persönlichen Bekenntnis und Gebet überleiten.

»Sohn Davids, erbarme dich meiner!« »Rabbuni, ich möchte wieder sehen.« – »Geh hin, dein Glaube hat dir geholfen« (und ähnliche, von den Schülern formulierte Anrufungen).

▷ Als *Alternativvorschlag* böte sich für den Abschluß im Sinne eines provozierenden Impulses auch die Forderung Jesu nach einem bedingungslosen Vertrauen und Glauben (Joh 21,29) an.

»Selig, die *nicht sehen* und doch glauben!«

L–S: Obgleich Thomas sehen kann, ist er blind...
▷ Hinweis auf den blinden Jünger (vgl. 2. Teilziel, Punkt 3)
▷ Dialog Jesus – Thomas

▷ Realisierung – je nach Alter und Ausdrucksmöglichkeiten entsprechend – im Rollenspiel

▷ Durch das Hinzutreten zu Jesus, durch das »Berühren« Jesu, durch das Mit-Jesus-ins-Gespräch-Kommen wird der Jünger sehend.

II. Bildmeditation im Rahmen einer Ansprache für junge Erwachsene

Anlaß: religiöses Wochenende, Jugendgottesdienst, Exerzitien usw. im Rahmen kirchlicher Jugendarbeit

1. Vorüberlegungen

Kirchliche Katechese wird den Jugendlichen des Schulentlaßalters Hilfen zur Selbstfindung anbieten. Dazu gehört auch, daß diesen die Situationen ihres Lebens im Lichte des Evangeliums interpretierend erhellt werden und ihnen eine befreiende Auslegung der Welt im Glauben ermöglicht wird. Die Jugendlichen werden dem Anspruch des Evangeliums dann in seiner befreienden Mächtigkeit inne, wenn ihnen ihre eigene Wirklichkeit bewußt und in ihren Möglichkeiten, Grenzen und ihrer Werthaftigkeit aufgewiesen wird sowie der christliche Glaube als eine Deutung dieser Erfahrungen angeboten ist. Demnach kommt den Situationen und Befindlichkeiten dieser Adressatengruppe nicht nur die Funktion eines »Ausgangspunktes« für die auszurichtende Botschaft zu, sondern sie werden zu jenen Orten, an denen Glaube umsprechbar und realisierbar werden kann.

In diesem Kontext ist dann auch die Erzählung der Blindenheilung zu sehen. Sie kann junge Erwachsene dazu einladen, sich aufgrund ihrer vorgängigen wie auch nachfolgenden Lebenserfahrungen mit der Gestalt, der Rolle und dem Lebensschicksal des Blinden (teilweise) zu identifizieren. Jugendliche dieses Alters erfahren sich nämlich nicht nur häufig in der Rolle dessen, der bezüglich seiner Verwirklichungssehnsüchte »danebensitzt«, sondern nicht selten auch in der Rolle dessen, der hinsichtlich der Suche nach dem eigentlichen Lebenssinn und -glück »blind« ist.

Hier könnte nun die Bildmeditation ansetzen. Es ist ein Aneignungsprozeß dieses Bildes einzuleiten, an dessen Ende das Bild nicht mehr ein Gegenstand ist, über den man nachdenkt, sondern etwas im Schauenden Wirkendes, eine Art »verinnerlichter« Grundfolie des Lebens, in der sich der junge Erwachsene als Blinder aber auch als im Glauben an Jesus Christus Sehend-Gewordener erkennen kann.

2. Ziele der Meditation

Vgl. hierzu im vorausgehenden Unterrichtsentwurf die →Ziele (S. 156)

3. Realisierungsvorschlag

a) Begegnung mit dem Schrifttext (Mk 10.46–52)

Herausstellen der bedeutsamsten Aussagen dieses Textes z.B. im Anschluß an →Abschnitt 3., b), 2. Teilziel des vorausgehenden Unterrichtsentwurfs (S. 156)

▷ Besonders zu betonen ist hierbei:

– Die Einordnung des Textes innerhalb des Markusevangeliums. Die Perikope erschließt das vorhergehende Unverständnis der Jünger im Blick auf Jesu Passion als Blindsein und sie veranschaulicht im voraus die Verstehensvoraussetzungen für die folgenden Passionserzählungen.

– Die zeitliche Einordnung dieser Erzählung. Auf dem Weg zu Kreuz und Auferstehung heilt Jesu die Blindheit (Weg- und Nachfolgetheologie!).

– Der Blinde wird zum Typus des »blinden Jüngers« – damals wie heute.

b) Meditative Aneignung der Aussagen dieser Perikope mittels des Holzschnittes von W. Habdank:

▷ Vorstellen des Bildes und kurzes stilles Betrachten.

▷ Herausarbeiten der Aussagen der Peri-

kope, die dem Künstler bei der Gestaltung dieses Holzschnittes ein besonderes Anliegen waren:

– Jesus ist dem Blinden (Jünger) zugewandt...

– Seine mächtigen, kräftigen Hände nehmen ihn an, geben ihm Geborgenheit, Vertrauen, Zuversicht, nehmen den vertrauenden Glauben des Blinden an und werden dadurch zur Hilfe und Rettung...

▷ Die Bildinterpretation könnte im Anschluß an →Abschnitt 3., b), 1. Teilziel des vorausgehenden Unterrichtsentwurfs erfolgen (S. 160)

c) Transfer der Aussagen des Bildes auf die konkreten Situationen der jungen Erwachsenen

▷ *Impulse:*

– Am Blinden hat uns Markus aufgezeigt, wie das ist, wenn einer glaubt.

– Der Künstler hat dies ins Bild gefaßt.

– Wir überlegen, wo sich in unserem Leben Situationen einstellen, in denen wir vom Blindsein zum Sehen gelangen können.

– Situationen, in denen uns das Dunkel erhellt wird – in denen uns Sinn geschenkt werden kann...

– Jesus sehen bedeutet auch, mit den Augen Jesu die Mitmenschen sehen. Erst dann ist mir »der Star gestochen«, bin ich wirklich sehend...

4. Ausklang und Weiterführung in selbst formulierten Fürbitten

▷ z. B. – Herr, nimm uns mit deinen Händen an, wenn wir dich wie Blinde suchen, nach dir schreien...

– Herr, laß uns in unserem Leben (Alltag, Beruf, Studium etc.) nicht blind für das Gute und Schöne sein...

– Herr, laß uns einen Sinn für unser Leben sehen (finden)...

– Herr, laß uns nicht blind für den anderen (die Not des anderen) sein...

– Jesus, Sohn Davids, mach, daß wir sehend werden.

Kontexte

als jesus den tauben heilte ...

»als jesus den tauben heilte
da ist er mit dem finger
in dessen ohren gegangen
er blieb nicht auf distanz
jesus ist ganz dicht an den tauben
herangetreten und hat gesagt:
komm laß mich mal an deine ohren heran
und dann hat jesus mit dem finger
in seinen ohren gebohrt
die waren nämlich total verstopft
jesus hat den gehörgang des tauben
frei gemacht von floskeln von lügen
von allgemeinplätzen von vorurteilen
jesus hat das geschafft
indem er ganz nahe an den mann heranging
und nicht bloß distanziert
belehrungen und ermahnungen erteilte

als jesus den blinden heilte
da ist er ganz nahe an den blinden
herangegangen
und dann hat jesus ihn angeschaut
und dann hat er ihm eine brille
nach der anderen
von der nase
von den augen genommen
eine falsche brille nach der anderen
und dann
hat jesus den mann wieder angeschaut
ganz tief bis auf den grund
und dann brach ein quell hervor
aus den augen des mannes
er weinte
das war seine rettung
seine letzte rettung
und dieser quell
der aus seinen augen hervorbrach
spülte den letzten dreck aus seinen augen

als jesus den stummen heilte
da ist er ganz nahe herangegangen
an diesen stummen menschen
hat ihn umarmt wie ein mensch
ist er ganz nahe herangegangen
und diese ungeheure menschliche nähe
diese nicht gespielte zuneigung
löste und erlöste den stummen«

Wilhelm Willms

Ecce homo

WILHELM ALBRECHT

→Emil Martin, Bd. 1, S. 100

Zielgruppen

I. Besinnungstage junger Erwachsener
II. Religionsunterricht der Hauptschule (s. u. die Jahrgangsstufen für den möglichen Einsatz des Bildes nach dem Bayer. CuLp und dem »Zielfelderplan« S. I)

Vorüberlegungen

1. Forderungen des Bildes an seine didaktische Situation

Streifen Sie ruhig über die Bilderreihe der Holzschnitte hin, wählen Sie aus, prüfen Sie: Welche Bilder eignen sich für meine Schulklasse, was paßt in meine Jugendarbeit, dient der Erwachsenenbildung, verdeutlicht mein Verkündigungsanliegen in der Seelsorge? Für das, was Sie brauchen, finden Sie gute Hilfen und Anregungen. Glücklicherweise lassen sich die Motive, die Bilddarstellungen, die geistlichen Themen oft vielseitig übertragen und einsetzen. Das kommt dem Praktiker in seinen täglich wechselnden Anforderungen entgegen.

Das vorliegende Bild sperrt sich einem solchen Vorgehen. Kein Blatt der Serie von biblischen Holzschnitten Walter Habdanks greift von sich aus so stark in die Wahl der didaktischen Situation ein wie dieses. Es zwingt uns seinen eigenen Anspruch auf. Härter noch: statt sich dem ruhigen Betrachten zu erschließen, weckt es Unbehaglichkeit und Vermeidungsängste. Sagen wir es ruhig: Ein Gefühl der Bedrückung überfällt uns, das wir am ehesten beim raschen Überblät-

tern loswerden. Der Holzschnitt ist eine Zumutung für unsere Adressaten. Den leicht Abgelenkten und den oberflächlich Registrierenden unter ihnen bleibt er verschlossen, bei den Sensiblen ruft er Abwehrkräfte hervor, den Gesprächswilligen verschlägt er die Stimme, Aufgeschlossene macht er hilflos.

Der Holzschnitt »Ecce homo« erhebt an seine Betrachter eine Reihe von Forderungen: nach Alter und Reife, nach Bildverstand und »Lesefähigkeit«, nach der Bereitschaft, sich zu sammeln und sich ihm auszusetzen, nach einem frei gewährten Hingang von Zeit, nach Umständen, die es erlauben, daß man ins Schweigen geführt werde. Er rührt an Bereiche, die wir gewöhnlich nicht gerne in unser Bewußtsein einlassen. Er fordert Takt und den Mut, das eigene Verständnis von Schmerz und Leid wachrufen und vertiefen zu lassen. Das Bild braucht – nehmen Sie es recht – die Wahrnehmungsfähigkeit für Intimität und Scham im Anblick menschlicher Gesichtszüge.

Ein Bild wie dieses verträgt nicht den »offenen Markt« beliebiger Verfügbarkeit. Das ergibt sich aus dem Charakter der Darstellung, die ohne Umschweife im Verständnis früherer Zeiten als »Andachtsbild« zu bezeichnen wäre. Es zeichnet sich somit eine Einsatzrichtung für den Holzschnitt ab. Sie zielt auf eine geistliche Begegnung. Dem Folgenden wird die Situation von *Besinnungstagen junger Erwachsener* zugrundegelegt: Das Bild als *exercitium spirituale,* als Weg der Einübung in geistliche Erfahrungen.

2. Die Bildvorlage

Den Bildtypus des »Ecce homo« gibt es in der ikonographischen Tradition als einzelne Ganz- bzw. Halbfigurendarstellung oder in szenischer Gestaltung mit Pilatus, häufig auch mit Soldaten, Pharisäern und Volk vor dem Hintergrund des Prokuratorenpalastes. Walter Habdank löst sich völlig von kunsthistorischen Erwartungen dieser Art. Er bietet das nackte Gesicht des Leidenden, überwölbt von den gewaltsam eingedrückten Dornen. Sie werden fast ununterscheidbar eins mit dem dichten Haarkranz des Hauptes. Ein menschliches Antlitz und sein Ausdruck – die *ostentatio Christi* als eine brutale, schamlose und obszöne Darbietung eines Gesichts. Nichts spricht sonst – keine Gebärden der Hände, wie sie doch in Habdanks Bildern viel bedeuten, keine bezeichnende Körperhaltung, kein signifikanter Anhalt im gegenständlichen Bereich. Nirgends ein weiterer Punkt zum Festhalten oder zum gnädigen Ausweichen für die Augen. Alle Dramatik des Geschehens ist hier nach innen gewendet.

▷ *Ecce homo* – »Sehet, welch ein Mensch!« übersetzt Luther. Andere Verdeutschungen lauten: »Seht, der ist es!«, oder: »Das ist er!« und: »Seht, das ist der Mensch!«. In seinem Gesicht ist dieser Mensch gegenwärtig, da zeigt er sich, da offenbart er sein Eigenes und seine Mitte. Dessen gewahr zu werden, lesen zu lernen ohne dem Gesicht das Geheimnis entreißen zu wollen, davon wird auch unser didaktisches Tun sich leiten lassen müssen.

I. Besinnungstage junger Erwachsener

1. In seinen Bildern der Mensch . . .

▷ *Gedankenskizze zum Einstieg:*
Ich habe ein Gesicht – »habe« ich es so, wie ich über Arme und Beine verfüge? Mehr als in anderen Gliedmaßen, die zu mir gehören und die allesamt organisch verbunden meine Gestalt ausmachen, »bin« ich im Angesicht da. Im Ansehen seines Gesichts wird der einzelne von den anderen unterschieden. Ich lese in den Zügen meines Gegenübers. Sie reden zu mir, ja sie geben hinter den gesprochenen Worten etwas über den Sprechenden frei. Häufig bleibt stärker haften als das Wort: die strenge Miene, der offene Gesichtsausdruck, das übers Gesicht huschende Lächeln, der forschende Blick, die eingegrabenen Stirnfalten, die beweglichen Augen. Die flüchtigste Augenblicksstimmung und das unmerkliche Wirken der Jahre und Jahrzehnte wirft Spuren aufs Gesicht. Inneres bildet sich außen ab. Wenn in einer ausgelassenen Runde Paßbilder ausgetauscht und betrachtet werden, muß man unversehens mit Verlegenheiten rechnen, die mit humorvollen Bemerkungen überspielt zu werden pflegen. Bin ich der noch, der mir auf meinem Bild entgegenschaut? Im Spiegel forsche ich nachdenklich in meinen Zügen, um mir klarer über mich zu werden. »Wende Dein Antlitz mir zu« spricht der Beter und hofft darin auf die gnädige Gegenwart des unerforschlichen Gottes selbst.

2. Sehen lernen

Wir wollen menschliche Gesichter betrachten. Dazu liegen auf Tischen und Wänden Fotos aus.
▷ Besonders geeignet sind ausgewählte Darstellungen aus *Sammelmappen* wie »Fotosprache«, »Exemplarische Bilder«, »Symbolfotos« oder »Rollenspielkarten«. (Weniger zu empfehlen ist das Blättern und Aufsuchen im Bildmaterial von Illustrierten, es läßt die Aufmerksamkeit der Gruppe zu sehr abschweifen.) Als Faustregel gilt: Etwa doppelt so viele Fotos bereitstellen wie Beteiligte anwesend sind.

▷ Jeder Teilnehmer unseres Besinnungs-kreises wählt sich ein Bild, zu dem er unmittelbar Zugang hat. Dann nimmt er im Kreis Platz, legt das Blatt vor sich und betrachtet es:
– Was zieht mich an diesem Gesicht an?
– Vor welchem Lebenshintergrund ist es wohl so geworden, wie es sich zeigt?
– Was erzählt mir das Angesicht von dem Menschen?
Im Zuwarten und Schauen fängt das Bild zu sprechen an.
▷ Der Leiter regt an: Schreiben Sie nieder, was der Abgebildete von sich erzählt:
– Ich bin seit . . .
– Früher . . .
– Im Augenblick geht es mir . . .
▷ Die *Ergebnisse* werden bei kleineren Gruppen im Plenum vorgetragen, die ent-sprechenden Bilder dazu gemeinsam be-trachtet. In Gruppen von mehr als 15 Teil-nehmern erfolgt der Austausch besser in Kleingruppen. Jede dieser Untergruppen wählt ein Bild samt Text für das Plenum aus und stellt es vor. Kommentare und Verbesse-rungsvorschläge der Zuhörer sind zu ver-meiden.
▷ Zugelassen sind hingegen *spontane wei-terführende Ergänzungen:* Sie werden in den vorgegebenen Sprachduktus hineinformu-liert, etwa so:
– Außerdem finde ich, daß . . .
Es ist schon vorgekommen, daß bei diesem Empathieverfahren einzelne Teilnehmer be-fürchten, der dargestellten Person zu nahe zu treten.
▷ Hier hilft ein *Hinweis des Leiters,* daß wir uns bei diesem Vorgehen in andere hinein-versetzen und dabei auch über uns selbst etwas erfahren, daß Verbindendes und Tren-nendes, Eigenes und Anderes gleich gegen-wärtig werden, wie bei jedem Versuch, etwas anderes, jemanden anderen besser zu ver-stehen.

3. Im Wort neue Sichtweisen entdecken

Aussprechen und Benennen sind mehr als das bloße »Verdoppeln« eines Geschauten oder Gewußten. Das mitgeteilte Wort ist Voraussetzung dafür, daß ein mehrfach ein-zeln geschauter Gegenstand zur gemeinsa-men, verbindenden Angelegenheit wird. Im Benennen wird meine individuelle Betrach-tung allen zugänglich. Mit den ausformulier-ten Beobachtungen aller verdeutlichen sich die Sichtweisen aller. »Von verschiedenen Seiten« her erhält der zu betrachtende Ge-genstand eine plastische, »runde« Form.
Wir wollen das mittels einer Wortfeldsamm-lung »das menschliche Gesicht« vorbereiten. Gesucht werden Namen für die einzelnen Gesichtsteile und deren kennzeichnende Ei-genschaften.
▷ *Das Vorgehen:*
Im Plenum werden zunächst Namen und Begriffe für Gesicht und für Gesichtsteile erfragt. Der Leiter hält die Zurufe auf einer großen Tapete fest, ordnet sie zugleich op-tisch. Dann ruft er im zweiten Durchgang kennzeichnende Eigenschaften auf.
▷ *Ein Ergebnisvorschlag:*
– *Kopf* / Haupt / Angesicht / Antlitz / Visa-ge / Schädel / Kürbis / Rübe / Birne / Physiognomie / Fratze;
– *Vorderseite* / Schrägseite / Schattenriß / Profil / Rückseite / Stirnseite;
– *Gesichtszüge / Mienenspiel:* lebendig – er-starrt – zerfurcht – mißtrauisch – sorglos – aufgedunsen – vielsagend – in sich gekehrt – ausdruckslos – unbewegt – ausdrucksvoll – erstorben – verspielt – zynisch – weichlä-chelnd – traurig – melancholisch – offen – hart – rätselhaft – diszipliniert – ange-spannt – eingefallen – müde – verräterisch – hoheitsvoll;
– *Stirn / Schläfe:* hoch – niedrig – flach – platt – frei – rund – fliehend – gewölbt;
– *Augen* / Augenwinkel / Augapfel / Au-genlid: verschmitzt – traurig – gebrochen – hellwach – zusammengekniffen – tränen-überströmt – verschleiert – geschlossen – glänzend – schläfrig – munter – flink – wissend – träge – nachdenklich – forschend – spähend – durchdringend – verklebt – ent-zündet – freudig – gerötet – verweint – kühl – warm – leuchtend;
– *Wimpern / Brauen:* buschig – schmal – seidig – geschweift – kräftig – hochgezogen – spitz – weich;
– *Nase* / Nasenflügel / Nasenrücken / Na-senwurzel / Gurke / Adlernase / Himmel-fahrtsnase: zitternd – vibrierend – ge-schwungen – feinnervig – gerade – schmal – breit;
– *Wangen / Backen:* rund – abgeschlafft – rotbackig – knochig – durchfurcht – prall;

– *Mund* / Maul / Fresse / Klappe / Schnute / Mundwinkel;
– *Lippen* / Oberlippe / Unterlippe: zierlich – schmal – wulstig – blutrot – blau – samten – dunkel – mutwillig – schmollend – geöffnet – geschlossen – zusammengepreßt – ausgeprägt – gönnerhaft – dünn – hochmütig – herablassend – verweichlicht – sinnlich;
– *Ohren* / Ohrläppchen / Ohrmuschel / Löffel;
– *Kinn* / *Kinnladen:* speckig – scharf – vorspringend – breit – ausgeprägt – eingeschnitten;
– *Haar* / Haarspitzen / Haaransatz / Haarlänge: struppig – glatt – schütter – voll – fest – dünn – grau – weiß – schlohweiß – strähnig – locker – dicht – ungekämmt – zerrauft – widerborstig – weich – kurzgeschoren.

4. Kontemplatives Schauen und Sprechen vor Habdanks »Ecce homo«

Die bisher vorausgegangenen Schritte haben in konzentrischen Annäherungen die Begegnung mit Habdanks Holzschnitt vorbereitet. Den Teilnehmern ist der Sachverhalt zum Thema »Angesicht des Menschen« gegenwärtig geworden; sie verfügen über ein genaueres Wahrnehmungsvermögen und über eine verbesserte Ausdrucksfähigkeit. Wie von selbst stellt sich jetzt Aufmerksamkeit ein, wenn vor ihren Augen der Holzschnitt aufgerichtet wird.

▷ Zunächst jedoch setzen sie sich erneut in die Runde. Schreibpapier und Fotos sind beiseite gelegt. Eine *neue Phase* kündigt sich an durch das Ausprobieren einer gelockerten, unverkrampften Sitzhaltung. Gesammelte Ruhe ergibt sich zwanglos, wenn einige praktische Hinweise zur Körperhaltung, zur Haltung der Arme und des Kopfes sowie zur Art des Sitzens gegeben werden. Elementare Gesichtspunkte dazu finden sich in guten Anleitungen zu Meditation oder zum autogenen Training. *Augenblicke der Stille* werden »spürbar«, sobald jeder seinen Atemrhythmus finden und einpendeln lassen kann.

▷ *Habdanks Holzschnitt* steht in geringer Entfernung. Es genügen wenige *Hinweise des Leiters:*
– Das Bild ist benannt »Ecce homo«, zu deutsch etwa »Schaut hin, das ist der Mensch«. Dieses eine Gesicht steht für den Menschen, vertritt alle.
– Überlassen Sie sich *schweigend* für *10 Minuten* diesem Gesicht. Es wird in dieser Zeit zu Ihrem einzigen Gegenüber.
– Wir versuchen dann im Anschluß daran zu sagen, was wir vor diesem Anblick empfinden.

▷ *Die Sprechpause* verläuft ohne Zeitdruck. Bei ungeübteren Gruppen beginnt am besten der Leiter mit einer knappen Aussage, wie z. B.:
– Der ganze Mensch besteht aus einem zerrissenen Gesicht ...
Pausen zwischen den Äußerungen geben den Worten Gewicht. Der Leiter sollte sich nicht einschalten, um sie zu überbrücken. Er kann darauf vertrauen, daß die Stille für jeden eine Chance zur Begegnung darstellt und nicht etwa lastende Verlegenheit produziert.

▷ Folgende *Ergebnisse* sind der Praxis entnommen:
– Der Mensch leidet fürchterlich.
– Der halboffene Mund zeigt schlimmsten Schmerz ...
– Ist er alt vor lauter Schmerz?
– Noch lebt er, aber seine Augen brechen gerade ...
– Alle Haut ist aufgerissen und verletzt ...
– Die Dornen drücken so spitz und stark in den Kopf, wie sie nach außen in die weiße Fläche stechen ...
– Fließt da Blut aus den Wunden oder ist das Gesicht voller Furchen?
– Es ist schrecklich, jemanden so ohne Widerstand leiden zu sehen ...
– Er tut nur das eine: einfach bloß aushalten!
– Könnte ich das auch?
– Wer kann bloß einen Menschen so foltern?
– Er leidet nur noch, ohne Kraft zu schreien.
– Warum will dieser Mensch sich nicht wehren?
– Wofür will er dies aushalten? Für andere? Aber dabei stirbt er ja!
– Schon beim Anschauen muß ich mitleiden.
– Ist mein Gesicht in diesem Gesicht verborgen mit drin?
– Kopf und Augen haben einen schwarzen Rand, wie von Tod.

– Ich wehre mich dagegen, aber ich kann mich nicht abwenden.

5. Ein musikalischer Akzent

Betrachten und Sprechen klingen aus und gehen über ins Hören. Dem unmittelbaren Charakter des Bildes entspricht ein direkter musikalischer Ausdruck von Betroffenheit vor dem Leidenden.

▷ Wir haben in unserer Musiktradition keine genauere Entsprechung zur Bildaussage des Holzschnittes als das *Lied:* »O Haupt voll Blut und Wunden« (1601 n. Chr.; Gotteslob, Nr. 179, Str. 1–4). Es führt zur Heilsdimension dieses Leidens und bekennt sie.

▷ Von der Art der Teilnehmergruppe wird es abhängen, ob Sie
– eine Chorfassung des Liedes nach dem Gotteslob,
– die Bachsche Fassung nach der Matthäuspassion (in verschiedenen Schallplatten mit Ausschnitten der Matthäuspassion greifbar),
– eine freie, zeitnahe Instrumentalfassung (z. B. Chris Hinze, Sketches on Bach CBS 1974, Nr. S 80043) wählen.

6. Gebetsanruf

Den Abschluß bildet ein frei gesprochenes Gebet des Leiters. Es sollte thematisch den Verlauf, Elemente und Äußerungen der gemeinsamen Besinnung mit einschließen. Biblische Aussagen über das Leiden und die Heilswirkung des Todes Jesu *pro nobis* können in der Mitte stehen.

▷ Entsprechende Worte der Schrift und freie Weiterführungen sind auf einem (hektographierten) Blatt vorbereitet worden. Jeder Teilnehmer erhält es am Ende als Einladung zum späteren Lesen, Erinnern und Nachdenken.

▷ *Ein Vorschlag:*
Du unser Herr, Jesus Christus –
Wir nennen Dich »Anführer des Lebens« (Apg 3,15; Hebr 2,10; 12,2). Du wolltest, daß wir »das Leben haben und es in Überfülle haben« (Joh 10,10).
Du bist gekommen, damit »die Nichtsehenden sehen und die Sehenden blind werden« (Joh 9,39).
Wie Licht bist Du gekommen, damit keiner, der an Dich glaubt, in der Finsternis bleibe.
Du hast für uns den Tod auf dich genommen und bist zum Fluche geworden, denn es steht geschrieben: »Verflucht sei der, der am Kreuze hängt« (Gal 3,13).
Herr Jesus Christus, Du hast den Rücken den Schlagenden dargeboten und die Wangen den Raufenden, hast Dein Gesicht nicht verborgen vor Beschimpfung mit Speichel (Is 50,6). Nicht mehr menschlich war Dein Aussehen und nichts von Wohlgestalt und Hoheit war an Dir (Is 52,14; 53,2–10).
Du bist in die Nacht gegangen, und wir gehen durch Dich ans Licht. Unsere Hoffnung bist Du.

II. Eine Alternative: Der Einsatz im Religionsunterricht der Hauptschule

1. Verlaufsplanung und -schritte

Wer das Ecce-homo-Bild in der Schule vorlegen will, findet in den gültigen *Lehrplänen* eine Reihe von Einsatzgelegenheiten vor.

▷ Die eingangs angestellten *Vorüberlegungen Nr. 1 und 2* zur didaktischen Situation, zu den Erfordernissen aus dem Bildcharakter und der Bildwirkung bleiben auch hier zu bedenken.

▷ Der Gesamtvorschlag, der für Besinnungstage entwickelt worden ist, wird sich angesichts der schulischen Bedingungen und Ziele nicht aufrechthalten lassen; man kann jedoch *einzelne Teilschritte* herausgreifen etwa *Nr. I., 2.: Sehen lernen*. Auch beim schulischen Bildgebrauch liegt ein natürliches Schwergewicht beim *kontemplativen Schauen und Sprechen (Nr. I., 4.)*.

▷ Eine empfehlenswerte *Variante* dazu:
– Nach dem *stillen Betrachten* schreibt jeder Schüler *drei Sätze* – nicht mehr – nieder. Sie drücken aus, was der Betrachter zu dem Bild sagen möchte.
– Statt freiem Sprechen werden diese Sätze

reihum ohne zusätzlichen Kommentar vorgelesen.

2. Einsatzorte nach dem »Curricularen Lehrplan« für die Hauptschule (Bayern)

6. Jahrgangsstufe (= Jgst.) *Nr. 2:* Hunger
– Krankheit – Leid
▷ Lerninhalte:
– Viele Menschen leiden
– Der Mensch muß mit seinem Leid fertig werden
– Auch im Leid kann der Mensch zu sich kommen und darin reifer werden

6. Jgst. Nr. 6: Der Tod Jesu – Ende oder Anfang?
▷ Lerninhalte:
– Ein Leben in Niedrigkeit – ein Ende in Schande
– Jesu Leben und Tod – ein Streitfall

9. Jgst. Nr. 1: Sehnsucht nach Glück und Heil
▷ Lerninhalte:
– Wann ist der Mensch glücklich?
– Findet der Mensch bleibendes Glück?
▷ Gesprächsanstoß vor dem Ecce-homo-Bild:
– War dieser Mensch unglücklich?
– Eine anspruchsvolle Form von »Glück«: sich selbst und seiner Bestimmung treu bleiben ...

9. Jgst. Nr. 2: Religion – unverzichtbar für menschliches Leben
▷ Lerninhalt:
– Religion gibt Antwort auf die Fragen nach der Welt und nach dem Leben
▷ Gesprächsanstoß:
Noch das Leid und Unglück vor dem aller Menschenverstand versagt, kann im Horizont des Glaubens angenommen und gedeutet werden.

9. Jgst. Nr. 3: Bilder und Namen deuten die Person Jesu
▷ Lerninhalte:
– In Bildern und Namen versuchen Gläubige zu allen Zeiten, ihre Vorstellungen von

Jesus zum Ausdruck zu bringen
– Wie sehen wir selbst Jesu?
▷ Gesprächsanstoß:
Zeigt das Ecce-homo-Motiv eine Darstellung Jesu von bleibender Gültigkeit?

3. Einsatzorte nach dem »Zielfelderplan« für die Sekundarstufe I

5/I: Härte im Leben
 3. Identifikation mit Härte
 4. Extreme Härtefälle
6/II: Hunger – Krankheit – Not
 1. Menschen sind verzweifelt
7/IV: Umkehr und Buße
 5. Nachfolge – Jüngerschaft
8/IV: Passionsgeschichte
 1. Die Passion als historisches und theologisches Problem
 3. Christologischer Aspekt
 4. Die Botschaft von Kreuz und Auferstehung und ihre Bedeutung im Leben des Christen
9/I: Frage nach dem Sinn
 1. Wo stellt sich die Frage nach dem Sinn
 3. Versuche, den Sinn des Lebens zu finden
9/II: Das Gute und das Böse
 4. Beginn der »heilen« Welt in dem heilen Menschen Jesu
9/IV: Kreuz und Erlösung
 4. Bedeutung des Kreuzestodes Jesu
10/I: Menschenbilder
 1. Menschenbilder der Bibel
 3. Menschenbilder in der Kunst
10/II: Ansehen und Macht
 4. Macht des Glaubens
10/IV: Glaube und Zukunft – ewiges Leben
 2. Gestorben zum Leben – Auferstehung der Toten
▷ In den »Themenfeldskizzen« zu diesen vorgeschlagenen Einzelthemen finden Sie weitergehende thematische Zuordnungen und unterrichtliche Impulse (Auslieferung: Deutscher Katecheten-Verein München).

Kontexte

Gospel

Gott ist schwarz.

Nichts ist schwärzer als Gott;
alles, was schwarz ist,
hat seine Schwärze
von ihm:

Die Trauer,
der Ruß im Lampenzylinder,
die Nacht.

Gottes Schwärze wohnt überall.
Im Mutterleib,
in der Grube;
auch im Vergessen.

Gott ist schwarz.

Wir beten zu seiner Schwärze:
Bleibe, und halte uns fest.
Und die Schwärze folgt uns als Schatten,
der uns niemals verläßt.

Gott ist schwarz.

Wir beten zu seiner Schwärze:
Bewahr uns vor Blendwerk und Schein.
Und die Schwärze belastet die Lider
Und schläfert uns ein.

Gott ist schwarz.

Wir beten zu seiner Schwärze:
Erwähl dieses Haupt dir zum Haus.
Und die Schwärze erwählt es
und blickt zu den Höhlen hinaus.

Gott ist schwarz.

Nichts ist schwärzer als Gott;
alles, was schwarz ist,
hat seine Schwärze
von ihm.   *Wolfdietrich Schnurre*

Er war wie Gott,
hielt aber nicht daran fest, Gott gleich zu sein,
sondern entäußerte sich,
wurde wie ein Sklave
und den Menschen gleich.
Sein Leben war das eines Menschen;
er erniedrigte sich
und war gehorsam bis zum Tod,
bis zum Tod am Kreuz.   *Philipperbrief 2,6–8*

Emmaus

GABRIELE MILLER

→Paul Neuenzeit/Arno Jenemann, Bd. 1, S. 104

Zielgruppen
  I. Predigtmeditation
  II. Religionsunterricht: 4. Klasse Grundschule und 8. Klasse Gymnasium
  III. Kirchliche Katechese (Besinnungstag mit Jugendlichen)

Exegetische Vorüberlegungen zu Lk 24,13–35

Die ausführliche und plastische Erzählung von den beiden Emmausjüngern fügt sich nicht nahtlos in den *Zusammenhang bei Lukas* ein. Die in Vers 13 erwähnten »zwei von ihnen« müßten nach dem vorausgehenden Text Mitglieder des Apostelkreises sein. Vers 13 läßt also erkennen (»sie fanden die Elf«), daß sie zum größeren Kreis der Jünger gehören. Vers 34 (»der Herr ist wirklich auferweckt worden und ist dem Simon erschienen«) weist Spuren eines übernommenen Zitats auf (vgl. 1 Kor 15,3–5). Die Verse 22 und 23 (»einige Frauen aus unserem Kreis...«) scheinen spätere Einfügung zu sein. Einige Stellen (besonders die Verse 19–20 und 27) verraten den Verfasser der Apostelgeschichte. Lukas mag also eine kürzere Erzählung vorgefunden haben, die er seiner theologischen Konzeption entsprechend frei gestaltete. Manche Ungenauigkeiten der Erzählung (Lage von Emmaus, Rückkehr am gleichen Tag nach Jerusalem), vor allem aber die andersgearteten Überlieferungen von Markus und Matthäus (erste Erscheinungen in Galiläa, Mt 28,16) lassen den Schluß zu, daß die Überlieferung der Oster-Erscheinungen, als die Emmausge-

schichte konzipiert wurde, noch nicht aufeinander abgestimmt waren, daß sie vielmehr getrennt voneinander entstanden sind und tradiert wurden. Möglicherweise sind die beiden Jünger die Autoritäten der Gruppe, auf die man in Emmaus die Gemeindegründung zurückführte. Die Emmauserzählung wäre dann ein letzter Überlieferungsrest einer frühen Emmausgemeinde (vgl. *G. Schille,* Anfänge der Kirche, Kaiser Verlag München 1966, 167 f.).
Wie Lukas seine Geschichte aufgefaßt wissen wollte, zeigt ein Vergleich mit der verwandten Erzählung über die Begegnung des Philippus mit dem äthiopischen Kämmerer (Apg 8,26–39). Höhepunkt bildet in beiden Texten der *Empfang eines der Sakramente,* die im Leben der Urkirche im Vordergrund standen: *Eucharistie* und *Taufe.* Es geht also um mehr als um einen Bericht: Es handelt sich um *Glaubensunterweisung.* Anhand der überlieferten Geschichte wird dargelegt, daß das Evangelium von Jesus Christus ganz den Schriften des Alten Testaments gemäß ist, und daß die volle Gemeinschaft mit Christus, das Bekenntnis seiner Auferweckung und die Sendung seiner Jünger mit dem Empfang

der Eucharistie bzw. der Taufe eng verbunden ist. Der Weg der Jünger (bzw. des Kämmerers) zum Glauben an den Auferweckten geht über die Auslegung der Schrift und die Mahlgemeinschaft (bzw. die Taufe).

Dieser Glaube des einzelnen aber ist eingeordnet in das offizielle Bekenntnis der Gemeinde, wie Vers 34 betont (»... dem Simon erschienen«). Das wird bei der Auslegung von Lk 24,13–35 oft übersehen.

I. Hier ist noch ein Platz für mich

Versuch einer Predigtmeditation

▷ *Vorbereitung:* Holzschnitt »Emmaus« wird als *Dia* bereitgestellt. Projektor bleibt zunächst ausgeschaltet.
Vorbemerkung: Der größere Gemeindezusammenhang (vgl. Exegetische Vorüberlegungen), in dem die Perikope Lk 24,13–35 steht, muß bei der Bildmeditation unberücksichtigt bleiben.
Ziel: Nicht historische Fakten, nicht Handgreiflichkeiten sind glaubensbegründend, glaubensstiftend, sondern das Zeugnis, die Begegnung mit dem Auferweckten in Wort und Zeichen. Wort und Sakrament sind einheitsstiftende Grundkategorien der Gemeinschaft der Glaubenden. Sie wahrzunehmen ist der einzelne eingeladen.

a) *An was denken wir wohl,* wenn uns von der jungen Gemeinde in Jerusalem erzählt wird? An Einheit – vielleicht an Geschlossenheit – Glaubensstärke – Bekennermut? Wie auch immer Begriffe dieser Art auf die Urgemeinde passen mögen – eines ist sicher: *leichtgläubig war diese junge Gemeinde nicht.* Das läßt sich an der Osterüberlieferung nach Lukas leicht aufzeigen.
Drei in der Urgemeinde bekannte Frauen: Maria von Magdala, Johanna und Maria, die Mutter des Jakobus (Lk 24,10) kommen und vermelden ihren Freunden was ihnen am Grab widerfahren ist. Und was geschieht? Die entscheidende Instanz innerhalb der Jüngergemeinde, die »Elf«, geben nichts auf das Weibergeschwätz: »sie glaubten ihnen nicht« (Lk 24,11). Die apostolische Kirche ist also kritisch und keineswegs wundersüchtig. Sie reagiert nicht auf eine Botschaft, die ihr durch Frauen vermittelt wird. Doch es liegt nicht nur an den Gewährsleuten. Die Emmausperikope erzählt uns von zwei Jüngern (Lk 24,13), und von ihnen erfahren wir, daß sie in der entscheidenden Stunde die

Heilige Stadt verlassen und das, obwohl ihnen »einige der Unsrigen«, wie sie sagen (Lk 24,24), Männer also, die merkwürdige Geschichte mit dem leeren Grab bestätigt haben.
Das leere Grab – oftmals ein Faustpfand unseres Glaubens! Doch offensichtlich geht es bei der Osterbotschaft gar nicht um das leere Grab. Wenn wir den der Emmausgeschichte bei Lukas vorausgehenden Abschnitt genau lesen (Lk 24,1–11), wird etwas ganz anderes deutlich. Die beiden Boten der Osterbotschaft, die Engel am Grab, lenken die *Aufmerksamkeit vom leeren Grab weg,* weg von den toten Steinen. Sie weisen auf einen Lebenden hin: »Was sucht ihr ihn bei den Toten?« (Lk 24,5) Die Frauen als erste Repräsentanten der Gemeinde werden verwiesen auf das, was Jesus gesagt und getan hat. Sein Auferweckt-Werden war schon in seiner Botschaft beschlossen. Und sogleich heißt es von den Frauen, daß sie sich seiner Worte erinnerten und heimkehrten (Lk 24,8–9).
Lukas will also die *Osterbotschaft auf das Wort Jesu selbst* stützen und sie auf den *vorösterlichen Jesus* gründen. Er will sie nicht durch außergewöhnliche Ereignisse, nicht durch sicht- und greifbare Daten belegen und stützen. Lukas will vielmehr herausstellen, daß die Apostel nicht durch das leere Grab und nicht durch eine – von Frauen vermittelte – Engelsbotschaft zum Glauben an den Auferstandenen gekommen sind. Auch der Apostelgeschichte ist nicht zu entnehmen – und schon gar nicht den Briefen des Neuen Testaments –, daß das leere Grab als »Beweis« für die Auferstehung Jesu gegolten hat. Wie anders wird hier doch argumentiert, als wir es zunächst gewohnt sind!
Die beiden Jünger hatten Jerusalem verlas-

sen, hatten den Kreis der Freunde verlassen, obwohl die Neuigkeit, die die Frauen übermittelt haben, sie erreicht hat. Der Bericht über Tatsachen wirkt offensichtlich nicht glaubensstiftend.

Und doch – *die Geschichte dieses Jesus läßt sie nicht los.* Sie reden darüber; doch ihre Einsicht ist so »gehalten«, wie ihre Augen (Lk 24,16.31). Deshalb erkennen sie den nicht, der den Weg mit ihnen geht. Zu sehen und zu greifen gibt es hier nichts, höchstens zu be-greifen. Und als er ihnen die Schrift auslegt und ihnen erklärt, was in Gesetz und Propheten und den übrigen Schriften über den Messias zu lesen ist (Lk 24,25–27), da fängt ihr Herz an zu brennen. Sie nötigen den Unbekannten bei ihnen zu bleiben (Lk 24,29).

Und nun geschieht's.

▷ *Holzschnitt wird an die Wand projiziert.*
▷ Stille Betrachtung. Nur bei einem ungeübten Publikum ist *leise Musik* (z. B. Orgelkonzerte) angeraten.

b) Wir werfen einen Blick in den engen Raum.
– Drei Menschen an einem Tisch. Sie haben es gut miteinander. Zwei sind zusammengerückt, der andere sitzt neben ihnen – und doch überragt er sie. Er ist größer als sie.
– Sie haben den Fremden eingeladen. Wollten ihn nicht einfach ziehen lassen. Er war mit ihnen gegangen – ihren Weg – genau wie sie.
– Er hatte mit ihnen geredet – an ihrem Kummer teilgenommen – gefragt – erklärt – sie angehört – ihnen die Schrift ausgelegt – »mußte nicht alles so kommen?«
– Da endlich fingen sie an, ihn zu verstehen. Er hatte sie fasziniert. »Wer ist doch dieser?«

– Nun sitzt er mit ihnen am Tisch – teilt mit ihnen die Bank – sie haben nicht Platz, die müden Beine zu strecken – müde Füße eines weiten Wegs – noch nicht zur Ruhe gekommen – wie auch sie selber nicht.
– Wer ist der Fremde? Sie schauen zu ihm auf – betrachten ihn von der Seite – neigen sich ihm zu.
– Und dann kommt Brot und Wein – Speise und Trank auf dem Weg – zur Stärkung – für Hungrige.
– Da – seine Hände – große Hände – zum Segen erhoben – Hände, die schützen und bergen – Hände, in denen man geborgen ist – Hände – segnend über Brot und Wein.
– Da gehen ihnen die Augen auf – sie sehen – erstaunen – erkennen – schauen ihn an. Ist's möglich? Ist's Traum oder Wirklichkeit? Wem solches widerfährt, muß sich festhalten, muß seinem Erschrecken Ausdruck geben.
– Im Zeichen des gebrochenen Brotes erkennen sie ihren Herrn. Er ist ihnen nahe – er lebt – er ist den Weg mit ihnen gegangen – er hat ihnen zugesprochen – er hat ihnen die Schrift erklärt – ihr Herz brennt – der Widerschein in ihren Augen – es ist der Herr.

▷ *Stille* (möglicherweise wieder mit etwas Musik)
– Die Jünger erkennen ihren Herrn im Zeichen des gebrochenen Brotes. Doch indem sie ihn erkennen, entzieht er sich ihnen schon. Was bleibt, ist sein Wort und das Brot, das er bricht.
– Er spricht sein Wort auch zu uns. Er bricht sein Brot auch für uns.
– Unsere Situation ist nicht anders als die der Jünger, die nach Emmaus gehen.
– Wir sind eingeladen. An diesem Tisch ist noch Platz.

II. Tiefer sehen lernen

Versuch im Rahmen des Religionsunterrichts

a) In mehreren Klassen (bzw. Gruppen) wurde versucht, über *Bildbeschreibung, Bildbetrachtung* den Weg zu *meditativem Schauen* zu finden. Das Raster des Vorgehens war jeweils dasselbe; es wurden jedoch nicht bei allen Versuchen alle *8 Schritte* durchgeführt (siehe unten). Einige Teilergebnisse sind im Anschluß an das Raster abgedruckt (Ziffer bezieht sich auf die Schritte im Raster).

Erwartetes Schülerverhalten	Geplantes Lehrerverhalten	Didaktischer Kommentar
1. Einstieg	▷ Lehrer stellt das Bild auf und ermuntert Schüler zunächst nur zu schauen	Vorschnelle Äußerungen zerstören die Eigenaktivität einzelner Schüler
2. Schüler betrachten *still* den Holzschnitt		▷ Schüler sollen merken, daß bei längerem Betrachten das Bild innere Bilder wachruft
3. *Verbalisieren* der ersten Eindrücke	▷ Lehrer fordert die Schüler auf, nicht hastig zu reden, den Vorredner zu Ende reden zu lassen. Lehrer sammelt die Aussagen an der *Tafel*	Schüler lernen auf die Entdeckungen und Eindrücke der andern zu achten
4. Schüler versuchen im *Gruppengespräch* eine *Bildinterpretation*	Lehrer gibt noch keine Deutung des Bildes, hält Schüler auch davon ab, hier schon eine inhaltliche Deutung zu äußern	▷ Schüler erfahren, daß Bilder mehrdeutig sind
5. Die *verschiedenen Deutungen* werden zusammengetragen	Lehrer macht nur den Moderator	▷ Schüler lernen Interpretationen anderer zu respektieren
6. Schüler vergleichen das *Bild* mit dem zugrunde liegenden *Text*	▷ *Emmausperikope* wird vom Lehrer in Erinnerung gerufen (bzw. wird vorgelesen Lk 24,13–35)	Schüler erfahren, was den Künstler veranlaßt hat, dieses Bild zu schaffen
7. Schüler und Lehrer analysieren gemeinsam den Holzschnitt (→Bildinterpretation, Bd. 1, S. 104).	▷ In die sachgerechte Bildanalyse fließen Sprachelemente aus den vorausgegangenen Schüleräußerungen mit ein.	Verbindung von allgemeingültigen Aussagen mit subjektiven Eindrücken
8. Erneutes Betrachten des Bildes	▷ Lehrer gibt Tips, worauf die Schüler besonders achten sollen. Hinweis, das Bild so lange zu betrachten, bis die Schüler es mit geschlossenen Augen vor sich sehen.	Erweiterung des inneren Sehvermögens und Belebung der Imaginationskraft

b) Allgemeine Bemerkungen: Da das Motiv von Schülern und Jugendlichen als biblisches oder zumindest kirchliches (»Kelch«) erkannt wird, ist es wichtig, gleich zu Beginn darauf hinzuweisen, daß das Bild zunächst nur beschrieben wird, ohne den Inhalt anzusprechen und die Deutung schon vorwegzunehmen (Schritt 3).

Text entlang paraphrasierend vom Lehrer vermittelt.
▷ Schritt 7 erfolgte im Stil des Entdeckens und Identifizierens der Szene. Verbindung zur Eucharistie wurde bei Schritt 7 von den Schülern selbständig aufgezeigt.
▷ Bei Schritt 8 wurde den Schülern etwa 5–7 Minuten Zeit gelassen.

c) Grundschule:
▷ Die Schritte 1 bis 3 und 6 bis 8 sind auch in einer *vierten Grundschulklasse* möglich.
▷ Bei Schritt 5 wurde Lk 24,13–35 hart am

d) Sekundarstufe I:
▷ Mit einer *achten Klasse (Gymnasium)* wurden alle 8 Schritte durchgegangen (Doppelstunde).

▷ Das *Ergebnis* der Sammlung von Schüler-äußerungen *bei Schritt 3* war so:
– Zwei Leute staunen über etwas – Riesenköpfe – große Hände – der, der rechts sitzt ist größer – wem gehören die Hände?
– ein Glas steht auf dem Tisch, ein Kelch – der Tisch ist zu klein – die Füße sind so groß wie die Hände, zu groß
– der eine steht über den beiden anderen
– aber die drei gehören doch zusammen
– erschreckende Figuren – skelettartig – abgemagert – aber nicht schrecklich
– der Große schaut gütig – die Augen sind

sehr groß – fast das Wichtigste – wohin schauen die eigentlich?
– enge Sitzweise und kleiner Tisch sagen, daß die drei zusammengehören – unter dem Tisch ist ein richtiges Durcheinander – ich glaube, die sprechen miteinander – aber sie haben doch alle den Mund zu – sie sprechen mit den Händen
– der Tisch ist zu klein, darauf kann man nicht essen – der ganz links hält den Tisch fest
– man kann die drei nicht vom Tisch wegholen – der Raum ist klein – geschlossen – abgeschlossen – die drei gehören zusammen.

III. Besinnungstag mit Jugendlichen

Versuch im Rahmen der Jugendarbeit

1. Verlaufsplanung:

Bei einem *Besinnungstag mit Jugendlichen* wurde auf ähnliche Weise, wie im vorausgehenden Versuch: →*II. Tiefer sehen lernen*, mit dem Emmausholzschnitt umgegangen.
▷ *Schritt 3* erfolgte als *Brainstorming* (ohne Tafelanschrieb), ebenfalls mit dem nachdrücklichen Hinweis, zunächst nichts zur inhaltlichen Erklärung und Deutung des Holzschnitts zu sagen.
▷ An dieser Stelle wäre auch eine *Schreibmeditation* zu empfehlen; dann könnte *Schritt 4* als Gespräch über die Schreibmeditationsergebnisse erfolgen.
▷ *Schritt 4* wurde mit den Jugendlichen nicht in Gruppen erarbeitet, sondern in *schriftlicher Einzelarbeit;* einige Ergebnisse sind im folgenden wiedergegeben.
▷ Bei *Schritt 6* wurde mit dem *Lukastext* anhand des NT gearbeitet.

2. Einige Ergebnisse der schriftlichen Einzelarbeit

a) *Sie sitzen einträchtig beisammen* um einen Tisch. Die beiden hören aufmerksam zu, was der eine erklärt. Sie scheinen nachzudenken. Dem Ausdruck der Hände entsprechend zu urteilen muß es um eine große Sache gehen. Das Ganze spielt sich in einem geschlossenen Raum ab. Der Große – Jesus – hat ein gütiges, verständnisvolles Gesicht.

b) *Zuerst sehe ich* einen großen Kreis. Die drei Männer bilden ihn. Dann löst sich der Kreis in kleinere Kreise auf: die Hände des Mannes rechts und der Kelch – die beiden hochgehaltenen Hände – der Tisch – die Augen (mit den Mündern) mit dem Tisch bilden wieder einen Kreis. *Dann fallen mir* Dreiecke auf: die *drei Köpfe* – die Augen – die Hände links – die zusammenstoßenden Knie und die Beine.
Die Augen schauen nach verschiedenen Richtungen. Die der beiden Männer links sind auf den einen gerichtet. Beide erhoffen sich etwas von ihm – ein Wort – eine Tat. Der Blick des anderen Mannes geht an ihnen vorbei. Es sieht so aus, als ginge er ins Leere, aber der Blick geht tiefer. Er sieht durch. Und die anderen warten wahrscheinlich darauf, daß er ihnen sagt, was er sieht. »Auf ihn sollt ihr schauen«, »auf ihn sollt ihr hören.« *Die Hände* bewahren, halten, segnen, liebkosen, öffnen sich, zeigen die Richtung, den Weg (die rechte Hand).
Die linke Hand (d.h. die rechte Hand des linken Mannes) versucht zu bewahren, zu halten, zu zeigen. Aber der Mann braucht Halt. Halt am Brot, am Wein, am Tisch. Von dem mittleren Mann sieht man keine Hände. Sie scheinen aufzugehen in denen des rechten und des linken Mannes – stellvertretend. Dann konzentriere ich mich auf *Brot und Wein*. Das Brot liegt da, als hätte man schon gegessen. Der Becher ist voll – gibt Segen – Stärkung. Freundschaftsbecher, Liebes-

becher, Leidensbecher – Zeichen der Liebe.

Und dann fällt mit auf: *das ganze Bild ist wie ein Becher,* ein Kelch, eine aufgehende Blüte – Offenheit – wie die Hände – nach oben offen.

c) *Eine Menschengruppe sitzt um einen Tisch.* Das Ganze ist eingerahmt, also ist das Entscheidende im Bild. Auffällig ist die Hervorhebung von Gesichtsausdruck und Händen. Der rechts sitzende Mann ist der größte. Sein Blick ist gesenkt in Richtung Kelch auf dem Tisch. Mit den Händen umrahmt er den Kelch; ich vermute, das ist eine Segensgeste. Der Mann ist ganz konzentriert. Der ganz links Sitzende hält seine Hand in Abwehrstellung. Er will von nichts gestört sein; die andere liegt beruhigt auf dem Tisch. Das Bild strahlt Ruhe und Harmonie aus; es ist abgeschlossen in sich. *Die Erwartung ist erfüllt.* Der Freund ist da. Man kann Mahl halten und trinken. Freundschaft – Liebe.

d) *Unter dem Tisch* sind Beine und Füße verschlungen; es sieht *verwirrend* aus. *Über dem Tisch herrschen klare Linien* vor. Die Gesichter sprechen Dankbarkeit aus. Es passiert etwas, das sie lange Zeit erwartet und nicht mehr für möglich gehalten haben. Sie sind ganz ruhig geworden, als wollten sie nie mehr aufstehen. Geborgenheit. Zuversicht.

e) *Jesus* ist *als Mann mit gütigem Gesicht* dargestellt. Sein Blick ist nach innen gekehrt. Er ist etwas abgerückt von den beiden. Er ist die Hauptperson auf dem Bild. Der Mann ganz links hält die Hand im Gesicht, eine Geste des Erstaunens und Erschreckens zugleich. Mit der andern Hand hält er sich am Tisch fest, als ob er sich festhalten müsse, weil – was da eben geschieht, ganz unfaßbar und großartig ist. Beide Männer neben Jesus haben die Stirn in Falten gelegt.

f) Der Rahmen – er könnte eine Tür darstellen. *In diesen Raum sollte man eintreten,* in diese Gemeinschaft aufgenommen werden – am Tisch ist noch Platz – für mich.

g) *Ich denke an die Abendmahlsszene.* Hier herrscht Gemeinschaft und Solidarität, allerdings nicht im Leiden, sondern im Glauben und im Ritual. Glaube ist Gemeinschaft stiftend und auf Gemeinschaft verweisend. Liebe hier ist keine Gefühlsduselei, ist Verbundenheit, Zuwendung.

Kontexte

So erreichten sie das Dorf, zu dem sie unterwegs waren. Jesus tat, als wolle er weitergehen, aber sie drängten ihn und sagten: Bleib bei uns; es wird bald Abend, der Tag hat sich schon geneigt. Da ging er mit hinein, um bei ihnen zu bleiben. Und als er sich mit ihnen zum Essen niedergesetzt hatte, nahm er das Brot, sprach den Segen, brach es und gab es ihnen. Da gingen ihnen die Augen auf, und sie erkannten ihn; doch auf einmal war er nicht mehr zu sehen.

Lukasevangelium 24,28–31

Herr bleibe bei uns; denn der Tag hat sich geneigt ... (Evangelium: Lk 24,29)

Wem von uns ist die Herberge von Emmaus nicht vertraut? Wer ist nicht schon diesen Weg gegangen an einem Abend, da alles verloren schien? Christus war in uns gestorben. Sie hatten ihn uns genommen: die Welt, die Philosophen und die Gelehrten, unsere eigenen Leidenschaften. Es gab für uns keinen Jesus mehr auf der Welt. Wir gingen einem Weg nach ... und jemand schritt neben uns her ... Wir waren allein – und waren nicht allein. Es ist Abend geworden. Da steht eine Tür offen: vor uns das Dunkel eines Saales, in dem das Kaminfeuer nur die festgestampfte Erde erhellt und die Schatten spielen läßt. O dieses gebrochene Brot! O Brotbrechen, das wir trotz so viel Elends vollzogen! »Bleibe bei uns; denn der Tag hat sich geneigt ...« *François Mauriac*

Karfreitag

Prolog

Als sie aber hinuntergingen in diesen Tagen
Zu ihren Gräbern, jeder zum Seinen, ganz aufrecht nicht durch den Schmerz –
Denn sie hatten allzuviel schon ertragen –
Da sahen einige von ihnen himmelwärts.
Und der Himmel war trüb und grau und bedrückt.
Sieh, da geschah es, daß eine Stimme wie Erz
Wild auf sie fiel, von oben herabfiel, und einige hörten die Stimme fragen:
Wo sind eure Helden? Ihr geht sehr gebückt! –
Da bog sich einer zurück und faßte sich mühsam und hatte das Herz
Und hörte sich sagen:
Unsere Sieger liegen erschlagen.
Und siehe, da war es, als wäre allen
Göttlich aufstrahlend, von oben gezückt
Licht aus dem Himmel auf ihre trüben Stirnen gefallen.
Gingen nun aufrecht und mühlos wie trotzige Krieger
Als wären sie alle wie jene Sieger –
Und stolz und befreit ihrer Trauer entrückt.

Epilog

Abermals gingen einige über sein Feld zur Abendzeit.
Der Himmel war dunkel. Wind ging. Das Korn blühte weit.
Sie gingen gebeugt und schwer im letzten Licht.
Ein fremder Mann ging mit ihnen. Sie kannten ihn nicht.
Sie waren traurig, weil Jesus gestorben war.
Aber einmal sagte einer: Es ist sonderbar.
Er starb für sich. Und starb ohne Sinn und Gewinn.
Daß ich auch nicht leben mag: daß ich einsam bin.
Sagte ein anderer: Er wußte wohl nicht, was uns frommt.
Sagte ein dritter: Ich glaube nicht, daß er wiederkommt.
Sie gingen gebeugt und schwer im letzten Licht.
Ein fremder Mann ging mit ihnen. Sie kannten ihn nicht.
Und einer sah übers Ährenfeld und fühlte seine Augen brennen.
Und sprach: Daß es Menschen gibt, die für Menschen sterben können!
Und er fühlte Staunen in sich (als er weiterspann):
Und daß es Dinge gibt, für die man sterben kann.
Und jeder hat sie, und er hat sie nicht
Weil er's nicht weiß. – Das sagte er im allerletzten Licht.
Es war ein junger Mensch. Es ging um die Abendzeit.
Der Himmel war dunkel. Wind ging. Das Korn blühte weit.
Sie gingen gebeugt und schwer im letzten Licht.
Ein fremder Mann ging mit ihnen. Sie kannten ihn nicht.

Bertolt Brecht

Paulus im Gefängnis

ARMIN HACKL

→Paul Neuenzeit, Bd. 1, S. 108

Zielgruppen
  I. *Kollegstufe* Gymnasium (Unterrichtseinheit im Rahmen einer 8-Stunden-Sequenz zum Thema Paulus)
 II. Gruppentreffen eines *kath. Internats* in nichtkirchlicher Trägerschaft

I. Von der Dunkelheit zum Licht. Kollegstufe Gymnasium

1. Vorüberlegungen

Das Bild »Paulus im Gefängnis« verweist den Betrachter auf eine gerne *verschwiegene Wahrheit christlicher Existenz,* das Leid, die Unterdrückung, die Verachtung um Christi willen. Ein fremder Gedanke in einem Land ohne die direkte Erfahrung der Benachteiligung der Glaubenden. Und gerade deshalb provoziert dieses Bild die Behandlung dieser »verdrängten« Thematik in der Oberstufe eines Gymnasiums, in der »christliche Anthropologie« oder »Die christliche Existenz« von den Lehrplänen her thematisiert sind. Denn das Verständnis von einer christlichen Existenz bleibt verkürzt ohne den Hinweis auf das Kreuz. Hoffnung, Zukunft und Reich Gottes bleiben ohne den Schlüssel der Passion des einen und in seiner Nachfolge der vielen zu leichte Begriffe ohne Glaubwürdigkeit. Freilich, die zu erwartende Verständnisbereitschaft bei den Schülern für diesen Aspekt christlichen Lebens kann und wird auf dem Hintergrund eudämonistischer Lebensphilosophien und einer weitgehend materialistischen Sinnorientierung kaum sehr groß sein. Die *Provokation durch tatsächliches Leid* um Christi willen, die Erfahrung und Auseinandersetzung, daß dieser Aspekt bis heute die Existenz einzelner bestimmt, bleibt daher als *Einstieg* unerläßlich. Die Unterrichtseinheit sollte aber über die Erfahrung, daß damals wie heute Menschen, Christen um einer Überzeugung willen Nachteile, ja die physische Vernichtung in Kauf nahmen und nehmen, die »Energiequellen« eines solchen Lebens aufdecken und über die biographischen Versuche der Deutung für die Persönlichkeitsstruktur, die hinter einem so engagierten Leben steht, für die Schüler aufleuchten lassen. Für dieses Vorhaben bietet sich Paulus geradezu an, über den im NT geschrieben wurde (Lukas) und der von sich und über sich geschrieben hat. Seine Briefe sind »Zeugnisse und Dokumente eines ganz persönlich erfahrenen, individuell bewältigten und in vielerlei Prüfungen erprobten Christusglaubens« (*Philipp Seidensticker,* »Paulus der verfolgte Apostel Christi«, Stuttgarter Bibelstudien 8 [1965] 7).

An Paulus ist die schwierige *Dialektik von Lebenserfahrung und theologischem Durchdenken seines Lebensschicksals* auf dem Hintergrund und im Lichte seiner Christuserfahrung vor Damaskus aufzuzeigen. Denn er hat sich zeit seines Lebens als der berufene Knecht Jesu Christi erfahren, der trotz seiner einzigartigen Begnadung und Berufung zur Verkündigung unter den Heiden auch stets ein von »Hunden gehetzter« Apostel gewesen ist, der am Ende seines Lebens verlassen, als einsamer Mann für seinen Herrn in den Tod geht. Insoweit erfüllt sich das jesuanische Lebensschicksal an ihm in vollem Maße. Der verfolgte Paulus wird somit neben Stephanus u. a. zum Hinweis für seine Gemeinden, daß Christsein in der Spannung zwischen dem Auftrag heute und der Verheißung für morgen, diesseits der Gitterstäbe (vgl. das Bild Habdanks) für alle, die sich auf Christus einlassen, eine ernste Geschichte werden kann.

Wie diese theologischen Vorüberlegungen mit Hilfe des Holzschnitts Habdanks »Paulus im Gefängnis« mit Schülern, die von ganz anderen Maßstäben christlichen Selbstverständnisses herkommen, die nur wenig biographisches oder geschichtliches Wissen von Paulus und seiner Zeit mitbringen und *nur mit Mühe Zugang zur Briefliteratur des Paulus* finden, wodurch die Spontaneität und Dynamik des Unterrichts erheblich leidet, wie diese theologische Problematik inhaltlich und methodisch umzusetzen versucht wurde, soll im folgenden kurz dargestellt werden.

2. Der Rahmen

Die Unterrichtseinheit ist eingebettet in die Frage nach dem biblisch-christlichen Menschenbild (Schöpfung, Gottesebenbildlichkeit, Sündenfall, usw.) einerseits und einer Einheit über die Zukunft des Menschen (Reich Gottes, Heil und Heiligkeit in der Vollendung) andererseits. Diese Position innerhalb der gesamten Sequenz erforderte auch eine intensivere Beschäftigung mit der paulinischen Weltsicht und dem Thema »Freiheit« bei Paulus. Diese beiden Komplexe können im Rahmen dieser Darstellung nicht weiter vorgestellt werden (vgl. Zeitschrift *ru* 2 [1977] 53).

▷ *Übersicht über die einzelnen Unterrichtseinheiten*
1. Der lange Schatten des Kreuzes – Christen in der Bedrängnis
2. Jesus fordert zur Nachfolge auf – eine Forderung nur für Heilige?
3. Lebensstationen des Paulus – eine Biographie menschlicher Enttäuschungen
4. Die Bewältigung des Leids bei Paulus
5. Paulus – noch ein Modell für uns?
Dauer: 8 Stunden
Teilnehmer: 24 Schüler der Kollegstufe (Studienstufe) – Leistungskurs

3. Einsatz des Bildes »Paulus im Gefängnis« von W. Habdank

Das Bild diente als thematisches Motiv in den einzelnen Unterrichtseinheiten. Bleibt es in den *ersten beiden Stunden* (Christen in Bedrängnis) *als visueller Impuls unthematisiert* im Hintergrund, kann es am Ende der *dritten Unterrichtseinheit* (Lebensstationen des Paulus) die *reale Situation* des Paulus sichtbar veranschaulichen und leistet so einen Beitrag zur affektiven Auseinandersetzung mit dem Menschen Paulus. Dabei ist in dieser Phase die Spannung zwischen Aktivität, Unrast und Engagement für seine Gemeinden im Leben des Apostels und dem Gefesseltsein, dem Ferngehaltenwerden von seinen Gemeinden, das Abwartenmüssen herauszustellen. Hier schon kann die äußere Situation für den Schüler eine tiefere Dimension des Leids aufschließen; Einsamkeit, Ungewißheit über sein eigenes Schicksal, Machtlosigkeit, die Infragestellung seines Lebenswerkes durch den Herrn u. a.
▷ Dies kann methodisch durch den *Impuls* sich in die Lage des gefangenen Paulus hineinzudenken noch vertieft werden:
– Was geht in Paulus vor...? Woran denkt er in dieser Situation? *(meditative Wiederholung).*
▷ Aus dieser Erfahrung heraus kann dann als *Einstieg für die vierte Unterrichtseinheit,* die die theologische Verarbeitung seines Lebensschicksals thematisieren soll, das Gesamtbild, vor allem die ungebrochene Haltung (→*Paul Neuenzeit,* Bd. 1, S.108) wie auch der fragende und in der Frage Hoffnung auf die Herrlichkeit des Herrn (Licht) signalisierende Blick über die Kreuzgitter hinaus,

die für Paulus seit Damaskus unerschütterliche Gewißheit und Kraftquelle seines prophetischen »Knechtseins« bis zur letzten Depression hin geworden ist, meditativ betrachtet und verarbeitet werden.

▷ Dadurch entsteht die Möglichkeit, daß die im folgenden zu behandelnden *Passagen aus dem 2. Korintherbrief* auf dem Hintergrund des nun transparent gemachten Leids bei Paulus in einer tieferen Weise erfaßt und daß sie zugleich durch das Bild verstärkt und interpretierbar werden.

▷ In diesem Zusammenhang sei darauf verwiesen, daß sich im Anschluß an diese Unterrichtseinheit der Holzschnitt W. Habdanks: »*Alter Fischer*« zur Aufhellung der Thematik »Enttäuschung« hervorragend eignet und in Klassen mit stark meditativer Ansprechbarkeit ergänzend einsetzbar sein dürfte.

▷ In der *letzten Unterrichtseinheit* (Paulus – noch ein Modell für uns?) sollte der Holzschnitt nicht mehr ausdrücklich behandelt werden. Er wird aber weiterhin als Beziehungs- und Erfahrungsmoment den Unterricht begleiten können.

▷ Aus Gründen der thematischen Zentrierung werden im Folgenden nur jene Unterrichtseinheiten näher vorgestellt, die den Holzschnitt Habdanks selbst thematisieren.

4. Unterrichtseinheit 3: Lebensstationen des Paulus – eine Biographie menschlicher Enttäuschungen

a) Vorüberlegungen. Die Veränderung im Leben des Paulus dürfte durch die Darstellung der extremen Lebenssituationen Verfolger – Verfolgter, mit dem Wendepunkt des Damaskuserlebnisses, durch das er von Christus selbst in die Nachfolge gerufen wird (Begründung seiner Autorität) unterrichtstechnisch am leichtesten aufzuzeigen sein.

Unabhängig davon sollte aber der gesamte Kontext der Bedrängnis des Paulus (Konflikt mit den Glaubensbrüdern, Verfolgung durch die Juden, Anfeindung seiner Missionsautorität und die eigene Schwäche) als Verstehensbasis für die folgende Einheit durch informative Verfahrensweisen (Kurzreferate, Informationsmaterial, Lehrervortrag u. a.) eingebracht und in den historischen Zusammenhang gestellt werden.

b) Verlauf

▷ Die Schüler erhielten ein Blatt mit folgenden *Texten* aus der Apostelgeschichte: Apg 7,54–60 (Verfolgung der Christen); 9,1–19 (Bekehrung) und 18,12–15 sowie 21,27–36 (Feindschaft der Juden und Gefangennahme).

Ziel der unterrichtlichen Analyse war es,
– die Veränderung der Stellung des Paulus gegenüber dem Judentum herauszuarbeiten und
– die veränderte Rollensituation auf dem Hintergrund des Bekehrungserlebnisses zu verdeutlichen.

▷ Das *Interesse der Schüler* galt vor allem diesem Bekehrungsereignis und dessen Wirklichkeitsgehalt (vgl. *Gerhard Lohfink,* Paulus vor Damaskus, Stuttgarter Bibelstudien 4/1965) sowie der Problematik der Beziehungen des Paulus zum Judentum. In diesem Zusammenhang *bietet es sich* an, die Bewertung des Gesetzes bei Paulus eingehender zu behandeln.

▷ Die Bezugnahme auf Apg 21,27–36 erleichtert die *Einführung in Habdanks Bild* »Paulus im Gefängnis«.

▷ Die *Bildbetrachtung* durch die Schüler (10 Min.) wurde durch eine eindrucksvolle *Passionsmusik,* die zugleich den Bezug zum Leiden und Sterben Jesu herzustellen vermochte, untermalt.

▷ Die Schüler hielten sich beim *nachfolgenden Gespräch* nicht lange bei der äußeren Situation des Paulus auf, sondern griffen die *möglichen Aussageabsichten des Bildes* auf:
– ein Gefangener, aber kein zerstörter Mensch,
– Vertrauen und Hoffnung im Angesicht,
– Warten auf die Inspiration (Griffel),
– Hoffnung auf Freiheit (Sonne),
– sitzt unterm Kreuz (Gitterstäbe werden als Kreuz gedeutet),
– Kontrast zwischen Dunkelheit des Körpers und Helligkeit des Gesichts.

▷ Der weitere Schritt, *sich in die Lage des Paulus zu versetzen,* seine Gefühle nachzuempfinden (siehe oben) erbrachte wohl aufgrund noch immer *fehlender biographischer Kenntnisse* nur wenig Ansätze einer tieferen Identifizierung. In dieser Phase wurde nicht versucht, eine weitergehende christologische Interpretation zu erreichen. Sie sollte sich aus der folgenden Stunde selbst entwickeln.

5. Unterrichtseinheit 4: Die Bewältigung des Leids bei Paulus

a) Vorüberlegungen

Die Vielzahl von gutgeeigneten Textstellen aus der Briefliteratur des Paulus *erschwerte die Vorauswahl* für die anstehende Unterrichtseinheit erheblich. Wenn schließlich die Entscheidung zugunsten der Darstellung der Bewältigung des Leids, der Verfolgung, der Anfeindung und Mißachtung »um des Herrn willen« mit *Texten aus nur einem Brief, dem 2. Korintherbrief*, getroffen wurde, so hatte dies mehrere Gründe:

– Einmal ist gerade der zweite Korintherbrief reich an Aussagen zu diesem Problemfeld.

– Zum anderen ermöglichte diese Einengung eine gründlichere exemplarische Aufarbeitung des Zusammenhangs der *Briefliteratur* mit den historischen und kirchengeschichtlichen Hintergründen, aus denen heraus diese Briefe entstanden. Damit könnte u. U. ein Einblick in die situativen Aussagen der Briefliteratur überhaupt vermittelt werden.

– Zum dritten könnten gerade am 2. Korintherbrief auch die Schwierigkeiten der Bibelwissenschaft (Einheit des Briefes) wenigstens angedeutet werden.

b) Verlauf

▷ Die Veranschaulichung der Beziehungen zwischen *Paulus und seiner Gemeinde in Korinth*, sowie der eigentlichen Anlässe der Briefe an diese Gemeinde sollten durch ein *Kurzreferat* eines Schülers, gekoppelt mit einzelnen *Dias*, erreicht werden. Damit wurde auch versucht, das notwendige historische Hintergrundwissen in Kürze anzubieten.

▷ Im Anschluß daran erhielten *sechs Gruppen* des Kurses je einen längeren *Textabschnitt* aus dem zweiten Korintherbrief zur Bearbeitung. Folgende Stellen wurden gewählt: 2 Kor 1,1–11; 3,1–18; 4,5–14 und 5,1–10; 10,9–19; 11,7–33; 12,1–13.

▷ Die *Analyse des Textes* sollte *folgende Aspekte* herausarbeiten:

– Das Persönlichkeitsbild des Paulus in diesem Textabschnitt.

– Die Art der Auseinandersetzung mit den Gegnern (inhaltlich und sprachlich).

– Die Argumentationsstruktur hinsichtlich seiner Stellung, seines Auftretens, seiner Absichten und seines Leidens.

– Eine Motivanalyse für seinen Lebenseinsatz.

▷ Die Gruppen erhielten einen *Kurzkommentar* zu ihrer jeweiligen Stelle (Fotokopie) und sollten die wichtigsten Ergebnisse, bzw. Zitate auf eine vorgegebene *Folienmatrix* notieren.

▷ Die anfänglichen Texterfassungsprobleme konnten durch die Hilfestellung und gelegentliche *Erläuterungen des Lehrers*, häufiger auch durch ein zweimaliges Lesen des Textes überwunden werden. Der Kommentar lieferte wichtige Zusammenhangsinformationen und Interpretationshilfen.

▷ Durch das *Aufeinanderlegen der Folien* konnten nach der mündlichen Auswertung die Ergebnisse parallel gesehen werden, was einen interessanten Einblick in den Begründungszusammenhang und die Bewältigungsstrukturen des Leids bei Paulus vermittelte.

▷ In das *Auswertungsgespräch* wurde *noch einmal das Bild* W. Habdanks »Paulus im Gefängnis« eingeblendet, so daß die paulinische Begründung aus seinen Briefen und das Bild als Interpretation dieser Aussagen nebeneinander zu stehen kamen.

▷ Zudem sollte und konnte jetzt eine *Deutung des oberen Teils des Bildes* (Licht) als christologische Hoffnung und Erfahrungswiederholung von Damaskus ermöglicht werden, was auch ohne Schwierigkeiten gelang.

▷ Die *Parallele Text–Bild* erbrachte auch nach Aussagen der Schüler ein intensives emotionales Element, das sich in affektivem Angesprochensein sowohl vom Menschen Paulus als auch seiner religiösen Erfahrung ausdrückte. Zugleich zeigte diese Unterrichtseinheit, daß Paulus auch in der Schule unter bestimmten Fragehorizonten »behandelbar« ist.

II. Seine Gitter sprengen. Gruppentreffen im Internat

1. Vor-Erfahrungen

Anfänglich erschien dieser herbe, von seinen Konturen und seiner Linienführung her fast provokative Holzschnitt für die Gruppenarbeit eines Internats kaum brauchbar. Was sollte auch mit einem »Gefangenen« in einem Internat anzufangen sein? Besten- oder schlimmstenfalls negative Identifizierungen oder oberflächliche Selbstbemitleidung (obgleich dieses Internat sich zu den »freiesten« der Stadt zählen durfte). Und doch, nach längerer Überlegung wagten wir den Einstieg genau mit dieser Thematik und entschlossen uns, dieses Bild W. Habdanks an den Beginn eines der sog. Mittwochtreffen einer Gruppe von 16jährigen zu stellen. Voranzuschicken ist noch, daß den Gruppenmitgliedern medidativ-besinnliche Einstiege oder Ausklänge bekannt waren, so daß eine besondere Motivation nicht notwendig erschien.

2. Verlauf und methodisches Vorgehen

▷ Der Gruppenleiter gab eine kurze *Einstimmung in das Thema* der Meditation »Seine Gitter sprengen«. Dabei ging er vor allem auf die tägliche Erfahrung der Jugendlichen mit den verschiedensten Gittern in ihrer Umwelt ein (die Funktion der Gitter, die Sicht von drinnen und draußen u. a.).
▷ *Betrachtung des Holzschnitts* (Dauer etwa 7 Min.)
▷ Nach dieser *Betrachtungsphase* spricht der Gruppenleiter folgenden *Text:*
– Ein Mann, an den Füßen gefesselt, eingetaucht in die Dunkelheit einer Zelle, schaut in die Sonne.
– Seinen hageren, ausgemergelten Körper streckt er wie eine Pflanze im Kellerschacht dem Licht entgegen.
– Seine Augen spiegeln die Strahlen der Sonne wider, Lichter der Hoffnung, der Sehnsucht.
– Sein Mund gepreßt, doch nicht bitter, eher gefaßt, verrät die Beharrlichkeit eines Kampfes.
– Trotz der dunklen, mächtigen Gitterstäbe, die ihn gleichsam einfassen, einzwängen in sein Los, bleibt die Sonne der Richtpunkt,

die Hoffnung, die Freude, das Zeichen des Lebens jenseits der Gitterstäbe. Hoffnung auf ein anderes, ein besseres, ein neues Leben.
– Was mag in diesem Menschen vorgehen?
▷ *Stille*
– Er scheint sich noch nicht abgefunden zu haben mit dem dunklen Trost der Sonne jenseits der Stäbe. Er will heraus? Nur deshalb hält ihn diese Sonne noch aufrecht, zieht sie ihn gleichsam empor.
– Habe ich etwas mit diesem Gefangenen gemeinsam?
▷ *Stille*
– Worin bestehen meine Gitterstäbe?
▷ *Stille*
– Woraus sind meine Fußschellen?
▷ *Stille*
– Und meine Sonne, meine Hoffnung, worin besteht sie?
– Oder habe ich mich abgefunden mit dieser meiner Lage hinter den Stäben, mit all dem, was mich am Boden hält?
– Wer könnte ich sein ohne diese Fußschellen und Gitter?
▷ *Stille*
– Was kann von dem, was mich gefangenhält, gebrochen werden?

▷ Die Gruppenmitglieder hatten nun etwa *zehn Minuten Gelegenheit,* ihre Erfahrungen, Ergebnisse weiterzudenken oder sie auch *schriftlich zu fixieren.*
▷ Im folgenden *Gespräch* wurden z. T. sehr persönliche, z. T. auch recht allgemeine Erfahrungen und Einsichten geäußert (Gewohnheit, Schuld usw.), die für das »Ankommen« dieser Thematik sprachen.
▷ Ein Teil der Gruppe fertigte als »Ergebnis« eine *Collage* mit dem Titel »Das Licht hinter unseren Gittern« an, die als Impuls für die Fastenzeit im Gruppenraum seinen Platz finden sollte.

Unterrichtsangebote
zu Paulus und paulinischen Themen:

E. Beck/G. Miller, Biblische Unterweisung, Bd. IV, München 1973, S. 183–236 und S. 237–261; *M. Straub,* Menschen die mit Christus gehen: 1. Paulus wird ein Freund

Jesu (Apg 9,1–22), in: *H. Grosch* (Hrsg.), Religion in der Grundschule, Frankfurt/Düsseldorf ³1973, S. 256–258; *F. Fiederlein,* Paulus. Berufung, Mission, Lehre und Leiden. Unterrichtseinheit, Rottenburg (Schulreferat) 1974; *W. Tripp,* Die Heilsbotschaft gilt allen Völkern. Unterrichtseinheit, Rottenburg (Schulreferat) 1975; *R. Wein,* Botschaft der Freiheit. Paulus, Apostel der Völker (Biblisches Arbeitsbuch, Heft 6),

Lahr/Göttingen 1975; *W. Kettler,* Baustein Wandlung, in: *F. Betz/A. Becker/W. Kettler* (Hrsg.), Religiöse Elemente in der Vorschulerziehung (Zum Religionsunterricht morgen V), München/Wuppertal 1973, S. 153–164; vgl. ferner die UM-Kartei des DKV zu paulinischen Themen.
Vgl. auch Thema-Heft der Katechetischen Blätter 103 (1978), H. 10: Paulus im Religionsunterricht.

Kontexte

Inventur

Dies ist meine Mütze,
dies ist mein Mantel,
hier ist mein Rasierzeug
im Beutel aus Leinen.

Konservenbüchse:
Mein Teller, mein Becher,
ich hab in das Weißblech
den Namen geritzt.

Geritzt hier mit diesem
kostbaren Nagel,
den vor begehrlichen
Augen ich berge.

Im Brotbeutel sind
ein Paar wollene Socken
und einiges, was ich
niemand verrate,

so dient es als Kissen
nachts meinem Kopf.
Die Pappe hier liegt
zwischen mir und der Erde.

Die Bleistiftmine
lieb ich am meisten:
Tags schreibt sie mir Verse,
die nachts ich erdacht.

Dies ist mein Notizbuch,
dies meine Zeltbahn,
dies ist mein Handtuch,
dies ist mein Zwirn.

Günter Eich

Aus vielen Jahrhunderten

Aus vielen Jahrhunderten sprachen ermutigend mächtige Geister, und alle bestärkten mich in dem eingeborenen Glauben, daß das Unheimliche nie die letzte Lösung sein kann, daß die wahren Quellen und Heilquellen immer noch einige Schichten tiefer entspringen als in den Lagen, wo das Grauen entsteht. Die Wege der Finsternis werden immer bald zu Ende gegangen; als undurchmeßbar aber erweist sich das Mysterium des Lichts.

Hans Carossa

Sie sind Diener Christi – jetzt rede ich ganz unvernünftig –, ich noch mehr: ich ertrug mehr Mühsal, war häufiger im Gefängnis, wurde mehr geschlagen, war oft in Todesgefahr. Fünfmal erhielt ich von Juden die neununddreißig Hiebe, dreimal wurde ich ausgepeitscht, einmal gesteinigt, dreimal erlitt ich Schiffbruch, eine Nacht und einen Tag trieb ich auf hoher See. Ich habe weite Wege zurückgelegt, gefährdet durch Flüsse, gefährdet durch Räuber, gefährdet durch das eigene Volk, gefährdet durch Heiden, gefährdet in der Stadt, gefährdet in der Wüste, gefährdet auf dem Meer, gefährdet durch falsche Brüder. Ich erduldete Mühsal und Plage, durchwachte viele Nächte, ertrug Hunger und Durst, häufiges Fasten, Kälte und Blöße; darüber hinaus lasten auf mir die tägliche Arbeit und die Sorge für alle Gemeinden.

2. Korintherbrief 11,23–28

In Erwartung

WOLFGANG RIESS

→Walter Habdank, Bd. 1, S. 112

Zielgruppen
  I. *Religionsunterricht* 9. Klasse Hauptschule
 II. *Freizeit mit Jugendlichen* ab 16 Jahre
    (Katechese)

I. Planung und/oder Hoffnung

Adressaten: Hauptschüler, 9. Klasse
Handlungsfeld: Religionsunterricht

1. Vorüberlegungen

Am *Ende der Schulzeit* ist der Blick des Jugendlichen auf die *Zukunft* ausgerichtet. Dabei geht es nicht allein um den unmittelbar folgenden Lebensabschnitt, den des Berufs, vielmehr wird der Jugendliche durch seinen Eintritt ins Berufsleben mit vielen anderen Dimensionen des Lebens unmittelbar konfrontiert, die er bisher eher aus der Froschperspektive gekannt hat.
Die neuen Hoffnungen des Jugendlichen kristallisieren sich besonders am Erlebnis neuer Selbständigkeit, wobei die materielle Basis dieser Selbständigkeit, das selbstverdiente Geld, nicht unterschätzt werden darf.
So anfanghaft und in kleinen Schritten sich die Zukunft dem Jugendlichen auch öffnet, so kann er doch in gewisser Weise die Zukunft antizipieren und das besonders in der Weise des »Plänemachens«. Im *Planen* wird die Zukunft nach verschiedenen Richtungen hin durchgespielt, werden bestimmte Möglichkeiten durchdacht, verworfen und wieder neu durchdacht.

So selbstverständlich dieses aus der Öffnung der Zukunft und der neu erfahrenen Selbständigkeit verstärkte Plänemachen auch erscheint, so darf doch nicht verkannt werden, daß es im Jugendlichen selbst und in der ihn erwartenden Welt auch starke Kräfte gibt, die ein mutiges, geplantes *Hinausschreiten* in die Zukunft behindern oder gar ganz verhindern können. Unsicherheit in der Berufswahl, Angst vor den neuen Anforderungen, Sorgen um Lehrstelle und langfristigen Arbeitsplatz – diese Erfahrungen können durchaus zu einer Haltung des Abwartens, ja der Resignation führen.
Um so wichtiger erscheint es, den Begriff und die Sache des »Plänemachens« religionspädagogisch aufzugreifen und ihn kritisch zu durchleuchten. Dabei kommt sofort der fundamentale Unterschied von Planbarem und Nichtplanbarem zum Vorschein.
– Vom Nichtplanbaren aber Erwünschten und Erwarteten führt dann eine direkte Linie zur Idee der Hoffnung und zum Habdankbild. Dabei braucht nicht geleugnet zu werden, daß das Habdankbild nicht ganz unpro-

blematisch ist. Die dort zum Ausdruck kommende radikale Ausrichtung auf die Zukunft (des Heils) und die damit verbundene radikale Abwendung von der »Welt« kann so nicht Inhalt des Religionsunterrichts sein.

– Deshalb entwickelt der Unterrichtsentwurf zunächst eine realistische Basis, indem er die *Zukunftsplanungen der Schüler* thematisiert. An der dort feststellbaren Differenz von Planbarem und Nichtplanbarem wird dann der Holzschnitt eingesetzt.

– Die Funktion des Bildes liegt also nicht darin, daß die in ihm enthaltene radikale Aussage vollständig entfaltet wird. Vielmehr dient das Bild dazu, über dem vielleicht verengten Planungshorizont der Schüler, das *übergreifende Wort der Hoffnung* sichtbar werden zu lassen.

– Diese übergreifende Idee der Hoffnung soll aber im Unterrichtsentwurf deutlich mit der Realität der Schüler verbunden bleiben und nicht die extreme Ausprägung erhalten, wie man sie im Holzschnitt selbst entdecken könnte (wozu allerdings der eher zurückhaltende Titel »In Erwartung« in einem eigenartigen Kontrast steht).

2. Verlaufsplanung

Verlaufsschritte	Didaktische Hinweise
a) Vorbereitung In einer Schulstunde oder als Hausaufgabe werden die Schüler gebeten, einen kurzen *Aufsatz* zu folgendem Thema zu schreiben: ▷ So stelle ich mir meinen weiteren Lebenslauf vor.	Evtl. in Absprache mit dem Deutschlehrer
	▷ Der Lehrer hat die Aufsätze vor der Stunde gelesen und diejenigen, die ganz oder teilweise vorgelesen werden sollen, herausgesucht.
▷ *Einstieg:* Einzelne Schüler lesen ihre Aufsätze oder Teile daraus vor.	▷ Der Lehrer schreibt ohne Überschrift, aber sachlich geordnet die Dinge, die leicht geplant werden können, und die, die nicht geplant werden können, *in zwei Spalten* untereinander.
▷ *Lehrer* Weist auf die zwei Spalten hin und fragt nach *zwei Überschriften*	Vorschläge sammeln und schließlich die Überschriften *Planbares* und *Nichtplanbares* (oder Ähnliches) über die beiden Spalten schreiben.
b) Problemstellung ▷ Lehrer: Das ist aber doch nun eigenartig: Wir erwarten uns in unserem Leben Dinge, die man eigentlich gar nicht erwarten kann, da man sie nicht planen kann. Darf man sich etwas erwarten, was man nicht planen kann?	Evtl. erste Meinungsäußerungen der Schüler erfragen.

c) Problemlösung
Lehrer: Ich habe ein Bild mitgebracht. Daran wollen wir mal feststellen, wie es da mit der Planung steht.

▷ *Bild* wird aufgehängt
▷ *Betrachtungspause:* 4 Minuten

▷ *Erarbeitung:*
Arbeitsgruppen bearbeiten vorbereitete Fragen:
– Wo befinden sich die Leute?
– Welche Berufe könnten sie haben?
– Was tun sie?
– Was könnte da von rechts kommen?
– Welchen Titel würdest Du dem Bild geben?
▷ *Arbeitsergebnisse* werden zusammengetragen.

▷ Gruppen von 3–5 Schülern bearbeiten die Fragen, Bearbeitungszeit: 10 Minuten.

Von jeder Arbeitsgruppe berichtet *ein Sprecher.* Jede einzelne Frage wird im *Rundgespräch* von allen Spechern beantwortet.

▷ *Zusammenfassung:*
Lehrer: Und wie steht es jetzt mit der Planung der Leute auf dem Bild?
Schüler: Die planen ja nicht!
Lehrer: Und was tun sie in Wirklichkeit?
Schüler: Sie hoffen sehr auf etwas, was kommen soll.
Lehrer: Warum erwarten sie so sehnsüchtig etwas?
Schüler: Weil ihre Planungen gescheitert sind ... weil nicht alles planbar ist.

▷ *Freies Gespräch;* Fragen und Antworten in der linken Spalte sind nur Hinweise, in welcher Richtung sich das Gespräch entwikkeln könnte.

▷ *Ergänzung des Tafelbildes*
Hoffnung als Überschrift

Auch das Planbare kann scheitern, deshalb ist dort Hoffnung nötig.

Das Nichtplanbare muß erst recht erhofft werden.

Über die bisherigen zwei Spalten wird als große Überschrift *Hoffen* oder *Hoffnung* gesetzt. Von diesem Wort wird ein *Pfeil* in die Spalte des Planbaren gezogen.
Es wird ein weiterer *Pfeil* von »Hoffnung« zur zweiten Spalte gezogen.

d) Abschluß
▷ *Collage* aus Zeitungen und Zeitschriften erstellen zum Thema: *Planungen – Hoffnungen*

z. B. Heirats-, Todes-, Geburtsanzeigen, Werbung, Horoskop, Inserate, Katastrophen. Die verschiedenen Mischungsverhältnisse von Planung/Hoffnung können dabei herausgearbeitet werden.

oder
▷ *Meditation des Bildes* unterlegt mit dem Lied »Zwischen Angst und Hoffnung« (→Kontexte)

Schallplattenapparat vorbereiten, *Schallplatte* (Ich will euch Zukunft und Hoffnung geben, LP im Impulse-Musikverlag, Drensteinfurt)

II. Weisen der Hoffnung: in der Welt – jenseits der Welt

Adressaten: Jugendliche ab 16 Jahre
Handlungsfeld: Jugendfreizeit

1. Vorüberlegungen

Das Bild akzentuiert eine bestimmte Weise der christlichen Hoffnung. Obwohl der Titel des Bildes »In Erwartung« eher neutral klingt und eine gewisse Distanz dem Erwarteten gegenüber auszudrücken scheint, so ist doch die Darstellung selbst und besonders die Erläuterung, die Habdank selbst seinem Bild gibt von *existentieller Bedrängnis* geprägt. Die Leute auf dem Bild haben nichts mehr zu verlieren, sie haben alles hinter sich gelassen und hoffen sehnsüchtig auf das Kommende, das nicht irgend etwas, sondern alles ändern wird. Spiegelt sich in ihren Gesichtern schon ein Abglanz dieses kommenden (überirdischen?) Glücks?

Gegenüber dieser Hoffnung, die die Welt hinter sich läßt, handelt das Gedicht von *Detlev Block* (→Kontexte) von einer ganz anderen Hoffnung. Es geht auch hier um die Hoffnung schlechthin und nicht um kleine vorläufige und unbedeutende Hoffnungsinhalte, der Ort jedoch, an dem und durch den hindurch nach der Hoffnung Ausschau gehalten wird, ist eben die Welt selbst in ihrer *alltäglichen Konkretheit.* Zwar kommt Block nicht zu einer eindeutigen »Feststellung« der Hoffnung – was auch gar nicht zu erwarten ist, wenn man bedenkt, daß es um die Hoffnung schlechthin geht, die niemals an endlichen Dingen endgültig festgemacht werden kann – aber in Erinnerung an die Person Jesu, der das Berühren seines Gewandes als Glauben anerkannte (vgl. Mk 5,23–34), kann auch der Autor die konkreten Dinge der Welt als Gewand der Hoffnung begreifen. So greift er zwar blind, weil er die Hoffnung selbst nicht endgültig in Händen hält, aber doch zuversichtlich in den Morgen. *Beide Formen der Hoffnung,* die Hoffnung in Richtung eines »Jenseits« von Welt und in Richtung der Welt selber und durch sie hindurch, sind als legitime Weisen christlicher Hoffnung zu begreifen. Sie *ergänzen* sich gegenseitig und *kritisieren* sich gegenseitig. Je nach Lebenssituation oder Alter kann einmal mehr die eine oder mehr die andere Weise der Hoffnung in den Vordergrund des Bewußtseins treten.

Bei *Jugendlichen* im Alter ab 16 Jahre dürfte das Thema *Hoffnung auf Interesse* stoßen, besonders in der Weise, wie es Block in seinem Gedicht entwickelt. Das Zutrauen zur Welt dürfte in dieser Altersstufe u. U. sogar so direkt und gegenstandsbezogen sein, daß ein Übersteigen der Dinge auch im Sinne Blocks auf Verständnisschwierigkeiten stoßen könnte. So kommt es bei einer Behandlung beider Formen der christlichen Hoffnung einmal darauf an, *Hoffnung als etwas Umfassendes* verständlich zu machen, das jeden konkreten Hoffnungsinhalt übersteigt. Daß dieses Transzendieren der Hoffnung zum anderen aber in sehr unterschiedlichen Weisen erfolgen kann, könnte dem Jugendlichen Verständnis für andere Formen christlicher Hoffnung vermitteln und ihn ermutigen, nach der ihm entsprechenden Form der Hoffnung zu suchen.

2. Verlaufsplanung

Verlaufsschritte	Didaktische Hinweise
	▷ Teilnehmer sitzen im Kreis
a) Einstieg	
▷ *Lied:* Dies soll euch zum Zeichen sein (→Kontexte)	Schallplattenapparat vorbereiten, *Schallplatte* (Fest der Hoffnung, Texte W. Willms, Musik P. Janssens, Misereor Plattenstudio Nr. 4)

b) Gruppenarbeit: Bild- und Gedichtanalyse
▷ Auftrag für das *Bild:* schriftliche Bildbeschreibung (evtl. Hilfsfragen stellen: Wo sind diese Leute, wer sind sie, was tun sie, warten sie umsonst? Titel des Bildes?)
▷ Auftrag für das *Gedicht* von Block: Interpretation (schriftlich) (evtl. zur Hilfe auf die Verben verweisen, Titel finden lassen)
▷ *Plenum*
Sammlung der Ergebnisse

Je nach der Anzahl *Gruppen bis zu 5 Personen* bilden; mehrere Bilder (evtl. Handbilder) und Gedichte bereithalten; Titel jeweils entfernen oder unsichtbar machen; Gruppenarbeit: 20 Minuten

Die einzelnen Gruppen tragen ihre Ergebnisse durch *Gruppensprecher* vor. Zwei Ebenen sind zu beachten: die unterschiedlichen Interpretationen der Bild- bzw. Gedichtgruppen *untereinander,* und die verschiedenen Ansätze von *Gedicht und Bild.*

▷ *Zusammenfassung*
Bild und Gedicht haben etwas mit Hoffnung, Warten, Zukunft zu tun.

Die unterschiedlichen Ansätze von Bild und Gedicht sollen noch *nicht* herauskommen. Es geht nur um das Bekanntwerden mit beiden Größen und um das Aufdecken einer grundlegenden Gemeinsamkeit.

c) Einbeziehung der Situation der Jugendlichen:
Erstellung einer *Wandzeitung* zur Frage: Was erhoffe ich?
Gruppenarbeit

▷ Weiße Tapeten vorbereiten und an die Wände heften; Filzstifte bereithalten; es sollen Zweiergruppen gebildet werden; es können Worte, Sätze und Bilder verwendet werden; auf Kommunikabilität der Darstellungen (Wandzeitung!) hinweisen.
Fertigstellungszeit: 15 Minuten

▷ *Stumme Kenntnisnahme der Wandzeitungen*

Teilnehmer sollen still und stumm die Zeitungen der anderen lesen, ohne Kommentar und Kritik

▷ *Problemstellung – Impuls des Leiters:*
Wir wollen uns nun wieder dem Bild und dem Gedicht zuwenden. Beide haben, wie wir gesehen haben, mit Hoffnung zu tun. Wir müssen jetzt fragen, ob sie sich vielleicht doch in einem wichtigen Punkt unterscheiden.
Dazu habe ich ein *Spiel* vorbereitet:

▷ Leiter hat vor Beginn irgendeinen Gegenstand außerhalb des Raumes versteckt. Teilnehmer (2 bis 3) werden zum Suchen aufgefordert, die anderen beobachten. Die Suchenden werden zunächst innerhalb des Raumes suchen und dann – hoffentlich – außerhalb.

▷ *Leiter:*
Bei der Suchaktion konnte man zwei verschiedene Phasen beobachten.
Teilnehmer:
Suche innerhalb – Suche außerhalb

Nach dem Auffinden des Gegenstandes die zwei Phasen des Suchens herausarbeiten.

▷ *1. Transfer*
Leiter: Wie lassen sich diese beiden Phasen dem Bild und dem Gedicht zuordnen?
▷ *2. Transfer*
Die auf den Wandzeitungen aufgeführten Hoffnungsinhalte sollen mit den Begriffen »innerhalb« und »außerhalb« aufgeschlüsselt werden.
▷ *Zusammenfassung durch Leiter*
Ein wesentlicher Teil unseres Lebens ist von der Hoffnung betroffen. Hoffnung eröffnet uns die Zukunft. Ohne Hoffnung keine Zukunft.
Es gibt viele Weisen und Inhalte der Hoffnung. Man kann die Hoffnung auf Kleinigkeiten fixieren, man kann die konkreten Dinge der Welt als Zeichen einer umfassenden Hoffnung auffassen (Block), man kann seine ganze Hoffnung auf ein »Jenseits« der Welt richten. Man kann schließlich resignieren und verzweifeln.

d) Abschluß
▷ Wiederholung des Einstiegsliedes
oder
▷ Abschlußlied aus der ersten Katechese (→Kontexte)
oder
▷ Pantomimische Darstellung von Bild und Gedicht

Leiter kann zwei beschriftete Streifen vorbereiten und auf Bild und Gedicht verteilen.

Mit verschiedenfarbigen Stiften werden die Hoffnungsinhalte zugeordnet. Eventuell weitere Farben für »Mischungsverhältnisse« bereithalten.

in Anknüpfung an die Arbeit an den Wandzeitungen.

Da Bild und Gedicht deutliche Handlungselemente enthalten, können diese leicht in ein Spiel ohne Worte umgesetzt werden.
▷ Beim Gedicht bräuchte die Gruppe nur dem Ablauf des Gedichtes zu folgen und diesen unmittelbar umzusetzen.
▷ Beim Bild müßte eine Art Vorgeschichte erfunden werden: Wie kommen die Leute dazu, sich alle an einem Ort zu versammeln und Ausschau zu halten? Auch die verschiedenen Möglichkeiten, wie denn das Warten ausgeht, könnten interessante Perspektiven eröffnen.

Kontexte

Dies soll euch zum Zeichen sein

einen strohhalm	einen schrei	eine liebe	eine handvoll
hoffnung	nah	schön	trost
eine feder	einen schmerz	einen lichtblick	ein kind
leicht	lang	hell	neu
dies soll euch	dies soll euch	dies soll euch	dies soll euch
zum zeichen sein	zum zeichen sein	zum zeichen sein	zum zeichen sein
zeichen zeichen	zeichen zeichen	zeichen zeichen	zeichen zeichen
ohne gleichen	ohne gleichen	ohne gleichen	ohne gleichen

Wilhelm Willms

189

Zwischen Angst und Hoffnung

Zwischen Angst und Hoffnung leben wir und
möchten doch gern glücklich sein und Sinn
erfahren. Es lebt sich nicht leicht vor dem
Abgrund, aus dem Verzweiflung droht.
Wer gibt uns Zukunft und Hoffnung?

Zwischen Angst und Hoffnung treiben wir
und möchten doch gern ganz wir selbst und
frei entscheiden. Es wehrt sich nicht leicht
gegen den Strom, der in Entfremdung reißt.
Wer schenkt uns Zukunft und Freiheit?

Zwischen Angst und Hoffnung schwanken
wir und möchten doch gern vorwärts gehn
und Ziele wissen. Es läuft sich nicht leicht
gegen den Rausch, daß alles machbar sei.
Wer zeigt uns Zukunft und Wege?

Zwischen Angst und Hoffnung träumen wir
und möchten doch gern neu die Welt und neu
den Menschen. Es glaubt sich nicht leicht
gegen Schatten von Kriegen und Gewalt.
Wer weist uns Zukunft und Frieden?

Zwischen Angst und Hoffnung handeln wir
und möchten doch gern andern helfen, Menschen zu werden. Es hilft sich nicht leicht
gegen den Berg von Hunger, Armut und Not.
Wer weckt uns Zukunft und Liebe?

Zwischen Angst und Hoffnung zittern wir
und möchten doch gern voller Mut das Neue
wagen. Es hofft sich nicht leicht in den
Nächten, wenn die Fragen kommen.
Wer gibt uns Zukunft und Hoffnung?

Alois Albrecht

Gegenlied zu »Von der Freundlichkeit der Welt«

Soll das heißen, daß wir uns bescheiden
Und »so ist es und so bleib es« sagen sollen?
Und, die Becher sehend, lieber Dürste leiden
Nach den leeren greifen sollen, nicht den vollen?

Soll das heißen, daß wir draußen bleiben
Ungeladen in der Kälte sitzen müssen
Weil da große Herrn geruhn, uns vorzuschreiben
Was da zukommt uns an Leiden und Genüssen?

Besser scheint's uns doch, aufzubegehren
Und auf keine kleinste Freude zu verzichten
Und die Leidenstifter kräftig abzuwehren
Und die Welt uns endlich häuslich einzurichten!

Bertolt Brecht

Ob Hoffnung ist

Manchmal trete ich vor die Tür
atme aus und ein reibe die Augen
Halte Ausschau ob Hoffnung ist
ich beobachte die Luft
stelle die Färbung des Windes fest
bestimme den Stand der Sonne
über meinem Haus
prüfe die Verläßlichkeit der Straße
wo soll ich es ablesen
die Freundlichkeit der Passanten
ist veränderlich
auch die Zeitungsfrau
bringt keine Gewißheit
oder sollte es
am eigenen Herzschlag liegen
am Zustand des Magen-Darm-Systems
am Kalziumgehalt meiner kleinen Philosophie
die Fenster in der Nachbarschaft
gucken verdächtig
da denke ich dann an den
der noch im Aberglauben den Glauben sah
die heimliche Hand nicht zurückwies
die sein Gewand berührte
nur sein Gewand
um zu sehen ob Hoffnung ist
und greife blind in den Morgen.

Detlev Block

Quellennachweis für die Kontexte

Band 1

Ijob, S. 23
Andreas Gryphius, Es ist alles eitel. Aus: *Ders.,* Teutsche Gedichte. Breslau/Leipzig 1698
Yvan Goll, Hiob. Aus: *Ders.,* Lyrik, Prosa, Drama. H. Luchterhand Verlag, Neuwied 1960

Mose, S. 27
Nelly Sachs, Wer aber leerte den Sand aus euren Schuhen. Aus: *Dies.,* Ausgewählte Gedichte. Suhrkamp-Verlag, Frankfurt/M. 1963

David und Natan, S. 31
Günter Grass, Prophetenkost. Aus: *Ders.,* Die Vorzüge der Windhühner. H. Luchterhand Verlag, Neuwied 1956
Hilde Domin, Unaufhaltsam. Aus: *Dies.,* Rückkehr der Schiffe. S. Fischer Verlag, Frankfurt/M. 1962

Kain und Abel, S. 35
Ernesto Cardenal, Grabschrift für Adolfo Banéz Bone. Aus: *Ders.,* Die Stunde Null. P. Hammer Verlag, Wuppertal 1979

Noach, S. 39
Hans Magnus Enzensberger, Isotop. Aus: *Ders.,* landessprache. Suhrkamp-Verlag, Frankfurt/M. 1960
Reiner Kunze, Zuflucht noch hinter der Zuflucht. Aus: *Ders.,* Zimmerlautstärke. Gedichte. © S. Fischer Verlag, Frankfurt/M. 1960

Abraham, S. 43
Nelly Sachs: Abraham. Aus: *Dies.,* Fahrt ins Staublose. Suhrkamp-Verlag, Frankfurt/M. 1961

Jona wird befreit, S. 47
Kurt Martin Magiera, Jonas geht in die Stadt. Aus dem Wortgottesdienst der Jugend auf dem Katholikentag 1968

Jakobskampf, S. 51
John Henry Newman, Gebet. Aus: Gedichte des Abendlandes. Hrsg. von *Edgar Hede-* rer. © Fischer Taschenbuch Verlag, Frankfurt/M. 1961
Elisabeth Borchers, Jemand schweigt. Aus: Deutsche Lyrik. Gedichte seit 1945. Hrsg. von *Horst Bingel.* Deutscher Taschenbuch Verlag, München 1963 (dtv sr 20)

Jona wird ins Meer geworfen, S. 55
Zbigniew Herbert, Jona. Aber der Herr verschaffte einen großen Fisch, Jona zu verschlingen. Aus: *Ders.,* Inschrift. Gedichte aus zehn Jahren 1956–1966. Suhrkamp-Verlag, Frankfurt/M. 1967

Tretmühle, S. 59
Ulrich Raschke, radfahrer. Aus: Neue Expeditionen. Hrsg. von *Wolfgang Weyrauch.* P. List Verlag, München 1975
Kurt Küther, Im Gleichtrott des Bergmannslebens. Aus: Unter Tage, über Tage. Gedichte aus der Arbeitswelt unserer Tage. Hrsg. von *Walter Köpping.* Europäische Verlags-Anstalt, Frankfurt/M. 1966

Mann am Fenster, S. 63
Albert Arnold Scholl, Einiges ist noch zu regeln. Aus: *Ders.,* Keiner zu Hause. © Verlag Eremitten-Presse, Stierstadt (jetzt Düsseldorf) 1960

Betlehem, S. 67
Arnim Juhre, Begebenheit. Aus: *Ders.,* Wir stehn auf dünner Erdenhaut. Psalmen und Gedichte. Lutherisches Verlagshaus, Hamburg 1979
Kurt Martin Magiera, Kassiber. Aus: Zeitschrift *Das Zeichen* (Limburg), Heft 79/12/1972

Seesturm, S. 71
Wolfgang Hädecke, Haus der Angst. Quelle wie: *U. Raschke,* s. Tretmühle, S. 59
Willy Bartock, Schlagwetter. Quelle wie: *K. Küther,* s. Tretmühle, S. 59

Fischfang, S. 75
Paul Claudel, Werft eure Netze zum Fange aus. Aus: *Ders.,* Der Gnadenkranz. Übersetzt von *Hans Urs von Balthasar.* Johannes-Verlag, Einsiedeln 1957

Alter Fischer, S. 79

Peter Huchel, Letzte Fahrt. Aus: *Ders.,* Ausgewählte Gedichte. Suhrkamp-Verlag, Frankfurt/M. 1973
Johannes Bobrowski, Gedächtnis für einen Flußfischer. Quelle wie: *K. Küther,* s. Tretmühle, S. 59

Deuter, S. 83

Nelly Sachs, Wenn die Propheten einbrächen. Quelle wie: *Dies.,* s. Mose, S. 27
Erich Fried, Ein Prophet. Aus: *Ders.,* Reich der Steine. Zyklische Gedichte. © 1963 Claassen-Verlag, Düsseldorf

Simeon, S. 86/87

Reiner Kunze, Antwort. Aus: *Ders.,* Vogel über dem Tau. Mitteldeutscher Verlag, Halle/Saale 1959
Nelly Sachs, Greise. Quelle wie: *Dies.,* s. Abraham, S. 43
Rudolf Hagelstange, Lied der Jahre. Aus: *Ders.,* Zwischen Stern und Staub. © 1961 P. List Verlag, München
Erika Burkart, Das Zeichen. Quelle wie: *E. Borchert,* s. Jakobskampf, S. 51

Zachäus, S. 91

Heinz G. Schmidt, ...noch eine Chance. Aus: Testament neu eröffnet. Bibeltexte aufgegriffen und angegriffen. Hrsg. von *Gerhard Debus.* Jugenddienst-Verlag, Wuppertal/Bremen 1968
Wolfgang Weyrauch, Oh, when the Saints go marching in. Aus: *Ders.,* Gesang um nicht zu sterben. © Rowohlt Verlag, Hamburg 1956
Thomas Bernhard, Psalm. Aus: *Ders.,* Auf der Erde und in der Hölle. O. Müller Verlag, Salzburg 1957

Samariter, S. 95

Geh hin und tu desgleichen. Aus: Der Spiegel der Vollkommenheit. Oder der Bericht über das Leben des heiligen Franz von Assisi. Nach der lateinischen Urschrift. Deutsch von *Wolfgang Rüttenauer.* Kösel-Verlag, München 1953
Christine Lavant, In uns allen hat er vielleicht noch nichts. Aus: *Dies.,* Die Bettlerschale. O. Müller Verlag, Salzburg 1956

Blindenheilung, S. 99

Ingeborg Bachmann, An die Sonne. Aus: *Dies.,* Anrufung des großen Bären. Gedichte. R. Piper & Co. Verlag, München 1974
Hans Arp, Die Augen der Menschen. Aus: *Ders.,* wortträume und schwarze sterne. Limes-Verlag, Wiesbaden 1953

Ecce homo, S. 102/103

Alfred Gong, Erkenntnis. Aus: *Ders.,* Gras und Omega. Verlag Lambert Schneider, Heidelberg 1960
Heinrich Nowak, Elend. Aus: Ich schneide die Zeit aus. Expressionismus und Politik in Franz Pfemberts »Aktion« 1911–1918. Hrsg. von *Paul Raabe.* Deutscher Taschenbuch Verlag, München 1964 (dtv-dokumente 195/196)
César Vallejo, Masse. Aus: Almanach 10 für Literatur und Theologie. Hrsg. von *Adam Weyer.* P. Hammer Verlag, Wuppertal 1977
Wolfdietrich Schnurre, Gebet. Aus: *Ders.,* Kassiber und neue Gedichte. P. List Verlag, München 1979
Christa Reining, Die prüfung des lächlers. Aus: *Dies.,* Die Steine von Finisterre, © Eremitten-Presse, Stierstadt (jetzt Düsseldorf), 1960

Emmaus, S. 107

Marcel Légaut, Warum seid ihr traurig? Aus: Die Tage des Herrn. Hrsg. von *Heinrich Bacht.* J. Knecht Verlag, Frankfurt/M. 1960
Georg Trakl, Ein Winterabend. Aus: *Ders.,* Dichtungen und Briefe, O. Müller Verlag, Salzburg 1963
Rainer Maria Rilke, Emmaus. Aus: *Ders.,* Sämtliche Werke. Insel-Verlag, Frankfurt/M. 1955

Paulus im Gefängnis, S. 111

Marie-Luise Kaschnitz, Nicht mutig. Aus: *Dies.,* Ein Lesebuch 1964–74. Hrsg. von *Heinrich Vormweg.* Insel-Verlag, Frankfurt/M. 1976
Marco Antonio Flores, Aus dem Gefängnis. Quelle wie: *C. Vallejo,* s. Ecco homo, S. 193
Roque Dalton, Solidarität. Quelle ebd.
Max Bolliger, Bekenntnis. Aus: *Ders.,* Ausgeschickte Taube. Eirene-Verlag, M. Pfändler, Küßnacht 1958

In Erwartung, S. 115

Nelly Sachs, Ihr Zuschauenden. Quelle wie: *Dies.,* s. Abraham, S. 43

Friedrich Schiller, Hoffnung. Aus: *Ders.,* Sämtliche Werke (Säkular-Ausgabe). Stuttgart/Berlin o. J.

Georg Britting, Krähenschrift. Aus: Das große Georg Britting Buch. Nymphenburger Verlagshandlung, München 1951

Marie-Luise Kaschnitz, Steht noch dahin. Aus: *Dies.,* Steht noch dahin. Suhrkamp-Verlag, Frankfurt/M. 1970 (TB 57)

Rudolf Otto Wiemer, Advent. Aus: *Ders.,* Ernstfall. J. F. Steinkopf Verlag, Stuttgart o.

Band 2

Ijob, S. 22/23

R. K. Architekt, Du lebst, weil ER lebt... Aus: Von der Freude, ein Christ zu sein. Hrsg. von *Marietta Peitz.* Patmos-Verlag, Düsseldorf 1975

Hermann Hesse, Im Nebel. Aus: *Ders.,* Gesammelte Dichtungen. Bd. 5. Suhrkamp-Verlag, Frankfurt/M. 1952

Francesco Petrarka, Sonet. Aus: Religiöse Lyrik des Abendlandes. Hrsg. von *Théophile Gautier.* Ullstein Verlag, Berlin 1958 (TB 210)

Gottfried Benn, Mann und Frau gehn durch die Krebsbaracke. Aus: *Ders.,* Gesammelte Werke. Bd. III. Limes-Verlag, Wiesbaden 1960

Mose, S. 28/29

Martin Buber, Das Vogelnest. Aus: *Ders.,* Werke. Bd. III. Kösel/Lambert Schneider, München/Heidelberg 1963

Max Brod, In der Fabrik. Aus: *Ders.,* Das gelobte Land. Ein Buch der Schmerzen und Hoffnungen. Leipzig 1917

David und Natan, S. 35

Gerhard Rühm, ballade. Aus: Aussichten. Junge Lyriker des deutschen Sprachraums. Vorgestellt von *Peter Hamm.* Biederstein Verlag, München 1966

Kain und Abel, S. 40/41

Helmuth de Haas, Abels Tod. Aus: *Ders.,* Lineaturen, K. Rauch Verlag, Düsseldorf 1955

Nelly Sachs, Kain! um dich wälzen wir uns im Marterbett... Quelle wie: *Dies.,* s. Abraham, Bd. 1, S. 43

Leszek Kołakowski, Es gibt kein Recht auf Haß. Aus: *Ders.,* Rede nach dem Empfang des Friedenspreises des Deutschen Buchhandels am 16. 10. 1977. Zit. nach: Frankfurter Allgemeine Zeitung vom 18. 10. 1977

Hilde Domin, Abel steh auf. Aus: *Dies.,* Ich will Dich. Gedichte. R. Piper & Co Verlag, München 1970.

Noach, S. 47

Christine Busta, Noah zur dritten Taube. Aus: *Dies.,* Lampe und Delphin. O. Müller Verlag, Salzburg 1955

Carmen Bernos de Gasztoid, Gebet der Taube. Aus: *Dies.,* Gebete aus der Arche. Übersetzt von *Altfried Kassing* und *Ansgar Stöcklein,* Matthias-Grünewald-Verlag, Mainz 1959

Abraham, S. 53/54

Jürgen Henkys, Pinkassynagoge. Quelle wie: *G. Rühm,* s. David und Natan, Bd. 2, S. 35

Angela Valle, Die Enterbten. Quelle wie: *C. Vallejo,* s. Ecce homo, Bd. 1, S. 103

Romano Guardini, Der Weg zum Glauben ist das Gebet um den Glauben. Aus: *Ders.,* Theologische Gebete. Verlag Josef Knecht, Frankfurt/M. ⁵1957

Jona wird befreit, S. 62

Nelly Sachs, Chor der Geretteten. Quelle wie: *Dies.,* s. Mose, Bd. 1, S. 27

Jakobskampf, S. 71/72

Wilhelm Willms, der rote faden. Aus: *Ders.,* roter faden glück. Verlag Butzon & Bercker, Kevelaer ³1979

Yvan Goll, Johann Ohneland und sein Schatten. Aus: *Ders.,* Gedichte 1924–1950. Deutscher Taschenbuch Verlag, München 1976 (dtv sr 5437)

Hans Magnus Enzensberger, Der Andere. Aus: *Ders.*, Gedichte 1955–1970. Suhrkamp-Verlag, Frankfurt/M. 1975

Jona wird ins Meer geworfen, S. 78
Else Lasker-Schüler, Mein Volk. Aus: *Dies.*, Gesammelte Werke. Bd. 1. Kösel-Verlag, München 1959

Tretmühle, S. 83-86
Günter Kunert, Die Maschine. Aus: *Ders.*, Kramen in Fächern. Aufbau Verlag, Berlin/Weimar 1968
Henry Ford, Fließbandarbeit. Aus: *Ders.*, Mein Leben und mein Werk. Leipzig 1923
G. S., *Automechaniker*, Fließbandarbeit. Aus: *Juan Arias*, Jesus wohnt nebenan. Patmos Verlag, Düsseldorf 1977
Günter Kunert, Sorgen. Aus: *Ders.*, Verkündigung des Wetters. Gedichte. Hanser Verlag, München 1966
Brockhaus Enzyklopädie, Tretmühle. Aus: Brockhaus Enzyklopädie in zwanzig Bänden. Bd. 18. F. A. Brockhaus, Wiesbaden [17]1973
Alexander Solschenizyn, Aber die Sache war so. Aus: *Ders.*, Krebsstation. Bd. 1. Luchterhand Verlag, Neuwied 1974
Günter Müller, Von einem, der dabei bleibt, weil er das Fürchten gelernt hat. Aus: *Ders.*, Am schwarzen Brett, Verlag Atelier im Bauernhaus, Fischerhude 1978
Günter Grass, Aus dem Tagebuch einer Schnecke. Aus: *Ders.*, Aus dem Tagebuch einer Schnecke. Luchterhand Verlag, Neuwied 1972
Josef Büschner, Turbinen-Lied. Quelle wie: *K. Küther*, S. Tretmühle, Bd. 1, S. 59

Mann am Fenster, S. 90–94
Ilse Aichinger, Das Fenster-Theater. Aus: *Dies.*, Der Gefesselte. © S. Fischer Verlag, Frankfurt/M. 1958
Franz Kafka, Eine kaiserliche Botschaft. Aus: *Ders.*, Sämtliche Erzählungen. © Fischer Taschenbuch Verlag, Frankfurt/M. [11]1976 (TB 1078)
Matthias Claudius, Täglich zu singen. Aus: *Ders.*, Sämtliche Werke. Hrsg. von Hannsludwig Geiger. Vollmer Verlag, Wiesbaden 1975
Ilse Aichinger, Alter Blick. Aus: *Dies.*,

Dialoge. Erzählungen. Gedichte. Reclam, Stuttgart 1965
Gottfried Keller, Stille der Nacht. Aus: Lyrik des Abendlandes. Hrsg. von *Georg Britting*. C. Hanser Verlag, München 1978
Joseph von Eichendorff, Mondnacht. Aus: *Ders.*, Werke in einem Band. Hrsg. von W. Rasch. C. Hanser Verlag, o. J.
Ders., Der Einsiedler. Quelle: ebd.
Matthias Claudius, Die Sternseherin Lise. Quelle: wie oben
Achim von Arnim, Der Mensch ist bald vergessen… Aus: *Ders.*, Novellen und Erzählungen in einem Band. Hrsg. von *W. Migge*. C. Hanser Verlag, München o. J.
Hans-Jürgen Heise, Song of Yourself. Aus: *Ders.*, Uhrenvergleich, Claassen Verlag, Düsseldorf 1971

Betlehem, S. 103/104
Bertolt Brecht, Maria. Aus: *Ders.*, Gedichte 1956–1965. Suhrkamp-Verlag, Frankfurt/M. 1976
Marie-Luise Kaschnitz, Dezembernacht. Aus: *Dies.*, Dein Schweigen – meine Stimme. © 1962 Claassen Verlag, Düsseldorf
Walter Bauer, Als alle die Hütte verlassen hatten. Aus: *Ders.*, Nachtwache eines Tellerwäschers. K. Desch-Verlag, Wien/München/Basel 1957
Ursula Adam, Mein Jahrhundert. Aus: Und alle wunderten sich. Hrsg. von *Horst Nitschke*. J. F. Steinkopf Verlag, Stuttgart 1964

Seesturm, S. 112/113
Martin Buber, Der Gang auf dem Seil. Quelle wie: *Ders.*, s. Mose, Bd. 2, S. 29
Margot Scharpenberg, Der Sturm auf dem Meere. Aus: Bildmeditation der Dichter. Hrsg. von *Gisbert Kranz*. F. Pustet/Agentur des Rauhen Hauses, Regensburg/Hamburg 1976
Herman Burte, Während des Sturms. Quelle wie: *F. Petrarka*, s. Ijob, Bd. 2, S. 23

Fischfang, S. 118/119
Hans Dohrenbusch, Wenn wir Freunde wären. Aus: *Gerhard Grom*, Methoden für Religionsunterricht, Jugendarbeit und Erwachsenenbildung, Patmos-Verlag, Düsseldorf [6]1979

Werner Bergengruen, Leben eines Mannes. Aus: *Ders.,* Figur und Schatten. Verlag der Arche, Peter Schifferli, Zürich 1952
Nichtbiblische Leseimpulse zum Thema »Jesus Christus«. Aus: Wer ist Jesus von Nazaret für mich? 100 zeitgenössische Zeugnisse. Hrsg. von *Heinrich Spaemann.* Kösel-Verlag, München ³1978

Alter Fischer, S. 125/126

Ich möchte dieser Fischer nicht sein. Aus: *Theodor Eggers,* Alter Fischer. In: Walter Habdank. 24 Holzschnitte zur Bibel. Begleitbroschüre zur Dia-Serie. Kösel-Verlag, München 1977
Christian F. D. Schubart, Der Greis. Aus: *Ders.,* Gesammelte Schriften und Schicksale, Stuttgart 1839/40

Deuter, S. 134/135

Walter Bauer, Postkarte an junge Menschen. Quelle wie: *Ders.,* s. Betlehem, Bd. 2, S. 103
Johannes R. Becher, Von der ganzen Wahrheit. Aus: Landschaft unserer Liebe. Hrsg. von *H. J. Schubert.* Mitteldeutscher Verlag, Halle/Saale 1974

Simeon, S. 143

Romano Guardini, Hindernisse. Aus: *Ders.,* Besinnung vor der Feier der heiligen Messe. I. Teil. Matthias-Grünewald-Verlag, Mainz 1939
François-Marie de Voltaire, Gebet. Quelle wie: F. Petrarka, s. Ijob, Bd. 2, S. 23
Walter Bauer, Augenblick. Quelle wie: *K. Küther,* s. Tretmühle, Bd. 1, S. 59

Zachäus, S. 147

Franz Th. Csokor, Die Berufung des Mathäus. Quelle wie: *A. Juhre,* s. Betlehem. Bd. 1, S. 67
Ludger Edelkötter, Zachäus. Aus: Biblische Spiellieder zum äthiopischen Misereor-Hungertuch, Misereor-Plattenstudio. Nr. 8. Erschienen beim Impulse-Musikverlag, Drensteinfurt

Samariter, S. 153/154

Gabriel Marcel, Ein Wesen lieben. Aus: *Ders.,* Homo viator. Philosophie der Hoffnung. Bastion-Verlag, Düsseldorf 1949

Bertolt Brecht, O Falladah, die du hangest! Aus: *Ders.,* Gedichte 1. Gesammelte Werke 8. Suhrkamp-Verlag, Frankfurt/M. 1967
Wolfgang Altendorf, Was du versäumst. Aus: *Ders.,* Schallgrenze. Altendorf Verlag, Wittlensweiler/Freudenstadt 1961
Wolfdietrich Schnurre, Strophe. Aus: *Ders.,* Transit. Suhrkamp-Verlag, Frankfurt/M. 1956

Blindenheilung, S. 163

Wilhelm Willms, als jesus den tauben heilte... Aus: *Ders.,* der geerdete himmel. wiederbelebungsversuche. Verlag Butzon & Bercker, Kevelaer ⁴1974

Ecce homo, S. 170

Wolfdietrich Schnurre, Gospel. Quelle wie: *Ders.,* s. Ecce homo, Bd. 1, S. 103

Emmaus, S. 176/177

François Mauriac, Herr bleibe bei uns; denn der Tag hat sich geneigt... Aus: *Ders.,* Leben Jesu. Verlag Herder, Freiburg 1947
Bertolt Brecht, Karfreitag. Quelle wie: *Ders.,* s. Samariter, Bd. 2, S. 154

Paulus im Gefängnis, S. 183

Günter Eich, Inventur. Aus: *Ders.,* Gesammelte Werke in 4 Bänden. Bd. 1. © Suhrkamp-Verlag, Frankfurt/M.
Hans Carossa, Aus vielen Jahrhunderten... Aus: *Ders.,* Führung und Geleit. Ein Lebensgedenkbuch. Insel-Verlag 1933

In Erwartung, S. 189/191

Wilhelm Willms, Dies soll euch zum Zeichen sein. Aus der Schallplatte: Fest der Hoffnung. Texte *W. Willms,* Musik *P. Janssens.* Misereor Plattenstudio, Nr. 4 © Verlag Butzon & Bercker, Kevelaer
Bertolt Brecht, Gegenlied zu »Von der Freundlichkeit der Welt«. Quelle wie: *Ders.,* s. Samariter, Bd. 2, S. 154
Alois Albrecht, Zwischen Angst und Hoffnung. Erschienen auf der LP: Ich will euch Zukunft und Hoffnung geben, Impulse-Musikverlag, Drensteinfurt
Detlev Block, Ob Hoffnung ist. Aus. *Ders.,* Anhaltspunkte. Gedichte. Delp'sche Verlagshandlung, München 1978

Für die Mithilfe bei der Suche nach Kontexten dankt der Herausgeber Frau Claudia Neuenzeit und Herrn Wolfgang Rieß.

Autorenindex für die Kontexte

Band 1 und Band 2

Register der Handlungsfelder

für die Modelle im Band 2

Die Themenbereiche der Bildmotive ergeben sich aus dem Inhaltsverzeichnis. Die formale Strukturierung der entwickelten Modelle läßt sich für die anderen Bildmotive und für die benachbarten Adressatengruppen beliebig austauschen. Ein thematischer Schlüssel für einen etwaigen Austausch der Modelle ist schwer erstellbar. Um aber, wie im Band 2, S. 14 angeregt, die verschiedenen didaktischen thematischen Ansätze auch bei anderen als den entwickelten Adressatengruppen zu ermöglichen, möchte die folgende Aufstellung dienlich sein.

Die Seitenzahlen bezeichnen jeweils den Beginn der entsprechenden Modell-Elemente; in Klammern stehende Hinweise benennen benachbarte Adressatengruppen.